Imposto Sobre Serviços de Qualquer Natureza (ISS)

— Estrutura e Jurisprudência —

Dados Internacionais de Catalogação na Publicação (CIP)

M528i Melo, Fábio Soares de.

Imposto sobre serviço de qualquer natureza (ISS) : estrutura e jurisprudência / Fábio Soares de Melo. 2. ed. rev. e ampl. Porto Alegre : Livraria do Advogado, 2023.

200 p. ; 23 cm.

Inclui bibliografia.

ISBN 978-65-86017-87-8

1. Imposto sobre serviços (ISS). I. Título.

CDU – 336.241

Índice para catálogo sistemático:

Imposto sobre serviços (ISS) 336.241

Fábio Soares de Melo

Imposto Sobre Serviços de Qualquer Natureza (ISS)

— Estrutura e Jurisprudência —

2ª EDIÇÃO
revista e ampliada

livraria DO ADVOGADO editora

Porto Alegre, 2023

Capa, projeto gráfico e diagramação
Livraria do Advogado Editora

Revisão
Rosane Marques Borba

Livraria do Advogado Editora
Rua Riachuelo, 1334 s/105
90010-273 Porto Alegre RS
Fone: (51) 3225-3311
livraria@doadvogado.com.br
www.livrariadoadvogado.com.br

Impresso no Brasil / Printed in Brazil

A Mariana e Felipe, minhas maiores paixões.

Ao Antonio, filho tão esperado, que transborda meu coração de amor e alegria.

Aos "clássicos" Aires Fernandino Barreto, Alcides Jorge Costa, Elizabeth Nazar Carrazza, Ives Gandra da Silva Martins, José Eduardo Soares de Melo, Paulo de Barros Carvalho e Roque Antonio Carrazza, com os quais tive (e ainda tenho) a imensurável oportunidade de conviver e o privilégio do aprendizado "na fonte".

Nota à 2ª Edição

Nesta edição efetuamos correções ao texto original e inserimos relevante bibliografia acerca das questões jurídicas abordadas, não afastando, por óbvio, a identificação de outros respeitáveis trabalhos.

Apresentamos apontamentos relativos à incidência do ISS sobre as "novas tecnologias", objetivando tão somente, contribuir aos debates acerca desta intrincada temática.

Atualizamos a jurisprudência na esfera judicial, discorrendo sobre as teses jurídicas firmadas em matéria do ISS, consubstanciadas nos Temas de Repercussão Geral, bem como às respectivas modulações de efeitos pelo Supremo Tribunal Federal (STF).

Agradecemos, antecipadamente, as críticas e sugestões que nos permitirão, ao longo do tempo, aperfeiçoar a obra.

O Autor.

Prefácio

Há meandros da tributação que não costumam ser desbravados pelos juristas em seus trabalhos acadêmicos. Os tributos em espécie estão nessa categoria. Exigem o conhecimento específico de legislação bastante pontual, o esclarecimento dos fatos tributados, do seu significado econômico, do modo como são operacionalizados e documentados os respectivos negócios, dos precedentes administrativos e judiciais produzidos no contato com casuística bastante diferenciada.

Apenas nas últimas décadas é que as monografias sobre impostos e contribuições ganharam maior dimensão, somando-se os esforços de diversos estudiosos aos daquele que sempre foi protagonista nessa seara, o grande tributarista José Eduardo Soares de Melo, recentemente homenageado em obra coletiva organizada pelo seu filho Eduardo Soares de Melo, de que participamos com muita alegria. Mas o mestre faz seus discípulos sempre na expectativa de que nalgum dia lhe deem a satisfação de superá-lo, meta quem sabe inatingível, mas para a qual cada passo tem de ser comemorado.

Fábio Soares de Melo – mais um filho de José Eduardo, sim – abre sua própria trilha. Já o conhecíamos pelo trabalho anterior: Processo Administrativo Tributário: Princípios, Vícios e Efeitos Jurídicos. Desta feita, publica livro baseado na tese que lhe conferiu o título de doutor, intitulado *Imposto sobre Serviços de Qualquer Natureza (ISS): Estrutura e Jurisprudência*. E nos dá a satisfação não apenas de testemunharmos, mas de participarmos, com este prefácio, dessa trajetória. A inteligência do autor, sua já ampla experiência profissional de advogado especializado que atuou e atua como julgador nos tribunais administrativos fiscais dos diversos entes federados, sua formação acadêmica em nível de mestrado e doutorado, todos são atributos que já prenunciavam um resultado alentador. E, efetivamente, temos em mãos uma obra elaborada mediante ampla revisão da bibliografia especializada, que apresenta as questões com clareza e as enfrenta com destemor.

O Imposto sobre Serviços de Qualquer Natureza – ISS – é tributo da mais alta importância na federação brasileira. Não é por acaso que José Eduardo, há muito, vem publicando sucessivas edições do seu livro *ISS: Teoria e Prática* e que também nós nos debruçamos sobre este imposto, tendo recém lançado, em coautoria com Omar Augusto Leite Melo, a obra *ISS: CF e LC 116 Comentadas*. Esteio da autonomia financeira dos Municípios, o ISS vem se transformando para alcançar atividades novas, produto da evolução tecnológica. Precedentes do STF já substituem a referência ao fazer, enquanto objeto da prestação de serviços, pelo fornecimento de utilidades. Profissionais e empresários se reinventam para oferecer facilidades, a tecnologia revoluciona não apenas a comunicação como o modo de acesso a bens e serviços e é preciso saber se o ISS acompanha esse novo mundo globalizado em que as fronteiras físicas e políticas não são barreiras para que os serviços também figurem como objeto da integração econômica mundial.

Ao modo de um conhecer aplicado, esta obra é produzida por advogado versado na resolução dos casos concretos e faz a devida coordenação da legislação com a doutrina e com a jurisprudência dos tribunais administrativos e judiciais. Traduz todo o potencial do ISS e esmiúça a interseção desse imposto com a prestação de serviços internacional. Nessa senda, tanto a importação como a exportação de serviços são trabalhadas com detalhamento. O autor apresenta a Teoria da Preponderância e propõe a aplicação do Teste de Aderência, contribuindo de modo inovador para a compreensão da matéria e para a escorreita aplicação do direito.

Fábio Soares de Melo merece nossos cumprimentos e, seu livro, lugar de destaque na literatura sobre os tributos em espécie!

Leandro Paulsen

Doutor em Direitos e Garantias do Contribuinte
Desembargador da 1ª Turma do Tribunal Regional Federal da 4ª Região

Sumário

Introdução

O Imposto sobre Serviços de Qualquer Natureza (ISS) é uma das espécies tributárias que compreende elevado número de conflitos de interesses na relação entre Fisco e contribuinte, em razão de distintas interpretações doutrinárias e jurisprudenciais acerca dos aspectos que compõem a regra-matriz de incidência tributária.

A este respeito, observamos a existência de discussões absolutamente intrincadas acerca: do "conceito de serviço" (teoria civilista ou teoria econômica); da efetiva configuração da materialidade de determinados itens compreendidos na "lista de serviços" anexa à legislação complementar; da natureza taxativa ou exemplificativa da aludida "lista de serviços"; da fixação da competência tributária para fins de exigência do imposto entre Municípios distintos, em razão do local da sede do estabelecimento prestador, do local da prestação do serviço ou, ainda, do local do tomador de serviço; da base de cálculo do imposto e respectivas deduções e/ou exclusões; das alíquotas máxima, mínima e regime das sociedades uniprofissionais; do conflito de competência relativo às demais espécies tributárias, especificamente com relação ao Imposto sobre Produtos Industrializados (IPI), Imposto sobre Operações de Crédito, Câmbio e Seguro ou Relativas a Títulos e Valores Mobiliários (IOs) e Imposto sobre Operações Relativas à Circulação de Mercadorias e sobre Prestações de Serviços de Transporte Interestadual, Intermunicipal e de Comunicação (ICMS); bem como da legitimidade jurídica da incidência do ISS nas hipóteses de importação de serviço e nos casos relativos à exportação de serviço.

Em face da indubitável divergência doutrinária e jurisprudencial que comporta inúmeras controvérsias acerca do adequado tratamento relativo ao ISS, o presente estudo não tem a pretensão de dirimi-las, mas tão somente de contribuir à Ciência do Direito.

Ressalte-se que o exame do Direito Positivo, assim entendido como o universo das normas vigentes no ordenamento jurídico brasileiro, se dará pela adoção da linguagem científica pertinente à Ciência do Direito, por intermédio da análise pormenorizada da Constituição Federal, evolução da legislação complementar (desde o Decreto-Lei nº 406, de 1968, até a Lei Complementar nº 157, de 29.12.16), jurisprudência do Conselho Municipal de Tributos (CMT) da Secretaria de Fazenda da Prefeitura de São Paulo, do Tribunal de Justiça de São Paulo (TJSP), do Superior Tribunal de Justiça (STJ) e do Supremo Tribunal Federal (STF), adotando como premissa o ponto de intersecção entre a teoria e a prática, inclusive por intermédio da abordagem de exemplos concretos.

Adotaremos o modelo teórico da regra-matriz de incidência tributária, que determina a estrutura lógica das normas jurídicas que disciplinam a incidência tributária por intermédio do exame dos aspectos e/ou critérios material, temporal, espacial, quantitativo e pessoal.

Desta forma, observamos que o presente estudo se encontra estruturado em Capítulos distintos, a saber:

No Capítulo 1, apresentaremos considerações acerca da regra-matriz de incidência tributária na qualidade de modelo teórico fundamental e imprescindível ao exame de qualquer espécie tributária, ao determinar a estrutura lógica das normas jurídicas que disciplinam a incidência tributária.

No Capítulo 2, examinaremos os aspectos da regra-matriz de incidência do ISS por intermédio da investigação dos respectivos critérios material, temporal, espacial, pessoal e quantitativo.

Inicialmente, analisaremos questão relativa ao "conceito de serviço" para fins de incidência do imposto (teoria civilista, teoria econômica e demais definições legais), pontuando que, embora referida discussão não configure aspecto imprescindível à temática central do estudo jurídico, nos parece juridicamente adequada em virtude da oscilação do posicionamento jurisprudencial, especialmente no âmbito do Supremo Tribunal Federal (STF).

Nesta oportunidade, teceremos considerações acerca da incidência do ISS sobre as denominadas "novas tecnologias", de maneira que objetivaremos, tão somente, contribuir aos recentes debates acadêmicos e profissionais acerca da temática.

Adicionalmente, discorreremos acerca da não cumulatividade do imposto mediante possíveis deduções e exclusões da base de cálculo, bem como do panorama jurisprudencial acerca do Município competente para fins de exigibilidade do ISS, relativa à questão do local da sede do estabelecimento prestador ou domicílio do prestador em confronto ao local da prestação do serviço ou do local do tomador de serviço.

No Capítulo 3, investigaremos temática relativa à legitimidade jurídica da incidência do ISS na importação de serviço e na exportação de serviço, em razão do exame das normas jurídicas compreendidas no plano constitucional e na legislação complementar; posturas doutrinárias divergentes; manifestações administrativas e judiciais em sentidos opostos, especificamente do Conselho Municipal de Tributos (CMT) da Secretaria de Fazenda da Prefeitura de São Paulo, do Tribunal de Justiça de São Paulo (TJSP), do Superior Tribunal de Justiça (STJ) e do Supremo Tribunal Federal (STF), adotando como premissa o ponto de intersecção entre a teoria e a prática, por meio do exame de situações concretas.

No que tange à incidência do imposto municipal sobre a importação de serviço, a divergência doutrinária e jurisprudencial reside, sinteticamente, de um lado, pela impossibilidade jurídica da incidência, em razão da ausência de expressa permissão constitucional e decorrente inexistência de competência municipal; impossibilidade do alcance da incidência sobre fato ocorrido fora dos limites da competência municipal, configuradora de desrespeito ao princípio da territorialidade; inobservância de competência residual, configuradora de matéria relativa ao comércio exterior e de competência privativa da União; ausência de previsão legal acerca do sujeito passivo da obrigação tributária (contribuinte), mas tão somente da figura do responsável tributário; a materialidade de o imposto não compreender a "fruição de serviço", mas tão somente a "prestação de serviço"; e, resumidamente, de outro lado, pela legitimidade jurídica da incidência do ISS, o fato de o legislador complementar adotar o princípio do destino como forma de regular o comércio internacional de bens e serviços; observância aos princípios da livre concorrência, neutralidade e igualdade entre os prestadores de serviços; proteção ao mercado interno; e no caso do serviço "cuja prestação se tenha iniciado no exterior", o fato jurídico tributário ocorrer no País, local onde o serviço importado é concluído, sendo irrelevante o local onde se iniciou o referido serviço.

No que concerne à incidência do ISS sobre a exportação de serviços, a controvérsia doutrinária e jurisprudencial consiste, basicamente, na abrangência do significado do termo "resultado" do serviço, na medida em que, de um lado, as normas jurídicas de tributação dizem respeito ao local da realização, execução e/ou conclusão da atividade de "prestação de serviço" propriamente dita, circunstância que somente legitimaria a isenção do imposto na hipótese de serviço integralmente prestado fora do País e integralmente em território localizado no exterior, ao passo que, de outro lado, o "resultado" do serviço deveria ser compreendido como o local da fruição, benefício e/ou utilidade auferida pelo tomador do serviço localizado no exterior do País.

Quanto à importação de serviço, em complemento à postura acerca da impossibilidade de incidência do ISS em quaisquer de suas hipóteses, quais sejam, serviço "proveniente do exterior" e serviço "cuja prestação se tenha iniciado no exterior", apresentaremos argumento jurídico, em nosso entendimento, aparentemente inovador, consistente na verificação da natureza jurídica, em virtude da aplicação da intitulada "Teoria da Preponderância", da "etapa" realizada pelo prestador estrangeiro no Brasil, a qual não pode compreender "tarefa complementar" (tarefa-preparatória, tarefa-periférica ou tarefa-acessória), representativa de simples "atividade-meio", que não configura "serviço-fim", objeto do negócio jurídico representativo da materialidade do ISS.

No Capítulo 4, considerando a relevância da investigação minuciosa de cada caso concreto, prestigiada tanto pela doutrina especializada como pela jurisprudência, apresentaremos proposta de sistematização dos elementos imprescindíveis à efetiva comprovação (fática e documental), que nos auxilia na identificação do adequado tratamento relativo ao ISS sobre a importação de serviço e sobre a exportação de serviço (incidência, não incidência ou isenção, respectivamente), consubstanciada no que intitulamos "Teste de Aderência", que compreende, em síntese, a análise das circunstâncias fáticas, instrumentos societários, contratuais; registros nos órgãos administrativos competentes; correspondências e declarações trocadas pelas partes contratantes; instrumentos e comprovações financeiras e cambiais; escrituração fiscal e tratamento contábil; laudo técnico operacional e especializado; comprovação da utilidade do serviço exclusivamente ao tomador do serviço localizado no exterior; relatórios de atividades e da sistemática de pagamentos, comprovações e reembolso de despesas, dentre outros.

Adicionalmente, verificaremos de que forma a importação de serviço e a exportação de serviço poderiam ser aferidas sob o aspecto fático e documental para fins de identificação do adequado tratamento relativo ao ISS (incidência, não incidência ou isenção), respectivamente.

Apresentamos as referências bibliográficas decorrentes de levantamento detido e pesquisa pormenorizada sobre a temática abordada, as quais foram efetivamente transcritas no decorrer deste estudo jurídico, não afastando a identificação de outros respeitáveis trabalhos acerca das questões jurídicas enfrentadas.

Finalmente, apresentaremos, no Capítulo 5, relevantes apontamentos acerca das teses jurídicas firmadas em matéria do ISS, consubstanciadas nos Temas de Repercussão Geral, bem como às respectivas modulações de efeitos pelo Supremo Tribunal Federal (STF).

Capítulo 1

Regra-matriz de incidência tributária

1.1. Considerações preliminares

Na clássica e imprescindível obra jurídica intitulada *Hipótese de Incidência Tributária*,[1] Geraldo Ataliba pontifica que o Direito Tributário se apresenta como o conjunto de normas jurídicas que disciplinam a tributação, sendo a norma tributária aquela que trata do tributo "na sua configuração e dinâmica, e rege o relacionamento que o instituto enseja estabelecer entre os sujeitos da obrigação tributária e dos deveres de contorno", asseverando que:

> 17.5 Como afirmado, a estrutura de todas as normas do direito tributária é idêntica às das demais normas jurídicas, sendo passíveis de igual tratamento técnico.
>
> (...)
>
> 18.2 Assim, uma lei descreve hipoteticamente um estado de fato, um fato ou um conjunto de circunstâncias de fato, e dispõe que a realização concreta, no mundo fenomênico, do que foi descrito, determina o nascimento de uma obrigação de pagar um tributo.
>
> (...)
>
> 18.3 A obrigação só nasce com a realização (ocorrência) deste fato, isto é, só surge quando este fato concreto, localizado no tempo e no espaço, se realiza (...).
>
> 18.4 A doutrina tradicional, no Brasil, costuma designar por fato gerador tanto aquela figura conceptual e hipotética – consistente no enunciado descritivo do fato, contido na lei – como o próprio fato concreto que, na sua conformidade, se realiza, *hic et nunc*, no mundo fenomênico."

Sob este prisma, o mestre nos ensina que a descrição hipotética do fato apto a ensejar o nascimento da obrigação compreendida na lei (prévia, abstrata, impessoal, geral e genérica) configura a "hipótese de incidência tributária", sendo que o fato concreto efetivamente ocorrido no tempo, no espaço e no universo fenomênico, em

[1] ATALIBA, Geraldo. *Hipótese de Incidência Tributária*. 6ª ed. São Paulo: Malheiros, 2000, p. 51-54.

consonância à previsão legal, consiste no "fato imponível", observando que:[2]

> 28.1. Hipótese de incidência é a descrição legislativa (necessariamente hipotética) de um fato a cuja ocorrência *in concretu* a lei atribui a força jurídica de determinar o nascimento da obrigação tributária.
>
> 28.2. Pois esta categoria ou protótipo (hipótese de incidência) se apresenta sob variados aspectos, cuja reunião lhe dá entidade. Tais aspectos não vêm necessariamente arrolados de forma explícita e integrada na lei. Pode haver – e tal é o caso mais raro – uma lei que os enumere e especifique a todos, mas normalmente, os aspectos integrativos da hipótese de incidência estão esparsos na lei, ou em diversas leis, sendo que muitos são implícitos no sistema jurídico. Esta multiplicidade de aspectos não prejudica, como visto, o caráter unitário e indivisível da hipótese de incidência. Percebe-o o jurista, utilizando o instrumental da ciência do direito.
>
> (...)
>
> 28.13. São, pois, aspectos da hipótese de incidência as qualidades que esta tem de determinar hipoteticamente os sujeitos da obrigação tributária, bem como seu conteúdo substancial, local e momento de nascimento. Daí designamos os aspectos essenciais da hipótese de incidência tributária por: a) aspecto pessoal; b) aspecto material; c) aspecto temporal; e d) aspecto espacial."

Paulo de Barros Carvalho[3] pontifica que, embora existam limites de natureza semântica à escolha das designações atribuídas pelo observador aos fenômenos, a questão nominativa não seria o mais importante, uma vez que, em se tratando de "entidades lógicas que estão presentes ali onde houver norma jurídica de qualquer espécie, tanto faz se chamarmos de hipótese, antecedente, suposto, antessuposto ou pressuposto à previsão fática, pois todos esses vocábulos têm a chancela dos mais renomados cultores da Teoria Geral do Direito".

Adicionalmente, observa que a hipótese (proposição descritiva da situação objetiva e real) se constrói pela vontade do legislador, ao escolher os dados de fato da realidade social que pretende disciplinar, qualificando-os como fatos jurídicos, observando que referido descritor, "que é o antecedente ou suposto da norma, está imerso na linguagem prescrita do direito positivo, porque, mesmo formulado por um conceito de teor descritivo, vem atrelado à consequência da regra, onde reside a estipulação da conduta (prescritor), meta finalística e razão da própria existência do direito", selecionando,

---

[2] ATALIBA, Geraldo. *Hipótese de Incidência Tributária.* 6ª ed. São Paulo: Malheiros, 2000, p. 76-78.

[3] CARVALHO, Paulo de Barros. *Curso de Direito Tributário.* 30ª ed. São Paulo: Saraiva, 2019 p. 285.

ainda, as relevantes propriedades caracterizadoras dos fatos jurídicos, por meio das quais se pode "extrair critérios de identificação que nos permitam reconhecê-lo toda vez que, efetivamente, aconteça", observando que no enunciado hipotético se encontram os critérios identificadores do fato, a saber: critério material, critério espacial e critério temporal.[4]

Paulo de Barros Carvalho esclarece que o consequente (prescritor) fornece elementos de identificação do vínculo jurídico decorrente, de forma que seja possível aferir o sujeito portador do direito e o sujeito que tem o dever jurídico de adimplir a prestação (comportamento disciplinado pelo ordenamento jurídico que satisfaça a obrigação atribuída ao sujeito passivo e o direito conferido ao sujeito ativo), uma vez que, ao "preceituar a conduta, fazendo irromper direitos subjetivos e deveres jurídicos correlatos, o consequente normativo desenha a previsão de uma relação jurídica, que se atrela ao fato por meio de um functor neutro, que não sofre a influência dos modais deônticos".[5]

Renato Lopes Becho[6] observa com precisão que Geraldo Ataliba "estruturou a composição da hipótese de incidência tributária de forma mais clara, identificando seus aspectos componentes: material, pessoal, temporal e espacial (...) a unicidade decorre da dedução evidente de que, sem algum desses aspectos, não é possível haver a composição completa da norma, que não terá aplicabilidade", ao passo que Paulo de Barros Carvalho, ao investigar a composição da norma, acrescentou "uma divisão ao critério material, sobre a forma proposta por Ataliba, destacando de dentro dele os dados quantitativos".

1.2. Modelo teórico fundamental

Ao examinar detidamente os elementos adotados pelo legislador para fins de delimitação das normas jurídicas instituidoras das espécies tributárias, Paulo de Barros Carvalho[7] estabeleceu distinção entre as normas jurídicas "fixadoras de providências administrati-

---

[4] CARVALHO, Paulo de Barros. *Curso de Direito Tributário.* 30ª ed. São Paulo: Saraiva, 2019, p. 292-293.

[5] Op. cit. p. 320.

[6] BECHO, Renato Lopes. *Lições de Direito Tributário. Teoria Geral e Constitucional.* São Paulo: Saraiva, 2011, p. 121-122.

[7] CARVALHO, Paulo de Barros. *Direito Tributário. Fundamentos Jurídicos da Incidência.* 9ª ed. São Paulo: Saraiva, 2012, p. 65-67.

vas" e as normas jurídicas "instituidoras das espécies tributárias", por onde decorre a classificação da "norma tributária em sentido amplo" e da "norma tributária em sentido estrito", sendo que a segunda espécie consiste na "regra-matriz de incidência tributária", compondo-se pelo antecedente e/ou hipótese, que descreve o fato lícito de possível ocorrência, e pelo consequente e/ou consequência, que prescreve a relação jurídica tributária obrigacional, estabelecida entre sujeitos de direito.

A regra-matriz de incidência tributária, na qualidade de norma jurídica, compreende esquema lógico-semântico, revelador do conteúdo normativo, que se apresenta como um juízo hipotético, por meio do qual a realização condicional de certo fato implicará determinada consequência.

Na qualidade de norma jurídica, a regra-matriz de incidência tributária (norma padrão de incidência) se conforma pelo antecedente e pelo consequente, conectados pela relação de implicação do "dever-ser".

Em respeitável estudo acerca da Teoria Geral do Direito, Aurora Tomazini de Carvalho[8] apresenta considerações relevantes acerca da regra-matriz de incidência, a saber:

> Preenchido o esquema lógico-semântico da regra-matriz de incidência com o conteúdo dos textos positivados, o intérprete delimita o campo de extensão dos conceitos conotativos da hipótese e do consequente. Ao projetar tais delimitações na linguagem da realidade social, demarca a classe dos acontecimentos capacitados a dar ensejo ao nascimento de relações jurídicas, bem como o conteúdo de tais relações.

Por intermédio da análise do esquema lógico da regra-matriz de incidência tributária, revela-se a possibilidade de delimitação do âmbito de incidência normativa, do controle da legalidade e da constitucionalidade, e do exame detido das proposições normativas que figuram tanto na hipótese como no consequente da norma jurídica de tributação.

No antecedente da regra-matriz de incidência tributária, identifica-se a descrição de determinados fatos passíveis de ocorrência, e as coordenadas de tempo e de espaço, por meio das quais identificamos os aspectos material, temporal e espacial.

---

[8] CARVALHO, Aurora Tomazini de. *Curso de Teoria Geral do Direito. O Constructivismo Lógico--Semântico*. 6ª ed. São Paulo: Noeses, 2019, p. 429.

1.2.1. *Critério material*

Geraldo Ataliba assevera que o aspecto material consiste no critério funcional e operativo mais importante da hipótese de incidência tributária, na medida em que revela sua efetiva essência, contendo os elementos objetivos da configuração do seu arquétipo, ao compreender "a própria consistência material do fato ou estado de fato descrito pela h.i.; é a descrição dos dados substanciais que servem de suporte à h.i.",[9] ou seja, o aspecto material é a imagem abstrata de determinado fato jurídico (no caso deste estudo, a "prestação de serviços").

Paulo de Barros Carvalho[10] observa que o critério material no antecedente da regra-matriz de incidência tributária se refere ao comportamento de determinada pessoa (física e/ou jurídica), consistindo no núcleo da norma jurídica de tributação, na medida em que estabelece a ação que, se praticada, irradiará os efeitos do consequente. O aspecto material se representa por um verbo e seu complemento, observando que o verbo pode exprimir determinada ação ou atividade espontânea.

Portanto, em síntese, o aspecto material consiste no núcleo da hipótese tributária (cerne da hipótese normativa) que descreve determinado comportamento, indicando a conduta fática capaz de ensejar o nascimento da obrigação tributária.

1.2.2. *Critério temporal*

Paulo de Barros Carvalho compreende o aspecto temporal da regra-matriz de incidência tributária como "o grupo de indicações, contidas no suposto da regra, e que nos oferecem elementos para saber, com exatidão, em que preciso instante acontece o fato descrito, passando a existir o liame jurídico que amarra devedor e credor, em função de um objeto – o pagamento de certa prestação pecuniária".[11]

Portanto, o aspecto temporal da regra-matriz de incidência tributária representa a determinação do momento em que ocorre a materialidade da exação tributária, ou seja, o instante da ocorrên-

---

[9] ATALIBA, Geraldo. *Hipótese de Incidência Tributária.* 6ª ed. São Paulo: Malheiros, 2000, p. 106-107.

[10] CARVALHO, Paulo de Barros. *Curso de Direito Tributário.* 30ª ed. São Paulo: Saraiva, 2019 p. 292-296.

[11] Ibidem, p. 299.

cia do fato previsto na hipótese normativa, elemento que permite a identificação do momento exato da ocorrência do fato jurídico tributário.

1.2.3. *Critério espacial*

Geraldo Ataliba pontifica que o aspecto espacial indica as circunstâncias de lugar compreendidas, explícita ou implicitamente, na hipótese de incidência tributária, pois os fatos imponíveis acontecem em determinado lugar, observando que:

> Como descrição legal – condicionante de um comando legislativo – a h.i. só qualifica um fato, como hábil a determinar o nascimento de uma obrigação, quando este fato se dê (se realize, ocorra) no âmbito territorial de validade da lei, isto é, na área espacial a que se estende a competência do legislador. Isto é consequência do princípio da territorialidade da lei, perfeitamente aplicável ao direito tributário.[12]

Desta forma, o aspecto espacial da regra-matriz de incidência tributária indica as coordenadas de espaço relativas à ocorrência do fato descrito no antecedente da norma geral e abstrata. Em outras palavras, o critério espacial revela circunstâncias de lugar no qual podem ocorrer os fatos de natureza tributária, compreendendo o local onde se reputará devida a obrigação tributária, advertindo que o aspecto espacial não se confunde com o âmbito de validade territorial da legislação.

No consequente da regra-matriz de incidência tributária, identifica-se a prescrição da relação jurídica, a qual se instaura em razão da ocorrência do fato descrito na hipótese, por meio do qual identificamos os critérios pessoal e quantitativo.

1.2.4. *Critério pessoal*

Ao examinar o aspecto pessoal da regra-matriz de incidência tributária, Geraldo Ataliba observa tratar-se do critério que indica os sujeitos contidos na hipótese de incidência tributária, bem como da qualidade que estabelece os sujeitos relativos à obrigação tributária, consistente na conexão estabelecida entre "o núcleo da hipótese de incidência e duas pessoas, que serão erigidas, em virtude do fato imponível e por força da lei, em sujeitos da obrigação".[13]

---

[12] ATALIBA, Geraldo. *Hipótese de Incidência Tributária*. 6ª ed. São Paulo: Malheiros, 2000, p. 104.

[13] Ibidem, p. 80.

Paulo de Barros Carvalho define o critério pessoal como "o conjunto de elementos, colhidos no prescritor da norma, e que nos aponta quem são os sujeitos da relação jurídica – o sujeito ativo, credor ou pretensor, de um lado, e sujeito passivo ou devedor, do outro".[14]

Desta forma, o aspecto pessoal da regra-matriz de incidência tributária contempla os sujeitos compreendidos na relação jurídico-tributária, intitulados sujeito ativo (titular do direito subjetivo relativo à prestação pecuniária) e o sujeito passivo (contribuinte e/ou responsável tributário), devedor da prestação pecuniária.

1.2.5. Critério quantitativo

A alíquota compreende um dos componentes quantitativos da norma jurídica de tributação, cuja congregação à base de cálculo resulta no valor devido pelo sujeito passivo a título de tributo, em virtude do nascimento da obrigação tributária decorrente do fato típico. Em outras palavras, a alíquota representa elemento do aspecto quantitativo da regra-matriz de incidência tributária que, conjugado à base de cálculo, resultará no valor relativo à obrigação tributária.

Geraldo Ataliba[15] assevera que:

> A alíquota é um termo do mandamento da norma tributária, mandamento esse que incide se e quando se consuma o fato imponível dando nascimento à obrigação tributária concreta. (...) Não basta, para a fixação do *quantum debeatur*, a indicação legal da base imponível. Só a base imponível não é suficiente para a determinação *in concretu* do vulto do débito tributário, resultante de cada obrigação tributária. A lei deve estabelecer outro critério quantitativo que – combinado com a base imponível – permita a fixação do débito tributário, decorrente de cada fato imponível. Assim, cada obrigação tributária se caracteriza por ter certo valor, que só pode ser determinado mediante a combinação de dois critérios numéricos: a base imponível e a alíquota.

A distinção entre a base de cálculo e a alíquota consiste, em síntese, na circunstância de que a primeira compreende a grandeza da materialidade tributária, ao passo que a segunda consiste na parte, quota ou fração do referido montante.

---

[14] CARVALHO, Paulo de Barros. *Curso de Direito Tributário*. 30ª ed. São Paulo: Saraiva, 2019, p. 320.

[15] ATALIBA, Geraldo. *Hipótese de Incidência Tributária*. 6ª ed. São Paulo: Malheiros, 2000, p. 113/115.

Geraldo Ataliba evidencia a posição central da base imponível relativamente à hipótese de incidência tributária, "pela circunstância de ser impossível que um tributo, sem se desnaturar, tenha por base imponível uma grandeza que não seja ínsita na materialidade de sua hipótese de incidência".[16]

1.3. Síntese preliminar

Especificamente no que concerne à regra-matriz de incidência tributária do Imposto sobre Serviços de Qualquer Natureza (ISS), Paulo de Barros Carvalho,[17] de forma primorosa, apresenta a seguinte proposição:

> Hipótese: prestação a terceiros de utilidades, materiais ou imateriais, de conteúdo econômico e com caráter reiterado, sob regime de direito privado, realizada dentro dos limites territoriais do Município, dando-se por acontecido o evento no momento da entrega do serviço, pronto e acabado, a pessoa interessada.
>
> Consequência: o prestador do serviço deverá recolher aos cofres da municipalidade X% do valor do serviço prestado.
>
> O critério material da hipótese está mais elaborado. Entretanto, para a economia do pensamento, poderíamos resumi-lo em, simplesmente, prestar serviços, onde aparece o verbo prestar e o complemento serviços.
>
> O critério espacial é qualquer ponto situado dentro do território do Município.
>
> E o temporal, o instante em que o serviço, pronto e acabado, é entregue ao prestador.
>
> Na consequência está a prescrição do vínculo obrigacional: critério pessoal – sujeito ativo é a Fazenda do Município e sujeito passivo, o prestador de serviço; o critério quantitativo está expresso pela base de cálculo – valor do serviço prestado – e pela alíquota X% (percentagem apontada pela legislação em vigor).
>
> Percebe-se que a base de cálculo está em perfeita consonância com o critério material da hipótese, o que confirma a dicção do legislador.

Destarte, em face das considerações gerais alinhadas até o momento, mister se faz ressaltar que, sob o ponto de vista estrutural, bem como para melhor compreensão da temática compreendida neste estudo, adotaremos a separação didática da regra-matriz tributária, por intermédio da abordagem detida e pormenorizada dos critérios material, pessoal, temporal, espacial e quantitativo.

---

[16] ATALIBA, Geraldo. *Hipótese de Incidência Tributária.* 6ª ed. São Paulo: Malheiros, 2000, p. 111.

[17] CARVALHO, Paulo de Barros. *Curso de Direito Tributário.* 30ª ed. São Paulo: Saraiva, 2019, p. 379.

Capítulo 2

Imposto Sobre Serviços de Qualquer Natureza

2.1. Critério material

A titularidade da competência tributária é outorgada às pessoas políticas de Direito Público (União, Estados, Distrito Federal e Municípios) em conformidade com as orientações firmadas pela Constituição Federal de 1988, sendo inquestionável que o legislador constituinte, ao atribuir competências aos entes políticos, definiu e discriminou o âmbito dentro do qual reside sua respectiva a esfera de atuação tributária.

A competência tributária consiste na aptidão, conferida constitucionalmente, pela qual as pessoas políticas possam criar seus tributos, os quais possuem fundamental importância no exercício da atividade financeira do Estado. Em resumo, a competência tributária é a aptidão jurídica para a criação de tributos, mediante a descrição das hipóteses de incidência compreendidas na Constituição Federal de 1988.

A instituição e a criação de quaisquer espécies tributárias (impostos, taxas, contribuições sociais, contribuições de melhoria e empréstimos compulsórios) somente poderão ser exercidas pela pessoa política eleita pela Constituição Federal de 1988, de modo que estejam asseguradas as respectivas receitas públicas.

A este respeito, Cleber Giardino observou que "o sistema rígido e exaustivo da partilha constitucional de competências tributárias implica, logicamente, a introdução de competências distintas, cada qual outorgada, com exclusividade, a uma pessoa constitucional expressamente indicada".[18]

---

[18] GIARDINO, Cleber. Conflitos entre Imposto sobre Produtos Industrializados e Imposto sobre Operações Relativas à Circulação de Mercadorias. *Revista de Direito Tributário* nº 13/14. São Paulo: 1980, p. 137.

A Constituição Federal de 1988 disciplinou, de forma rigorosa, o exercício das competências tributárias, retirando a faculdade de o legislador definir, ao seu talante, o alcance das normas jurídicas que criam tributos, configurando o que se costuma entender por "sistema rígido de distribuição de competências tributárias".

O critério material da regra-matriz de incidência tributária consiste em determinados negócios jurídicos compreendidos na Constituição Federal de 1988, configuradores de fenômenos reveladores de riquezas praticados pelo contribuinte e/ou pertinentes a ele. A materialidade de qualquer espécie tributária, em regra, costuma ser apontada nas normas jurídicas de tributação como "fato gerador" da obrigação tributária, embora na aludida expressão se encontre tanto a situação hipotética (previsão normativa) como a situação fática (evento real).

No entanto, a própria Constituição Federal de 1988, ao estabelecer limitações ao poder de tributar, disciplina a figura das "imunidades tributárias", que representam a exclusão da competência da União, dos Estados, do Distrito Federal e dos Municípios, para instituir tributos relativos a determinados atos, fatos e pessoas, ou seja, a imunidade tributária compreende a limitação constitucional ao poder estatal de tributar, resultando na vedação constitucional de instituir tributos por meio da delimitação do campo de incidência tributária.

A finalidade do legislador constitucional ao estabelecer a figura da imunidade tributária foi preservar valores tidos como de superior interesse nacional, dentre os quais o acesso à informação e à cultura, o exercício das atividades religiosas etc. Desta forma, o legislador se encontra impossibilitado de instituir tributos nas mencionadas circunstâncias, devendo, obrigatoriamente, obedecer a referido preceito constitucional.

Reiteramos que a instituição das espécies tributárias pela respectiva pessoa política eleita constitucionalmente poderá ser exercida desde que observe as limitações constitucionais ao poder de tributar, sendo que, sob o contexto do presente estudo, a Constituição Federal de 1988 preceitua que:

> Art. 150. Sem prejuízo de outras garantias asseguradas ao contribuinte, é vedado à União, aos Estados, ao Distrito Federal e aos Municípios:
>
> (...)
>
> VI – instituir impostos sobre:
>
> (a) patrimônio, renda ou serviços, uns dos outros;
>
> (...)

c) patrimônio, renda ou serviços dos partidos políticos, inclusive suas fundações, das entidades sindicais dos trabalhadores, das instituições de educação e de assistência social, sem fins lucrativos, atendidos os requisitos da lei.

(...)

§ 2º. A vedação do inciso VI, a, é extensiva às autarquias e às fundações instituídas e mantidas pelo poder público, no que se refere ao patrimônio, à renda e aos serviços vinculados a suas finalidades essenciais ou às delas decorrentes.

§ 3º. As vedações do inciso VI, a, e do parágrafo anterior não se aplicam ao patrimônio, à renda e aos serviços relacionados com exploração de atividades econômicas regidas pelas normas aplicáveis a empreendimentos privados, ou em que haja contraprestação ou pagamento de preços ou tarifas pelo usuário, nem exoneram o promitente comprador da obrigação de pagar imposto relativamente ao bem imóvel.

§ 4º. As vedações expressas no inciso VI, alíneas b e c, compreendem somente o patrimônio, a renda e os serviços relacionados com as finalidades essenciais das entidades nelas mencionadas. (...).

Neste sentido, na medida em que se encontram albergadas pela imunidade tributária, poder-se-ia entender que os Municípios não poderiam exigir o imposto sobre eventual exportação de serviço ou importação de serviço realizada pela União, pelos Estados ou pelo Distrito Federal, autarquias e fundações instituídas e mantidas pelo poder público, aos serviços vinculados a suas finalidades essenciais ou delas decorrentes, bem como pelos partidos políticos, fundações, entidades sindicais dos trabalhadores, instituições de educação e de assistência social sem fins lucrativos, aos serviços relacionados com as finalidades essenciais.

2.1.1. *Fruição "versus" prestação. Serviço "versus" prestação de serviço*

No âmbito do ISS, a Constituição Federal de 1988 estabelece que "compete aos Municípios instituir imposto sobre (...) serviços de qualquer natureza, não compreendidos no artigo 155, inciso II, definidos em lei complementar" (artigo 155, inciso III).

Elizabeth Nazar Carrazza,[19] em estudo pioneiro e minucioso acerca do Imposto sobre Serviços na Constituição, apontou à permissão constitucional para que o legislador pudesse escolher pela tributação da "prestação de serviço" ou pela tributação da "fruição do serviço", concluindo, desta forma, que "no primeiro caso (tributação da prestação) o aspecto material será: prestar utilidade

[19] CARRAZZA, Elizabeth Nazar. *O Imposto sobre Serviços na Constituição*. Dissertação de Mestrado. Pontifícia Universidade Católica de São Paulo. São Paulo, 1976. p. 63. Inédita.

material (ou imaterial); no outro, fruir utilidade material (ou imaterial)".

De maneira oposta, Aires Fernandino Barreto[20] asseverou que "não podemos acolher a posição, esposada por grandes mestres, no sentido de que o legislador é livre para eleger tanto o prestador como o tomador dos serviços", na medida em que o ISS "não é um imposto sobre a utilização, mas apenas sobre a prestação de serviços".

Observa-se que o núcleo da regra-matriz de incidência tributária do ISS não contempla a figura do "serviço" em si mesmo considerado, mas, sim, a "prestação de serviço", tanto que, "se assim não fosse, haveria margem para a tributação das contratações de serviços (...) O que se tributa pelo ISS, à luz da Constituição Federal, é a atividade de prestar serviços, e não a contratação ou o resultado dessa atividade", concluindo que se mostra absolutamente equivocado entendimento de que o "serviço" pudesse ser considerado na materialidade do imposto.[21]

Ressaltamos, por oportuno, que a circunstância de a Constituição Federal de 1988 estabelecer, no âmbito de competência dos Estados e do Distrito Federal, imposto sobre "*prestações de serviços de transporte interestadual e intermunicipal, e de comunicação*" (ICMS/Serviços), nos termos do artigo 155, inciso II; e, na esfera municipal, omitir o vocábulo "prestações", apenas e tão somente estipulando a expressão imposto sobre "*serviços de qualquer natureza*", nos termos do artigo 156, inciso III, não implica a assertiva de que, da mesma forma, não se estaria cogitando da necessidade de efetiva "*prestação*".

Em face do exposto, não nos parece juridicamente adequado considerar que a incidência do ISS se encontre restrita e limitada à espécie "serviço" na qualidade de uma atividade realizada, mas, sim, sobre a figura da "prestação do serviço", na medida em que a "prestação de serviço" é que se revela hábil a contemplar todos os elementos imprescindíveis à sua configuração (prestador, tomador, instauração de relação jurídica de direito privado e irradiação de efeitos tributários).

---

[20] BARRETO, Aires Fernandino. *Curso de Direito Tributário Municipal*. São Paulo: Saraiva, 2009, p. 365.

[21] COSTA, Simone Rodrigues Duarte. *ISS a LC 116/03 e a Incidência na Importação*. São Paulo: Quartier Latin, 2007, p. 106-107.

2.1.2. *Conceito de serviço na Constituição Federal*

A Constituição Federal pressupõe a existência de um conceito de serviço que contempla os pressupostos que o legislador infraconstitucional se encontra adstrito, sendo que o referido conceito deveria ser auferido, exclusivamente, em razão do exame da própria Constituição Federal.

Em virtude do sistema rígido de competências tributárias, que prestigia, dentre outros, tanto o princípio federativo como o princípio da autonomia municipal, Elizabeth Nazar Carrazza[22] adota premissa relativa ao exame do imposto municipal, exclusivamente na forma como se apresenta na Constituição Federal, referindo-se raramente à legislação infraconstitucional, na medida em que não contribuiria para a precisa compreensão do modelo constitucional.

Em análoga oportunidade, Roberto Quiroga Mosquera,[23] ao investigar qual seria o conceito constitucional de renda e proventos de qualquer natureza, observou que "não há campo de liberdade para o legislador federal em vista do sistema rígido de atribuição de competências tributárias (...) Mister será que ele se restrinja a descrever, em lei ordinária federal (...) a hipótese de incidência possível do imposto, seu sujeito passivo e ativo possível, sua base de cálculo e alíquota possível".

Desta forma, considerando que a lei complementar somente regularia o exercício da competência tributária pelo seu titular, os Municípios detêm competência para tributar serviços, sem qualquer necessidade de definição pelo legislador complementar, de forma que a lei complementar não criaria o ISS.

No contexto da Constituição Federal de 1967 (artigo 24, inciso II), Elizabeth Nazar Carrazza[24] observa que referido conceito não se encontra necessariamente ligado à venda de bem imaterial, de forma que qualquer atividade consubstanciada na prestação ou na fruição de uma utilidade material ou imaterial, sob regime de direito privado, pode ser objeto de tributação. Adicionalmente, pontifica que a Constituição Federal, ao se referir a serviços de qualquer natureza, evidentemente não objetiva restringir referido conceito, na medida em que todo e qualquer serviço (natureza, gênero ou

---

[22] CARRAZZA, Elizabeth Nazar. *O Imposto sobre Serviços na Constituição*. Dissertação de Mestrado. Pontifícia Universidade Católica de São Paulo. São Paulo, 1976. Inédita.

[23] MOSQUERA, Roberto Quiroga. *Renda e Proventos de Qualquer Natureza. O Imposto e o Conceito Constitucional*. São Paulo: Dialética, 1996, p. 77.

[24] Op. cit. p. 11-14.

espécie) submetido ao regime de direito privado (em oposição ao serviço público) se encontraria compreendido na esfera de competência material das municipalidades.

No contexto da Constituição Federal de 1988, observa-se que, embora não apresente explícita definição de serviço para fins tributários, nos termos da outorga e da discriminação das competências tributárias definidas no plano constitucional, especialmente em relação ao artigo 156, inciso III, os Municípios podem instituir imposto sobre fato que compreenda o conceito constitucional de serviço, em conformidade aos demais preceitos e princípios constitucionais.

Em razão da inexistência de expressa definição constitucional de serviço, observou-se que, para interpretação do artigo 156, inciso III, da Constituição Federal de 1988, se mostra pertinente adotar seu conceito comum e usual, afastando-o, no entanto, dos elementos pertinentes ao conceito de "serviço público", bem como dos fatos relativos às materialidades constitucionalmente atribuídas aos demais entes tributantes.[25]

Em virtude do exame do princípio da isonomia e respectiva harmonia na interpretação dos demais preceitos constitucionais, os efeitos da igualdade em matéria tributária implicam a observância ao princípio da capacidade contributiva, razão pela qual Aires Fernandino Barreto observava que não é qualquer trabalho e/ou qualquer fazer que configura o conceito de serviço para fins do ISS, até porque "serviço" é conceito com menor amplitude que o conceito de "trabalho" pressuposto (serviço se apresenta como espécie de trabalho), advertindo ao fato de que o artigo 156, inciso III, da Constituição Federal de 1988, requer investigação no contexto sistemático no qual se encontra inserido, de forma que o "caminho a ser trilhado – único e conducente à separação consentânea com o sistema constitucional – exige digressão em torno das obrigações de dar e de fazer categorias gerais do Direito amplamente estudadas pelos civilistas".[26]

2.1.3. Conceito de serviço no Direito Civil

Inicialmente, ressaltamos que toda e qualquer investigação relativa ao ISS deve, obrigatoriamente, partir do exame da Constitui-

[25] BARRETO, Aires Fernandino. *ISS na Constituição e na Lei.* 4ª ed. BARRETO, Paulo Ayres (Atualizador). São Paulo: Editora Noeses, 2018, p. 30-32.

[26] Op. cit., 218, p. 55.

ção Federal de 1988, a qual determina, no artigo 156, inciso III, que "compete aos Municípios instituir imposto sobre (...) serviços de qualquer natureza, não compreendidos no art. 155, II, definidos em lei complementar".

Em decorrência da referida atribuição constitucional de competência, a legislação infraconstitucional, consubstanciada na Lei nº 5.172, de 25.10.66 (Código Tributário Nacional – CTN), Decreto-Lei nº 406, de 31.12.68, Decreto-Lei nº 839, de 09.08.69, Lei Complementar nº 56, de 15.12.87, Lei Complementar nº 100, de 22.12.99, Lei Complementar nº 116, de 31.07.03, e Lei Complementar nº 157, de 29.12.16, estabelece que o Imposto sobre Serviços de Qualquer Natureza (ISS), "de competência dos Municípios e do Distrito Federal, tem como fato gerador a prestação de serviços constantes da lista anexa, ainda que esses não se constituam como atividade preponderante do prestador".

Conforme apontado em item anterior deste estudo, a materialidade do ISS reside na circunstância da ocorrência de uma "prestação de serviço", razão pela qual, objetivando apurar o exato alcance da referida incidência, nos parece absolutamente adequado que doutrina e jurisprudência tenham investigado quais seriam os limites de abrangência do conceito "serviço", na medida em que seu aspecto material do ISS reside na ocorrência de uma "prestação de serviço".

O ordenamento jurídico brasileiro se apresenta no contexto de sistema normativo, unitário, organizado, estruturado e harmônico, razão pela qual Geraldo Ataliba asseverou que "o sistema normativo é o conjunto unitário e ordenado de normas, em função de uns tantos princípios fundamentais, reciprocamente harmônicos, coordenados em torno de um fundamento comum".[27]

Premissa fundamental apontada por Maria Rita Ferragut[28] consiste na "importância do estudo da legislação civil, para todo aquele que se propõe a conhecer o direito tributário, reside na circunstância de que os fatos descritos nas regras-matrizes de incidência tributária são definidos e regulados a partir do direito privado. Assim, conhecer esses conceitos, em grande parte disciplinados pelo direito civil e pelo direito comercial, propicia ao intérprete ferra-

[27] ATALIBA, Geraldo. *Sistema Constitucional Tributário Brasileiro*. São Paulo: Revista dos Tribunais, 1968, p. 19.

[28] FERRAGUT, Maria Rita. *Responsabilidade Tributária e o Código Civil de 2002*. São Paulo: Noeses, 2005, p. 217.

mentas para a correta construção do sentido das normas jurídicas tributárias".

Característica peculiar do Direito Tributário reside na circunstância de que se encontra vinculado às definições, conteúdos e alcance dos institutos, conceitos e formas do Direito Privado, especialmente no que concerne ao Direito Civil brasileiro, sendo certo que a lei tributária não pode alterar a definição, o conteúdo e o alcance de institutos, conceitos e formas de Direito Privado, utilizados, expressa ou implicitamente, pela Constituição Federal de 1988, pelas Constituições dos Estados membros da Federação, ou pelas Leis Orgânicas do Distrito Federal ou dos Municípios, para definir ou limitar competências tributárias, em consonância ao estabelecido no artigo 110, da Lei Federal nº 5.172, de 25.10.66 (Código Tributário Nacional - CTN).

Aludido comando normativo, em nossa opinião, um dos mais importantes do referido diploma legal, especifica as limitações e os horizontes relativos ao alcance da legislação tributária, de forma que os institutos de Direito Privado não se confundem com os efeitos que as normas tributárias lhe atribuem, sendo imperioso que não podem estes últimos alterar a essência daqueles primeiros. O limite da norma tributária consiste em atribuir a obrigação de recolher determinado tributo em virtude do acontecimento de certa situação regulada pelo Direito Privado, sendo vedada a alteração das definições, conteúdos e alcances dos institutos, conceitos ou de suas formas, objetivando a instituição de qualquer espécie tributária.

Oportuna conclusão de Maria Rita Ferragut[29] no sentido de que "à lei tributária é vedado empregar a analogia e a interpretação extensiva, para os fins de abranger o maior número possível de fatos passíveis de tributação, alargando, com isso, a discriminação constitucional de competências e desrespeitando a taxatividade dos tipos tributários (...)".

Em consonância com os artigos 247 a 249 da Lei Federal nº 10.406, de 10.06.02 (Código Civil brasileiro), as denominadas "obrigações de fazer" caracterizam-se como obrigações positivas que se concretizam como ato pessoal, ou não, do devedor, mediante uma contraprestação pecuniária.

Neste sentido, Silvio Rodrigues[30] observou que:

---

[29] FERRAGUT, Maria Rita. *Responsabilidade Tributária e o Código Civil de 2002*. São Paulo: Noeses, 2005, p. 218.

[30] RODRIGUES, Silvio. *Direito Civil. Parte Geral das Obrigações*. vol. 2. 24ª ed. São Paulo: Saraiva, 1996, p. 33.

> Na obrigação de fazer o devedor se vincula a determinado comportamento, consistente em praticar um ato, ou realizar uma tarefa, donde decorre uma vantagem para o credor. Pode esta constar de um trabalho físico ou intelectual, como também da prática de um ato jurídico.
>
> (...)
>
> De um certo modo se poderia dizer que, dentro da idéia de fazer, encontra-se a de dar, pois quem promete a entrega de determinada prestação está, em rigor, vinculando-se a fazer referida entrega. Mas as duas espécies de obrigações se distinguem sob outros ângulos, o principal dos quais é que na obrigação de dar existe uma prestação de coisa, enquanto na obrigação de fazer encontra-se uma prestação de fato.

Ressalte-se, portanto, que as "obrigações de fazer" diferenciam-se das "obrigações de dar", em virtude da circunstância de que o conteúdo da "obrigação de dar" consiste na entrega de determinado bem, ao passo que na "obrigação de fazer" o objeto da prestação representa determinado ato do devedor.

Adicionalmente, foi concluído que a "obrigação de dar consiste na entrega de alguma coisa, ou seja, na tradição de uma coisa pelo devedor ao credor. Ela se desdobra em obrigação de dar coisa certa ou incerta e, também, em obrigação de dar propriamente dita e obrigação de restituir".[31]

No âmbito específico do Direito Tributário, Geraldo Ataliba[32] asseverou que "um fato, na sua singela apreciação pode para a economia ser um fato só. Mas para o direito há necessidade de que indaguemos a vontade: prestigiada pelo direito de cada contratante, as finalidades, os desígnios de cada qual, etc., etc. É aí que vamos encontrar o critério elaborado multimilenarmente, permitindo discernir: aqui há 'obrigação de dar', ou aqui há 'obrigação de fazer'".

Ao abordar a questão das referidas espécies de obrigações, Aires Fernandino Barreto[33] asseverou que:

> O caminho a ser trilhado – único conducente à separação consentânea com o sistema constitucional – exige digressão em torno das obrigações de dar e de fazer, categorias gerais do direito, amplamente estudadas pelos civilistas.
>
> A distinção entre dar e fazer como objeto de direito é matéria das mais simples. Basta – aos fins a que nos propusemos – salientar que a primeira (obrigação de dar) consiste em vínculo jurídico que impõe ao devedor a entrega de alguma coisa

[31] RODRIGUES, Silvio. *Direito Civil. Parte Geral das Obrigações*. vol. 2. 24ª ed. São Paulo: Saraiva, 1996, p. 19.

[32] ATALIBA, Geraldo. *Conflitos entre ICM, ISS e IPI*. Aula de Encerramento do Curso de Direito Tributário III. Revista de Direito Tributário nº 7/8. São Paulo: 1979, p. 128.

[33] BARRETO, Aires Fernandino. *ISS na Constituição e na Lei*. 4ª ed. BARRETO, Paulo Ayres (Atualizador). São Paulo: Noeses, 218, p. 55-56.

já existente; por outro lado, as obrigações de fazer impõem a execução, a elaboração, o fazimento de algo até então inexistente. Consistem, estas últimas, num serviço a ser prestado pelo devedor (produção, mediante esforço humano, de uma atividade material ou imaterial).

Nas obrigações de fazer, segue-se o dar, mas este não se pode concretizar sem o prévio fazimento, que é o objeto precípuo do contrato (enquanto o "entregar" a coisa feita é mera consequência).

Considerando que as atividades e os bens materiais utilizados têm maior ou menor importância em razão dos negócios realizados, observa-se que a designação da ação humana pode representar (a) um ato, fato ou obra constitutivo de um passo ou etapa para a consecução de um fim; e (b) o próprio fim ou objeto, implicando um discernimento entre "atividade-meio e serviço-fim".

Aires Fernandino Barreto[34] foi preciso ao asseverar que o "alvo da tributação é o esforço humano prestado a terceiros com fim ou objeto. Não as suas etapas, passos ou tarefas intermediárias, necessárias à obtenção do fim", revelando-se juridicamente inadmissível, em matéria de ISS, pretensão relativa ao fracionamento do "serviço-fim" nas suas inerentes "atividades-meio", consequentemente submetendo-as à tributação individualizada sob supostas configurações de materialidades autônomas e independentes.

No que concerne à definição de serviço tributável pelo ISS, Roque Antonio Carrazza[35] pontifica que se poderia definir serviço passível de incidência do imposto como sendo "a prestação, a terceiro, de uma utilidade (material ou imaterial), com conteúdo econômico, sob regime de direito privado (em caráter negocial), mas não trabalhista".

Na esfera judicial, o Supremo Tribunal Federal (STF) proferiu Acórdão no sentido da inconstitucionalidade da incidência do ISS sobre a locação de bens móveis, por não se amoldar a locação ao conceito de serviço, pois não se caracterizaria como "obrigação de fazer" e, consequentemente, não se sujeitaria à incidência do gravame municipal, na medida em que o conceito de serviço decorreria do Direito Privado, nos termos da seguinte Ementa, *verbis*:

TRIBUTO. FIGURINO CONSTITUCIONAL. A supremacia da carta federal é conducente a glosar-se a cobrança de tributo discrepante daqueles nela previstos.

---

[34] BARRETO, Aires Fernandino. *ISS. Atividade-Meio e Serviço-Fim.* Revista Dialética de Direito Tributário nº 5. São Paulo: 1996, p. 82.

[35] CARRAZZA, Roque Antonio. *Curso de Direito Constitucional Tributário.* 32ª ed. São Paulo: Malheiros, 2019, p. 865.

> IMPOSTO SOBRE SERVIÇOS. CONTRATO DE LOCAÇÃO. A terminologia constitucional do Imposto sobre serviços revela o objeto da tributação. Conflita com a lei maior dispositivo que imponha o tributo considerado contrato de locação de bem móvel. Em Direito, os institutos, as expressões e os vocábulos têm sentido próprio, descabendo confundir a locação de serviços com a de móveis, práticas diversas regidas pelo Código Civil, cujas definições são de observância inafastável – artigo 110 do Código Tributário Nacional."
>
> (Recurso Extraordinário nº 116.121-3/SP. Plenário. Relator Ministro Luiz Octavio Pires de Albuquerque Gallotti. Redator para Acórdão Ministro Marco Aurélio Mendes de Farias Mello. j. 11.10.00. p. 25.05.01).

Ressaltamos, por oportuno, o entendimento do Redator para Acórdão Ministro Marco Aurélio Mendes de Farias Mello, no sentido de que a própria nomenclatura do ISS, "considerado o figurino constitucional, pressupõe a prestação de serviços e não o contrato de locação", ressaltando que, em razão da Constituição Federal de 1988 e da respectiva legislação complementar, a incidência do imposto não se mostra juridicamente possível, uma vez que "falta o núcleo dessa incidência, que são os serviços", devendo preponderar a "definição de cada instituto, e somente a prestação de serviços, envolvido na via direta do esforço humano, é fato gerador do tributo em comento", em estrita observância dos preceitos constitucionais, imprescindíveis à segurança jurídica na relação entre o ente político tributante e os contribuintes.

No âmbito do referido julgamento, o Ministro José Celso de Mello Filho asseverou que a pretensão fazendária relativa à incidência do ISS sobre a locação de bens móveis "nada mais significa do que a inadmissível e arbitrária manipulação, por lei complementar, da repartição constitucional de competências impositivas, eis que o ISS somente pode incidir sobre obrigações de fazer", ao passo que, nos termos do artigo 110 do Código Tributário Nacional – CTN (Lei nº 5.172, de 25.10.66), a locação de bens móveis não configura matriz constitucional do ISS.

Por sua vez, o Ministro Ilmar Nascimento Galvão ressalvou postura divergente no sentido de, "não sendo prestação de serviço, muito menos será circulação de mercadorias (...) não serve de base a nenhum dos tributos previstos na Constituição, o que soa inteiramente absurdo", como se fosse obrigatória a exigência de qualquer um dos respectivos tributos (ISS ou ICMS) sobre a locação de bens móveis, ainda que não configure materialidade constitucionalmente prevista.

Ato subsequente, em virtude da reiterada adoção do entendimento contemplado no Recurso Extraordinário nº 116.121-3/SP em inúmeros julgados, o Supremo Tribunal Federal (STF) editou a Súmula Vinculante nº 31, fixando ser "inconstitucional a incidência do imposto sobre serviços de qualquer natureza – ISS sobre operações de locação de bens moveis", a qual não foi objeto de revogação até o presente momento.

2.1.4. *Conceito de serviço na economia*

Há mais de quatro décadas, Bernardo Ribeiro de Moraes[36] sustentou que o conceito constitucional de serviços seria construído pela negativa, no sentido de que a legislação complementar poderia considerar "no rol dos serviços alcançados pelo ISS a venda de qualquer bem imaterial (serviço), pois todo resultado do trabalho não constituído em bem material será serviço".

Em virtude da adoção de um conceito residual de serviço, uma vez que a matéria tributável pelo ISS compreende o que não se encontra alcançado nas obrigações mercantis, José Alberto de Oliveira Macedo[37] observa que:

> (...) o conceito na Economia é bastante amplo e variado, toma sentido a utilização pelo constituinte da expressão "de qualquer natureza" (...) sendo de qualquer natureza o serviço, há que considerar, o intérprete constitucional, a acepção mais lata possível (...) o fato é que a adjetivação "de qualquer natureza" sempre representou a intenção de um conceito mais amplo que o mero serviço como uma obrigação de fazer.

Em decorrência de exercício interpretativo da Constituição Federal de 1988, referido autor arremata concluindo que a competência conferida às Municipalidades para instituição do imposto "apropriou-se do conceito extrajurídico advindo da Ciência Econômica, abrangendo qualquer atividade de conteúdo econômico que não se caracteriza como mercancia, entendida essa como a circulação de mercadoria, bem material".[38]

Na esfera judicial, o Supremo Tribunal Federal (STF) proferiu Acórdão no sentido da constitucionalidade do ISS sobre as operações de arrendamento mercantil (*leasing*), em razão da premissa de que a legislação complementar do imposto não define o que se entende por "serviço", apenas declarando-o em absoluta conformi-

---

[36] MORAES, Bernardo Ribeiro de. *Doutrina e Prática do Imposto sobre Serviços*. São Paulo: Revista dos Tribunais, 1975, p. 153.

[37] MACEDO, José Alberto de Oliveira. *Conflitos de Competência na Tributação do Consumo*. Tese de Doutorado. Universidade de São Paulo. São Paulo: 2013, p. 82-83. Inédita.

[38] Op. cit. p. 86.

dade ao artigo 156, inciso III, da Constituição Federal de 1988, nos termos da seguinte Ementa, *verbis*:

> RECURSO EXTRAORDINÁRIO, DIREITO TRIBUTÁRIO. ISS. ARRENDAMENTO MERCANTIL. OPERAÇÃO DE *LEASING* FINANCEIRO. ARTIGO 156, III, DA CONSTITUIÇÃO DO BRASIL.
>
> O arrendamento mercantil compreende três modalidades, (i) o *leasing* operacional, (ii) o leasing financeiro e (iii) o chamado *lease-back*. No primeiro caso há locação, nos outros dois, serviço.
>
> A lei complementar não define o que é serviço, apenas o declara, para fins do inciso III do artigo 156 da Constituição. Não inventa, simplesmente descobre o que é serviço para os efeitos do inciso III do artigo 156 da constituição. No arrendamento mercantil (*leasing* financeiro), contrato autônomo que não é misto, o núcleo é o financiamento, não uma prestação de dar. E financiamento é serviço, sobre o qual o ISS pode incidir, resultado irrelevante a existência de uma compra nas hipóteses do *leasing* financeiro e do *lease-back*.
>
> Recurso extraordinário a que se dá provimento.
>
> (Recurso Extraordinário nº 547.245/SC. Plenário. Ministro Relator Eros Roberto Grau. j. 02.12.09. p. 05.03.10).

Considerando a importância deste Acórdão, parece-nos absolutamente adequado destacar os entendimentos proferidos pelos ilustres Ministros do Supremo Tribunal Federal (STF) que contribuíram à incidência do ISS sobre o arrendamento mercantil (*leasing*).

O Relator, Ministro Eros Roberto Grau, entendeu pela possibilidade de incidência do ISS sobre o "financiamento", uma vez que referido instituto se qualifica como "serviço", observando que a expressão "de qualquer natureza" não alberga exclusivamente as "obrigações de fazer". Ademais, asseverou que as "atividades de dar", da mesma forma, consubstanciam um fazer, sendo que "há inúmeras atividades de fazer que envolvem um dar".

O Ministro Joaquim Benedito Barbosa Gomes pontuou não haver na Constituição Federal de 1988 um conceito de serviços "absoluto e imutável", observando que a evolução social torna determinados conceitos obsoletos, como a própria divisão das "obrigações em 'dar' e 'fazer'" em razão das "funções econômica e social das operações, bem como da influência do princípio da neutralidade da tributação". Neste sentido, conclui que, não se confundindo como aluguel ou financiamento, a operação de arrendamento mercantil não se encontra vedada à incidência do ISS.

O Ministro José Antonio Dias Toffoli relatou ter consultado o Banco Central do Brasil (BACEN), no intuito de verificar a eventual existência de dispositivo normativo do Conselho Monetário

Nacional (CMN), que vedasse a incidência do ISS sobre o arrendamento mercantil (*leasing*), tendo obtido resposta formal no sentido na inexistência de qualquer restrição à referida incidência tributária. Desta forma, em razão da inexistência de impedimento pelo BACEN, bem como da previsão compreendida na Lei Complementar nº 116, de 31.07.03, entendeu pela incidência do ISS sobre referida atividade.

O Ministro Enrique Ricardo Lewandowski observou que no contrato de arrendamento mercantil (*leasing*) prepondera a prestação de serviço, consequentemente, tributável pelo ISS, pois a Lei Complementar nº 116, de 31.07.03, não desrespeita a Constituição Federal de 1988. Adicionalmente, pontuou não ser possível afastar a incidência do imposto sobre referida atividade, sob a premissa de que se estaria no *"melhor mundo possível"*, não se encontrando sujeita à tributação por nenhuma espécie tributária (IOF, ICMS nem ISS), o que não se poderia admitir.

O Ministro Carlos Ayres Brito entendeu que a disponibilização de crédito consiste, essencialmente, em ato de intermediação, a qual implica em obrigação de fazer, até porque, na linguagem coloquial, se utiliza da expressão "fazer uma intermediação" ou "fazer um empréstimo", jamais se cogitando em "dar um empréstimo". Em complemento, concluiu que a própria nomenclatura do Imposto sobre Serviços de Qualquer Natureza compreende a intenção do legislador constituinte no alcance mais abrangente relativo às obrigações de fazer, resultando na incidência do imposto sobre o arrendamento mercantil (*leasing*).

O Ministro Cezar Antonio Peluso advertiu a circunstância de que o atual panorama de complexidade mundial implica a obrigatoriedade de observância da economia, ao invés das considerações decorrentes dos institutos pertinentes ao "mundo romano".

Observamos que o Supremo Tribunal Federal (STF) proferiu Acórdão, neste mesmo sentido, nos autos do Recurso Extraordinário nº 592.905/SC (Plenário. Relator Ministro Eros Roberto Grau. j. 02.12.09. p. DJe 05.03.10), reconhecido no Tema 125 de Repercussão Geral, a saber: "É constitucional a incidência do ISS sobre as operações de arrendamento mercantil (*leasing* financeiro)".

Em sede de Agravo Regimental na Reclamação nº 8.623/RJ (2ª. Turma. j. 22.02.11. p. 09.03.11), o Ministro Gilmar Ferreira Mendes entendeu pela constitucionalidade da incidência do ISS sobre contratos de cessão de direito de uso de marca, ressaltando que a Lei Complementar nº 116, de 31.07.03, introduziu significativas alterações no âmbito do imposto, sendo que, ao prever referida hipótese de incidência em sua "lista de serviços", se mostraria juridicamente possível afastar a aplicação da Súmula Vinculante nº 31 do Supremo Tribunal Federal (STF) sobre referido caso concreto, na medida em que a cessão de direito de uso de marca se revela como serviço autônomo expressamente previsto como passível de incidência, afastando-se da locação de bem móvel.

Em momento subsequente, o Supremo Tribunal Federal (STF) ratificou que "Incide o ISS sobre cessão do direito de uso de marca, consoante entendimento firmado pelo Supremo Tribunal Federal". (Agravo Regimental em Recurso Extraordinário com Agravo nº 1.289.257/SP. Segunda Turma. Relator Ministro Edson Fachin. p. 23.03.21).

Posteriormente, por intermédio do Tema nº 581 de Repercussão Geral (Recurso Extraordinário nº 651.703/PR. Plenário. Ministro Relator Luiz Fux. j. 29.09.16. p. 26.04.17), o Supremo Tribunal Federal (STF) entendeu pela constitucionalidade da incidência do ISS sobre as atividades de planos de assistência de saúde, afastando a "obrigação de fazer" como elemento exclusivo à definição da materialidade possível do imposto, nos termos da Ementa reduzida nos seguintes termos:

> RECURSO EXTRAORDINÁRIO. CONSTITUCIONAL. TRIBUTÁRIO. ISSQN. ART. 156, III, CRFB/88. CONCEITO CONSTITUCIONAL DE SERVIÇOS DE QUALQUER NATUREZA. ARTIGOS 109 E 110 DO CTN. AS OPERADORAS DE PLANOS PRIVADOS DE ASSISTÊNCIA À SAÚDE (PLANO DE SAÚDE E SEGURO SAÚDE) REALIZAM PRESTAÇÃO DE SERVIÇOS SUJEITA AO IMPOSTO SOBRE SERVIÇOS DE QUALQUER NATUREZA – ISSQN, PREVISTO NO ART. 156, III, DA CRFB/88.
>
> (...).
>
> (Recurso Extraordinário nº 651.703/PR. Plenário. Ministro Relator Luiz Fux. j. 29.09.16. p. 26.04.17).

Em virtude do exame minucioso deste Acórdão, parece-nos que o Ministro Luiz Fux tenha adotado, em síntese, entendimento jurídico-processual consubstanciado nos seguintes aspectos:

a) A interpretação da questão sob análise não compreende nem a aplicação da interpretação econômica na esfera tributária, nem a observância do Direito Privado;

b) A Constituição Federal de 1988 se mostra carecedora de conceitos efetivamente constitucionais, mostrando-se necessário exercício de interpretação em consonância ao "pluralismo metodológico", que admite considerar inúmeros métodos, desde o literal até o método sistemático e teleológico, inclusive se utilizando da Ciência das Finanças, Economia e Contabilidade, pois os conceitos constitucionais em matéria tributária não seriam fechados e unívocos;

c) Não se admite a interpretação isolada dos artigos 109 e 110, da Lei Federal nº 5.172, de 25.10.66 (Código Tributário Nacional – CTN), afastando a possibilidade de que a interpretação literal não seria exclusiva;

d) O emprego do critério econômico como decorrência do aspecto teleológico deriva da apreciação axiológica, baseada nos valores da igualdade e da solidariedade, sendo que a interpretação se mostra de forma jurídico-econômica, "ainda que para a formação dos conceitos tributários passem pelo filtro jurídico";

e) A Constituição Federal de 1988, ao atribuir competências tributárias, se utilizou de "tipos" ao invés de "conceitos", pois seria irrelevante a utilização da legislação complementar para fins de dirimir conflitos de competência;

f) A classificação das obrigações em "obrigação de dar", de "fazer" e "não fazer" não se mostra adequada à caracterização dos produtos e serviços resultantes da atividade econômica; e

g) A expressão "de qualquer natureza", para conferir maior amplitude semântica a termo a qual leve a ampliação de competência tributária, não é novidade, tendo sido utilizada pelo legislador constituinte para alargar a competência tributária do imposto de renda ao incluir o termo "proventos".

Por sua vez, o Ministro Marco Aurélio Mendes de Farias Mello apresentou divergência ao aludido entendimento, por entender, basicamente, que: **(i)** a necessidade de demonstração de "um fazer" para fins de incidência tributária não foi superado; **(ii)** identificando no núcleo da prestação de serviço, um "ato humano, um fazer", se encontra legitimada a incidência do ISS; e **(iii)** a Súmula Vinculante nº 31 permanece eficaz, mesmo posteriormente ao julgamento do Recurso Extraordinário nº 547.245/SC (Plenário. Relator Ministro Eros Roberto Grau. j. 02.12.09) e do Recurso Extraordinário nº 592.905/SC (Plenário. Relator Ministro Eros Roberto Grau. j. 02.12.09. Tema 125 de Repercussão Geral).

2.1.5. *Teoria econômica "versus" teoria civilista. Inexistência de novo conceito de serviço. Irresoluta jurisprudência do STF*

Inicialmente, reiteramos que o presente estudo não tem por finalidade dilapidar a questão relativa ao conceito constitucional de serviço passível de incidência do imposto, no entanto, considerando guardar relação de proximidade à temática relativa à tributação na importação de serviço e na exportação de serviço, aludida abordagem se mostra relativamente pertinente.

De qualquer forma, não nos parece juridicamente possível confirmar a existência de "novo conceito de serviço" para fins de tributação pelo ISS, mas tão somente de certa predominância, consubstanciada em Acórdãos relativamente recentes do Supremo Tribunal Federal (STF), no sentido da adoção do conceito "econômico" em confronto ao conceito "civilista".

Observamos não ser nova a discussão acerca do real e efetivo conceito de serviço para fins de incidência de ISS, quer na doutrina, quer na própria jurisprudência do Supremo Tribunal Federal (STF), que, com relativa frequência, oscila ao adotar referidos conceitos, conforme se pode observar, exemplificativamente, do seguinte Acórdão, *verbis*:

> O conceito de serviço, que impera no direito tributário, não é mais o mesmo do Direito Civil, mas o que se ampliou na interpretação econômica dos serviços, posto como meio de satisfação das necessidades imateriais, como os bens o são para as necessidades materiais. É o conceito tradicional de serviço, em economia, ampliado da tradicional locação de serviços do C. Civil, que contrabalançava com a locação de coisas, e se atinha, sobretudo, à locação de trabalho – serviço pessoal do trabalhador, para abranger os serviços impessoais, que constituem hoje, o setor mais importante e mais significativo da atividade econômica.
>
> (...)
>
> (...) não se podem, contudo, impor ao Direito Tributário conceitos de Direito Privado, quando a interpretação econômica dos fatos se tenha fixado em linha própria de caracterização dos fenômenos que regula.
>
> O conceito de serviços – que o Código Civil não fixa, especificamente, pois se refere à locação de serviços sem os definir – tem hoje exato alcance na interpretação econômica. E a própria lei civil, nessa parte, vem sendo ultrapassada pela realidade do direito novo, que passou a regular essas relações na sua complexidade.
>
> (...).
>
> (Recurso Extraordinário nº 100.779-6/SP. 1ª Turma. Relator Ministro Oscar Dias Correa. j. 27.03.84. p. 04.05.84).

Em sentido similar, o Supremo Tribunal Federal (STF) entendeu que a própria locação de bens móveis, ao contrário do que foi decidido no Recurso Extraordinário nº 116.121-3/SP (Plenário. Redator para Acórdão Ministro Marco Aurélio Mendes de Farias Mello. j. 11.10.00) e firmado na Súmula Vinculante nº 31, se encontrava sujeita à incidência do ISS, nos termos do Recurso Extraordinário nº 115.103/SP (1ª Turma. Relator Ministro Oscar Dias Correa. j. 22.03.88. p. 29.04.88) e do Recurso Extraordinário nº 112.947/SP (2ª Turma. Relator Ministro Carlos Alberto Madeira. j. 19.06.87. p. 07.08.87).

Conforme nossa observação, embora a definição acerca do conceito constitucional de serviços, alicerçada na distinção entre as "obrigações de fazer" e as "obrigações de dar", tenha sido firmada pela Súmula Vinculante nº 31 ("é inconstitucional a incidência do imposto sobre serviços de qualquer natureza – ISS sobre operações de locação de bens móveis"), fato é que continua sofrendo críticas doutrinárias, contempladas, inclusive, em decisões relativamente recentes do próprio Supremo Tribunal Federal (STF), implicando a remanescente insegurança jurídica sobre a definição da materialidade constitucional do ISS efetivamente aplicável: se decorrente da "realidade jurídica conceitual" (teoria civilista) *ou* se do "aspecto simplesmente econômico" (teoria econômica).

Desta forma, parece-nos evidente, apesar de juridicamente descabido, que o Supremo Tribunal Federal (STF) tem atuado de maneira logicamente conflitante, em razão de distintas premissas e conclusões, uma vez que acolhe entendimento amplo ao conceito de serviço (teoria econômica) paralela e concomitantemente ao conceito firmado na Súmula Vinculante nº 31 (teoria civilista).

Tathiane Piscitelli[39] adverte que o Acórdão proferido no Recurso Extraordinário nº 651.703/PR (Plenário. Relator Ministro Luiz Fux. j. 29.09.16. Tema 581 de Repercussão Geral) não teria alterado a concepção de "serviço" passível de incidência do ISS compreendida no Recurso Extraordinário nº 116.121-3/SP (Plenário. Redator para Acórdão Ministro Marco Aurélio Mendes Farias Mello. j 11.00.00), sendo "precipitado afirmar que o Supremo Tribunal Federal abandonou os conceitos de direito privado como norteadores da atividade de interpretação das normas de competência tributária, para a prevalência de conceitos econômicos".

[39] PISCITELLI, Tathiane. *Limites Interpretativos dos Conceitos e Institutos de Direito Privado*. In BOSSA, Gisele Barra; PISCITELLI, Tathiane (Coordenadoras). *Tributação da Nuvem*. São Paulo: Thomson Reuters Brasil, 2018, p. 355.

Adicionalmente, fora observado que o Recurso Extraordinário nº 651.703/PR (Tema 581 de Repercussão Geral) não poderia "ser interpretado no sentido de que o Supremo Tribunal Federal abandonou a distinção entre obrigações de fazer e obrigações de dar, para fins de demarcação do campo de incidência do ISS", uma vez que "a análise cuidadosa dos votos dos ministros demonstra que não houve abandono desse critério, enquanto premissa decisória. Tanto é assim que a Súmula Vinculante 31 continua a ser aplicada (Cf. RE 602.295, DJ 23.04.15)".[40]

Neste mesmo sentido, Fábio Pallaretti Calcini e Gabriel Magalhães Borges Prata[41] concluem que, "não obstante a convivência de entendimentos conflitantes na jurisprudência atual do Supremo Tribunal Federal, o conceito de serviço incorporado pelo legislador constituinte ainda está delimitado pelo critério que se apoia na divisão das obrigações entre dar e fazer".

Nas aludidas decisões, embora o conceito de serviço para fins de incidência do imposto tenha sido relativizado, desprezando a classificação fundada na distinção entre as "obrigações de dar" e as "obrigações de fazer", sob o enfoque de que configuraria natureza privatista e, consequentemente, se mostraria irrelevante à incidência do ISS, o Supremo Tribunal Federal (STF), curiosamente, não apresenta novo conceito e/ou critério objetivo, preciso e pormenorizado, que tivesse o condão de afastar, por completo, a classificação da teoria civilista das obrigações, implicando o inaceitável panorama de absoluta insegurança jurídica.

Sob este aspecto, Pedro Casquet[42] observa que, "se ao mesmo tempo em que retiraram o fazer do núcleo do conceito de prestação de serviço, não desenvolveram qualquer conceito que pudesse suplantá-lo; e nem poderia ser diverso (...) caindo por terra a identidade entre o serviço e o 'fazer'", culminando na absoluta descaracterização da competência constitucional conferida às Municipalidades, o que se mostraria juridicamente inaceitável.

Em decorrência da argumentação compreendida no Recurso Extraordinário nº 651.703/PR (Plenário. Relator Ministro Luiz Fux.

---

[40] BARRETO, Aires Fernandino. *ISS na Constituição e na Lei.* 4ª ed. BARRETO, Paulo Aires (Atualizador). São Paulo: Noeses, 2018, p. 102.

[41] CALCINI, Fábio Pallaretti; PRATA, Gabriel Magalhães Borges. A Crise do Conceito de "Serviço" e o Conflito de Competência na Tributação do Contrato de Licença de Software. In: NETO, Henares Halley; MELO, Eduardo Soares de (Coords.). *ICMS e ISS. Tributação Digital e Novos Contornos dos Conflitos de Competência.* São Paulo: Intelecto, 2018, p. 154-155.

[42] CASQUET, Pedro. *O Conceito de Serviço e a Constituição Brasileira.* São Paulo: Almedina, 2014, p. 150.

j. 29.09.16. Tema 581 de Repercussão Geral), especificamente no que concerne aos modelos teóricos pelos termos designativos da competência material possam ser apreendidos, Maurício Cezar Araújo Fortes[43] pontua que

> (...) conceitos (ou conceitos classificatórios) podem ser representados como a soma dos elementos distintivos conclusivos que se subsumem ou não a um conjunto de fatos. Tipo refere-se a uma totalidade graduável e aberta, relativa, em maior ou menor grau, a um conjunto de fatos. O tipo está em oposição ao conceito: enquanto este permite uma definição exata, aquele seria apenas descritível, não apresentando tal descrição elementos necessários à sua diferenciação, mas os traços característicos, ou típicos.

Por sua vez, ao examinar as competências tributárias, Carlos Augusto Daniel Neto e Leonardo Ogazzawara Branco[44] observam restar clara a adoção de conceitos do Direito Privado, uma vez que "esse efeito estrutural de as competências se contrastarem reciprocamente deriva da excepcional rigidez de nosso sistema constitucional", sendo que a "variação quantitativa no grau de regulação constitucional da tributação irá impactar diretamente a rigidez e plasticidade do sistema tributário".

Desta forma, em confronto ao entendimento compreendido no Recurso Extraordinário nº 651.703/PR (Plenário. Relator Ministro Luiz Fux. j. 29.09.16. Tema 581 de Repercussão Geral), parece-nos que, em virtude do caráter rígido da Constituição Federal de 1988, o critério adotado pelo legislador constituinte ao atribuir e delimitar o campo de atuação tributária das pessoas políticas compreende "conceitos fechados", ao invés da adoção de "tipos", que implicariam a aberta e irrestrita possibilidade do legislador infraconstitucional instituir tributos de acordo com seus próprios critérios de conveniência e oportunidade, desrespeitando o primado da segurança jurídica.

Sob este prisma, Simone Rodrigues Costa Barreto[45] observa que "tipo e conceito são estruturas que se distinguem pelo grau de precisão (...) contempla notas referenciais do objeto, renunciáveis,

---

[43] FORTES, Maurício Cezar Araújo. *A Regra-Matriz do Imposto sobre Serviços de Qualquer Natureza*. Dissertação de Mestrado. Faculdade de Direito da Universidade de São Paulo. Universidade de São Paulo. São Paulo: 2009, p. 201. Inédita.

[44] BRANCO, Leonardo Ogazzawara de Araújo; NETO, Carlos Augusto Daniel. O Paradigma da Economia Digital e os Novos Conceitos de Serviço e Mercadoria. Reflexões na Tributação. In: FARIA, Renato Vilela; MONTEIRO, Alexandre Luiz Moraes do Rêgo; SILVEIRA, Ricardo Maitto da. (Coords.). *Tributação e Economia Digital*. São Paulo: Saraiva, 2018, p. 327.

[45] BARRETO, Simone Rodrigues Costa. Conceito Constitucional de Serviços de Qualquer Natureza. In: CARVALHO, Paulo de Barros; SOUZA, Priscila de. (Orgs.). *Racionalização do Sistema Tributário*. São Paulo: Noeses e IBET, 2017, p. 1.069.

sendo, portanto, uma estrutura aberta (...) requer um mínimo de características que permitam identificar o sentido do todo", ao passo que o "conceito, por sua vez, é uma estrutura com maior rigidez (...) portanto, irrenunciável", concluindo, sinteticamente, que, "se renunciável e graduável for essa característica, ter-se-á um tipo, e não um conceito".

Com o devido respeito aos Acórdãos que legitimam a incidência do ISS por intermédio da adoção do conceito de serviço advindo da economia, configuradores da oscilação do entendimento do Supremo Tribunal Federal (STF) acerca do referido conceito, ainda assim se pode concluir pela ausência de pronunciamento claro, preciso e uniforme sobre aludida temática.

A análise pormenorizada dos referidos Acórdãos proferidos pelo Supremo Tribunal Federal (STF) permite concluir pela inexistência de novo e claro conceito e/ou perspectiva tipológica de "serviço", quer pelo descompasso evidente dos argumentos ofertados pelos ilustres Ministros, quer pela conflitante e desarmônica convivência com a Súmula nº 31, que consolida entendimento acerca do conceito de serviço advindo do Direito Privado (obrigações de fazer), nos termos do artigo 110, da Lei Federal nº 5.172, de 25.10.66 (Código Tributário Nacional – CTN).[46]

O Supremo Tribunal Federal (STF) entendeu pela constitucionalidade da incidência do Imposto sobre Serviços de Qualquer Natureza (ISS) sobre os contratos de franquia (*franchising*), nos moldes do Tema nº 300 de Repercussão Geral (Recurso Extraordinário nº 603.136/RJ. Plenário. Relator Ministro Gilmar Ferreira Mendes. j. 29.05.20. p. 16.06.20); bem como pela constitucionalidade da incidência do imposto sobre serviços de distribuição e venda de bilhetes e demais produtos de loteria, bingos, cartões, pules ou cupons de apostas, sorteios e prêmios (item 19 da Lista de Serviços Anexa à Lei Complementar 116/2003, nos termos do Tema nº 700 de Repercussão Geral (Recurso Extraordinário nº 634.764/RJ. Plenário. Relator Ministro Gilmar Ferreira Mendes. p. 01.07.20).

[46] A este respeito, observa-se que: "A invalidação indireta da Súmula Vinculante por decisão em Recurso Extraordinário julgado sob a sistemática repetitiva, uma espécie de 'overruling' à brasileira, é uma idiossincrasia emergente de um sistema ainda de precedentes ainda em adaptação. Em tese possível, sua configuração dependeria da negação direta das razões de decidir da decisão vinculante anterior pela posterior, independentemente das características do veículo introdutor". (GONÇALVES, Carla de Lourdes; PINHEIRO, Hendrick. O Aparente *Overrulig* da Súmula Vinculante Número 31 pelas Recentes Decisões do STF sobre ISS. *Texto e Contexto no Direito Tributário*. CARVALHO, Paulo de (Coord.) São Paulo: IBET, 2020, p. 127).

O Relator, Ministro Gilmar Ferreira Mendes, em síntese, observou que a estrutura do negócio jurídico relativa à franquia inclui tanto as obrigações de dar como as obrigações de fazer, na medida em que referido contrato não se resumiria a simples cessão de direitos, sem qualquer prestação de serviços, sendo que o vínculo contratual, nesse caso, não se limitaria à mera obrigação de dar, nem à mera obrigação de fazer, nos seguintes termos:

> Entretanto, como as atividades realizadas pelas operadoras de planos de saúde foram consideradas de natureza mista (isto é, englobam tanto um "dar" quanto um "fazer"), não se pode afirmar que tenha havido – ainda – uma superação total do entendimento de que o ISS incide apenas sobre obrigações de fazer, e não sobre obrigações de dar.
>
> Pode-se assentar, contudo, que, de acordo com o entendimento do Supremo Tribunal Federal, o ISS incide sobre atividades que representem tanto obrigações de fazer quanto obrigações mistas, que também incluem uma obrigação de dar.
>
> (...)
>
> A bem dizer, diferentes prestações podem estar compreendidas no bojo do contrato de franquia, tais como a cessão do uso de marca, a assistência técnica, direito de distribuição de produtos ou serviços, entre outras. Algumas delas podem ser tomadas como atividades-meio; outras, como atividades-fim no contexto da relação entre franqueador e franqueado.
>
> (...)
>
> Delineado esse quadro, a mim me parece que a velha distinção entre as ditas obrigações de dar e de fazer não funciona como critério suficiente para definir o enquadramento do contrato de franquia no conceito de "serviço de qualquer natureza", previsto no texto constitucional.

E o Relator, Ministro Gilmar Ferreira Mendes, arrematou seu entendimento jurídico acerca da questão, por meio das seguintes conclusões:[47]

> Digo isso porque, para mim, está mais do que evidente que esta tal estrutura negocial inclui tanto prestações de "dar" como prestações de "fazer".
>
> (...)
>
> Esta Corte vem decidindo que a Súmula Vinculante 31 não se justifica nas hipóteses em que a locação de bens móveis integra um negócio mais amplo, que inclui a própria aplicação do bem na prestação de serviço.
>
> (...)
>
> A experiência, senhores Ministros, permite-me afirmar que essa interpretação – digo, no sentido de dar tratamento diferente à atividade-meio e à atividade-fim – certamente conduziria o contribuinte à tentação de manipular as formas contratuais

[47] Recurso Extraordinário nº 603.136/RJ. Plenário. j. 29.05.20. p. 16.06.20. Tema 300 de Repercussão Geral.

e os custos individuais das diversas prestações, a fim de reduzir a carga fiscal incidente no contrato.

(...)

É que, pela decisão de inconstitucionalidade, estamos a criar "vazios" no sistema tributário, decotes na já combalida estrutura fiscal dos Estados e Municípios, fatos livres de tributação.

(...)

Em outras palavras, nosso mister constitucional inclui a proteção dos direitos fundamentais do contribuinte contra qualquer ação do fisco, seja no plano da legislação, seja no plano administrativo, que destoe do figurino constitucional; mas também a defesa das competências constitucionais tributárias e – devo dizer – da arrecadação tributária, peça-chave do conceito de Estado Fiscal, como hoje o conhecemos.

(...).

Em sentido absolutamente divergente, o Ministro Marco Aurélio Mendes de Farias Mello manifestou entendimento para declarar a inconstitucionalidade da incidência do gravame municipal sobre a atividade de franquia, na medida em que compreende a disponibilização de marca e/ou patente, e não de prestação do serviço propriamente dita, sendo que o artigo 156, inciso III, da Constituição Federal de 1988 não autoriza conceituar como serviço aquilo que de serviço não se trata.

Desta forma, no âmbito da aludida divergência, revela-se juridicamente inadequado classificar a atividade de franquia como prestação de serviço, "ante a incompatibilidade material com o previsto no texto constitucional, sob pena de ter-se endosso a manipulação, pela legislação complementar, da repartição constitucional de competências".

Em distinta oportunidade, o Supremo Tribunal Federal (STF) manifestou entendimento consubstanciado na Ementa, a saber:

Ação direta de inconstitucionalidade. Direito Tributário. ISS. Relações mistas ou complexas. Orientação da Corte sobre o tema. Subitem 3.04 da lista anexa à LC nº 116/03. Locação, sublocação, arrendamento, direito de passagem ou permissão de uso, compartilhado ou não, de ferrovia, rodovia, postes, cabos, dutos e condutos de qualquer natureza. Interpretação conforme. Necessidade de as situações descritas integrarem operação mista ou complexa. Local da ocorrência do fato gerador. Ausência de violação dos princípios da razoabilidade ou da proporcionalidade.

1. Nas relações mistas ou complexas em que não seja possível claramente segmentar as obrigações de dar e de fazer – "seja no que diz com o seu objeto, seja no que concerne ao valor específico da contrapartida financeira" (Rcl nº 14.290/DF-AgR, Tribunal Pleno, Rel. Min. Rosa Weber) –, estando a atividade definida em lei complementar como serviço de qualquer natureza, nos termos do art. 156, III, da Constituição Federal, será cabível, a priori, a cobrança do imposto municipal. Aplicação do entendimento ao subitem 3.04 da lista anexa à LC nº 116/03.

2. O art. 3º, § 1º, da LC nº 116/03 não viola os princípios da proporcionalidade e da razoabilidade. Ele estabelece que se considera ocorrido o fato gerador e devido o imposto em cada município em cujo território haja extensão de ferrovia, rodovia, postes, cabos, dutos e condutos de qualquer natureza, objetos de locação, sublocação, arrendamento, direito de passagem ou permissão de uso, compartilhado ou não. Existência de unidade econômica, para fins de tributação, em cada uma dessas urbes, ainda que o sujeito passivo não tenha nelas instalado unidade de gerenciamento de atividades, filial ou mesmo infraestrutura operacional para calcular ou pagar o imposto.

3. Ação direta de inconstitucionalidade julgada parcialmente procedente, conferindo-se interpretação conforme à Constituição Federal ao subitem 3.04 da lista anexa à LC nº 116/03, a fim de se admitir a cobrança do ISS nos casos em que as situações nele descritas integrem relação mista ou complexa em que não seja possível claramente segmentá-las de uma obrigação de fazer, seja no que diz com o seu objeto, seja no que concerne ao valor específico da contrapartida financeira."

(ADIN nº 3.142/DF. Relator Ministro José Antonio Dias Toffoli. j. 05.08.20).

O Supremo Tribunal Federal (STF) reconheceu a validade de dispositivo de lei que sujeita a cessão de direito de uso de espaços para sepultamento à incidência do ISS, concluindo que se trata de atividade mista, uma vez que compreende o a cessão do espaço físico e a prestação do serviço de guarda e conservação de restos mortais. Confira-se:

TRIBUTÁRIO. CONSTITUCIONAL. ISS. ATIVIDADES MISTAS. INCIDÊNCIA DE ISS SOBRE CESSÃO DE USO DE ESPAÇO DE CEMITÉRIOS. ITEM 25.05 DA LISTA DE SERVIÇOS ANEXA À LEI COMPLEMENTAR 116/2003. ATIVIDADE QUE ENGLOBA A PRESTAÇÃO DE SERVIÇO DE CUSTÓDIA E CONSERVAÇÃO DOS RESTOS MORTAIS. CONSTITUCIONALIDADE.

(...)

Vale dizer, o previsão de incidência do ISS sobre "cessão de uso de espaços em cemitérios para sepultamento" não pode ser reduzida a uma mera obrigação de dar, no sentido de locação do espaço físico pura e simples, a atrair a *ratio decidendi* da Súmula Vinculante nº 31. Isso porque tal atividade abarca também a custódia e a conservação dos restos mortais, as quais indubitavelmente se enquadram no conceito tradicional de serviços.

(...).

(ADI nº 5.869/DF. Plenário. Relator Ministro Gilmar Ferreira Mendes. sessão virtual de 10.02.23 a 17.02.23. p. 22.02.23).

Em nosso sentir, por se tratar de cessão de uso de espaço em cemitério, não haveria que se cogitar da incidência do ISS, na medida em que a atividade não envolveria obrigação de fazer, mas tão somente, a disponibilização de espaço físico.

Neste contesto, observamos que princípios e conceitos não se alteram a curto prazo; muito pelo contrário, uma vez que o Direito, apesar de dinâmico, pressupõe evolução contínua, robusta dialeticidade e adequação ao sistema jurídico de forma consistente.

Desta maneira, não nos parece se mostrar juridicamente e seguramente possível, ao menos neste panorama jurisprudencial, determinar, com a inerente segurança jurídica, o conceito de serviço atualmente adotado pelo Supremo Tribunal Federal (STF).

Como o tributo é uma entidade jurídica (amplamente constitucionalizada), os seus elementos estruturais (especialmente a materialidade) circunscrevem-se a conceitos, critérios e institutos jurídicos. Embora os impostos apresentem um natural substrato econômico (pertinente à própria capacidade contributiva), não há sentido em conferir-se preeminência às etapas econômicas (produção, circulação e consumo), para a conceituação do serviço.

Por fim, no que concerne à interpretação econômica do Direito Tributário, Alfredo Augusto Becker[48] asseverou que: "A doutrina da interpretação do Direito Tributário, segundo a realidade econômica, é filha do maior equívoco que tem impedido o Direito Tributário evoluir como Ciência Jurídica. Essa doutrina, inconscientemente, nega a utilidade do Direito, porque destrói precisamente o que há de jurídico dentro do Direito Tributário".

Referido autor arremata, concluindo que referida teoria "na realidade faz é a demolição do que há de jurídico no Direito Tributário. Em nome da defesa do Direito Tributário, eles 'matam' o 'direito' e ficam apenas com o 'tributário'", observando que tal doutrina "conduz aos seguintes funestos resultados: a) Incorre no maior equívoco do Direito Tributário; b) Destrói a certeza e a praticabilidade do Direito Tributário; c) Importa na inversão da própria fenomenologia jurídica; d) Nega utilidade precisamente aquilo que é jurídico".[49]

2.1.6. *Conceito de serviço em adicionais diplomas legais*

No que concerne ao conceito constitucional de "serviço" para fins de incidência do ISS, embora a doutrina e a jurisprudência manifestem entendimentos divergentes fundados, essencialmente, na teoria econômica ou na teoria civilista, parece-nos adequado discorrer, ainda que brevemente, sobre classificações adicionais calcadas

---

[48] BECKER, Alfredo Augusto. *Teoria Geral do Direito Tributário*. 4ª ed. São Paulo: Noeses, 2007, p. 137-138.

[49] Ibid., p. 137-138.

nas esferas da contabilidade, do consumo interno, do comércio internacional de bens e serviços e da comunidade europeia.

2.1.6.1. Âmbito contábil

A Contabilidade é uma ciência que tem por finalidade, em síntese, o registro dos eventos e fenômenos de natureza financeira, relativos às atividades empresariais, auxiliando na apresentação das demonstrações financeiras, balanço patrimonial, resultado do exercício, fluxo de caixa, declarações fiscais, bem como o estudo da situação patrimonial da pessoa jurídica.

No Brasil, a disciplina normativa relativa à apuração de resultados da pessoa jurídica se encontra na Lei Federal nº 6.404, de 15.12.76, e respectivas alterações, especialmente introduzidas pela Lei Federal nº 11.638, de 28.12.07, e pela Lei Federal nº 11.941, de 27.05.09, ao passo que, no âmbito internacional, o *Internacional Financial Reporting Standard (IFRS)* compreende os pronunciamentos contábeis publicados pelo *International Accounting Standard Board (IASB)*.

O Conselho Federal de Contabilidade (CFC) é o órgão competente para regulamentar as práticas e os princípios contábeis, dentre os quais se encontram a entidade, continuidade, oportunidade, registro pelo valor original, atualização monetária, competência e prudência, em conformidade à Resolução CFC nº 750, de 29.12.93, e à Resolução CFC nº 1.281, de 16.04.10.

Sob este prisma, em virtude das necessidades relativas à **(a)** convergência internacional das normas contábeis (redução de custo de elaboração de relatórios contábeis, redução de riscos e custo nas análises e decisões, redução de custo de capital), **(b)** centralização na emissão de normas dessa natureza, **(c)** representação e processo democráticos na produção de informações, o Conselho Federal de Contabilidade (CFC) editou a Resolução nº 1.055, de 07.10.05, por meio da qual criou o Comitê de Pronunciamentos Contábeis (CPC), que tem por finalidade "o estudo, o preparo e a emissão de documentos técnicos sobre procedimentos de contabilidade e a divulgação de informações dessa natureza, para permitir a emissão de normas pela entidade reguladora brasileira, visando à centralização e uniformização do seu processo de produção, levando sempre em conta a convergência da contabilidade brasileira aos padrões internacionais" e sendo responsável pela elaboração de Pronunciamentos Técnicos, Interpretações Técnicas, Orientações e Comunicados.

A este respeito, em virtude do exame detalhado do Pronunciamento Técnico "CPC 00", no qual se encontram os conceitos contábeis básicos, não se identifica qualquer definição, referência ou abordagem clara acerca do conceito de serviço, mas tão somente citações ao referido vocábulo no contexto das definições de ativo, passivo, receita, despesa e fluxo de caixa.

2.1.6.2. *Âmbito do consumidor*

A Lei Federal nº 8.078, de 11.09.90, ao dispor sobre a proteção e respectivos direitos do consumidor, estabelece que "serviço é qualquer atividade fornecida no mercado de consumo, mediante remuneração, inclusive as de natureza bancária, financeira, de crédito e securitária, salvo as decorrentes das relações de caráter trabalhista" (§ 2º, artigo 3º, do diploma legal).

No entanto, entendemos pela inaplicabilidade do referido conceito, especialmente por sua extrema amplitude, ao considerar como "serviço", qualquer atividade fornecida, por intermédio de remuneração, no âmbito dos mercados consumidor, financeiro, bancário e securitário, exceto aquele inerente às relações trabalhistas.

A definição estabelecida no âmbito do Direito do Consumidor não se enquadra no sentido constitucional, tanto pelo fato de se apresentar de forma parcial, regulando específicas relações jurídicas, como pela circunstância de que contemplaria materialidades relativas a distintos tributos compreendidos na Constituição Federal de 1988, especialmente do Imposto sobre Operações de Crédito, Câmbio, Títulos e Valores Mobiliários (IOs).

2.1.6.3. *Âmbito da Organização Mundial do Comércio*

O intitulado "Acordo Geral sobre Comércio de Serviços" decorre da tradução norte-americana da expressão "*General Agreement on Trade in Services (GATS)*", que configura acordo da Organização Mundial do Comércio (OMC), em vigor a partir do ano de 1955, resultante das negociações da denominada "Rodada do Uruguai".

Mencionado acordo tem por finalidade, em síntese, estender o sistema multilateral de comércio de "serviços", da mesma forma que o nominado "Acordo Geral de Tarifas e Comércio" fornece um sistema ao comércio de "mercadorias". Observa-se, que os Países-Membros da Organização Mundial do Comércio (OMC) também se qualificam na condição de membros *do General Agreement on Trade in Services (GATS)*.

O *General Agreement on Trade in Services (GATS)* estabelece que "o comércio de serviços é definido como a prestação de um serviço" entre seus respectivos territórios e membros, asseverando que "serviços" incluem "quaisquer serviços" em "qualquer setor", com exceção daqueles "prestados no exercício da autoridade governamental", sendo que "um serviço prestado no exercício da autoridade governamental significa qualquer serviço que não seja prestado em bases comerciais, nem em competição com um ou mais prestadores de serviços".

No julgamento do Incidente de Arguição de Declaração de Inconstitucionalidade nº 0022463-72.2019.8.26.0000 pelo Tribunal de Justiça de São Paulo (TJSP),[50] observamos constar na Declaração de Voto Divergente apresentada pelo Desembargador Moacir Andrade Peres que o Brasil, na qualidade de membro da Organização Mundial de Comércio, por meio de seus Municípios, deveria observar o *General Agreement on Trade in Services (GATS)*, uma vez que os tratados internacionais, em regra, apresentam força normativa, conforme determina o § 2º, artigo 5º, da Constituição Federal de 1988 e em observância à Portaria Conjunta nº 1.908, de 2012, da Secretaria da Receita Federal do Brasil do Ministério da Fazenda (RFB/MF) e da Secretaria de Comércio e Serviços do Ministério do Desenvolvimento, Indústria e Comércio Exterior (SCS/MDIC), que instituiu o Sistema Integrado de Comércio Exterior de Serviços, Intangíveis e de Outras Operações que Produzam Variações no Patrimônio (SISCOSERV), prevendo, inclusive, um cronograma para registro dos serviços.

Neste sentido, parece-nos que o conceito em referência se mostra inaplicável no âmbito dos Municípios, não apenas por seu amplo caráter, mas também por compreender conceitos políticos e econômicos, absolutamente distantes de conceituação de natureza jurídica.

Ademais, em face do princípio federativo e do princípio da autonomia municipal, parece-nos que referidos Acordos Internacionais não deveriam ser observados pelos Municípios, na medida em que acabariam alterando o âmbito de sua esfera de competência tri-

[50] Órgão Especial. Relator Desembargador Álvaro Passos. Relator Designado Desembargador Evaristo dos Santos. Declaração de Voto Convergente Desembargador Moacir Andrade Peres. j. 23.10.19.

butária, por meio da adoção de distinto conceito de serviço que não encontra fundamento de validade na legislação complementar.[51]

2.1.6.4. *Âmbito do Conselho da União Europeia*

A Diretiva do Conselho da União Europeia nº 112, de 28.11.06, aplicável aos procedimentos comuns relativos ao Imposto sobre Valor Acrescentado (IVA), apresenta o conceito de "serviço" pela negativa (artigos 24 a 29), em razão das seguintes definições: "Entende-se por 'prestação de serviços' qualquer operação que não constitua uma entrega de bens. Entende-se por 'serviços de telecomunicações' os serviços que tenham por objeto a transmissão, emissão e recepção de sinais, texto, imagem e som ou de informações de qualquer natureza através de fios, rádio, meios ópticos ou outros meios electromagnéticos, incluindo a cessão ou a concessão com eles relacionadas de direitos de utilização de meios para a transmissão, emissão ou recepção, incluindo a disponibilização do acesso a redes de informação mundiais".

Em complemento, determina que "uma prestação de serviços pode consistir, designadamente, numa das seguintes operações: a) a cessão de um bem incorpóreo representado ou não por um título; b) a obrigação de não fazer ou de tolerar um ato ou uma situação; c) a execução de um serviço em virtude de acto das autoridades públicas ou em seu nome ou por força da lei" e que se assemelham às prestações de serviços a título oneroso, "a) a utilização de bens afectos à empresa para uso próprio do sujeito passivo ou do seu pessoal ou, em geral, para fins alheios à empresa, quando esses bens tenham conferido direito à dedução total ou parcial do IVA; b) a prestação de serviços a título gratuito efectuada pelo sujeito passivo, para uso próprio ou do seu pessoal ou, em geral, para fins alheios à empresa".

Adicionalmente, estabelece que, objetivando evitar distorções concorrenciais, "após consulta do Comitê do IVA, os Estados-Membros podem assimilar a uma prestação de serviços efetuada a título

[51] O Supremo Tribunal Federal (STF) manifestou a seguinte postura jurídica: "Os tratados internacionais celebrados pelo Brasil – ou aos quais o Brasil venha a aderir – não podem, em consequência, versar matéria posta sob reserva constitucional de lei complementar. É que, em tal situação, a própria Carta Política subordina o tratamento legislativo de determinado tema ao exclusivo domínio normativo da lei complementar, que não pode ser substituída por qualquer espécie normativa infraconstitucional, inclusive pelos atos internacionais já incorporados ao direito positivo interno (...)". (Ação Direta de Inconstitucionalidade nº 1.480. Plenário. Relator Ministro José Celso de Mello Filho. j. 04.09.97).

oneroso a prestação, por um sujeito passivo, de um serviço para os fins da sua empresa, desde que a prestação desse serviço, se efectuada por outro sujeito passivo, não confira direito à dedução total do IVA", estipulando finalmente que, "quando um sujeito passivo participe numa prestação de serviços agindo em seu nome mas por conta de outrem, considera-se que recebeu e forneceu pessoalmente os serviços em questão".

A esse respeito, entendemos pela inaplicabilidade do conceito apontado, tanto pela amplitude decorrente de sua "definição pela negativa" como por se afirmar exclusivamente aplicável ao Imposto sobre Valor Acrescentado (IVA) nos países europeus.

2.1.7. Legislação complementar e lista de serviços

A Constituição Federal de 1988 estabelece que o imposto incide sobre serviços de qualquer natureza, não compreendidos os serviços de transporte interestadual, intermunicipal e de comunicação (ICMS/Serviços), "definidos em lei complementar" (artigo 156, inciso III), determinando que compete à referida espécie legislativa, dentre outras atribuições, "estabelecer normas gerais em matéria de legislação tributária, especialmente sobre (...) definição de tributos e de suas espécies, bem como, em relação aos impostos discriminados nesta Constituição, a dos respectivos fatos geradores, bases de cálculo e contribuintes" (artigo 146, inciso III, alínea "a").

Observa-se, que a própria Constituição Federal de 1988 (artigo 30, inciso III) estipula que "compete aos Municípios instituir e arrecadar os tributos de sua competência".

A definição de serviço nas "listas" anexas às leis complementares implica em acirrada controvérsia, pois, se, de um lado, se encontra a autonomia municipal para instituir o imposto, de outro lado, confere competência ao legislador nacional para determinar os serviços passíveis de incidência do imposto municipal.

Não há dúvida de que a discriminação das competências tributárias às pessoas jurídicas de direito público constitui princípio constitucional. Desta forma, considerando que os Municípios se encontram subordinados ao Congresso Nacional quanto à edição de lei complementar estabelecendo os serviços que possam prever em suas respectivas legislações, mostra-se evidente desrespeito à autonomia municipal relativa à instituição e cobrança do ISS.

Sob este aspecto, José Souto Maior Borges[52] observa que "a lei complementar ao definir os serviços tributáveis pelo Município não tem por função limitar a competência tributária municipal, plena e sem vácuos a serem preenchidos no plano infraconstitucional. (...) Sem autonomia financeira – é vetusta a afirmação do princípio – não há autonomia política e administrativa".

Elizabeth Nazar Carrazza[53] pontua que a legislação complementar "não cria o ISS, nem, tampouco, estabelece limitações constitucionais ao poder de tributar. Regula, apenas, o exercício de competência tributária por seu titular. Desta forma, a competência municipal para tributar serviços independe da edição de lei complementar que os defina".

Nesta trilha, Roque Antonio Carrazza[54] assevera:

> Ora, se o Município é autônomo e se sua autonomia é assegurada principalmente com a decretação e arrecadação dos tributos de sua competência (art. 30, III, da CF), já vemos que o campo do ISS não pode ter suas dimensões aumentadas, diminuídas ou, muito menos, anuladas por uma lei complementar.
>
> (...)
>
> Como corolário disto, temos que a competência municipal para tributar serviços independe da edição de lei complementar que os defina. Segue-se, dai, que o legislador complementar não pode fixar rol de serviços tributáveis pelos Municípios.
>
> (...)
>
> A nosso ver, serviços não mencionados em tal lista poderão perfeitamente ser tributados por meio de ISS.
>
> (...)
>
> Por outro giro verbal, a lei complementar não pode considerar serviços, para fins de tributação por via de ISS, fatos que não os sejam.

Observa-se entendimento de José Eduardo Soares de Melo,[55] no sentido de que, "como não se pode ignorar que a norma prevendo lei complementar para 'definir os serviços de qualquer natureza', tributáveis pelo ISS, deve possuir um mínimo de eficácia; pode ser entendido que, sem prejudicar a competência municipal, a 'definição' teria por escopo explicitar os serviços a fim de evitar

[52] BORGES, José Souto Maior. *Lei Complementar Tributária*. São Paulo: Revista dos Tribunais, 1975, p. 187-188.

[53] CARRAZZA, Elizabeth Nazar. *O Imposto sobre Serviços na Constituição*. Dissertação de Mestrado. Pontifícia Universidade Católica de São Paulo. São Paulo, 1976, p. 62. Inédita.

[54] CARRAZZA, Roque Antonio. *Curso de Direito Constitucional Tributário*. 32ª ed. São Paulo: Malheiros, 2019, p. 866-868.

[55] MELO, José Eduardo Soares de. *ISS. Teoria e Prática*. 7ª ed. São Paulo: Malheiros e JusPodivm, 2023, p. 82-83.

eventuais conflitos de competência em razão de materialidades assemelhadas, afetas à União, Estados e Distrito Federal".

No entanto, a questão relativa à abrangência da "lista de serviços" foi apreciada pelo Supremo Tribunal Federal (STF), firmando diretriz no sentido de ser "*taxativa*" (Recurso Extraordinário nº 77.183/SP. Plenário. Relator Ministro Aliomar de Andrade Baleeiro. j. 19.04.74), embora admita interpretação "*ampla e analógica*" (Recurso Extraordinário nº 75.952/SP. 2ª Turma. Relator Ministro Carlos Thompson Flores. j. 29.10.73).

O Superior Tribunal de Justiça (STJ) adotou idêntica postura no Acórdão proferido no Recurso Especial nº 834.060/PR, a saber:

> Tributário. Recurso Especial. ISS. Lista de Serviços. Taxatividade. Interpretação Extensiva. Possibilidade.
>
> 1. Embora taxativa, em sua enumeração, a lista de serviços admite interpretação extensiva, dentro de cada item, para permitir a incidência do ISS sobre serviços correlatos àqueles previstos expressamente. Precedentes do STF e desta Corte.
>
> 2. Esse entendimento não ofende a regra do art. 108, § 1º, do CTN, que veda o emprego da analogia para a cobrança de tributo não previsto em lei. Na hipótese, não se cuida de analogia, mas de recurso à interpretação extensiva, de resto autorizada pela própria norma de tributação, já que muitos dos itens da lista de serviços apresentam expressões do tipo "congêneres", "semelhantes", "qualquer natureza", "qualquer espécie", dentre outras tantas.
>
> 3. Não se pode confundir analogia com interpretação analógica ou extensiva. A analogia é técnica de integração, vale dizer, recurso de que se vale o operador do direito diante de uma lacuna do ordenamento jurídico. Já a interpretação, seja ela extensiva ou analógica, objetiva desvendar o sentido e o alcance da norma, para então definir-lhe, com certeza, a sua extensão. A norma existe, sendo o método interpretativo necessário, apenas, para precisar-lhe os contornos (...).
>
> (Recurso Especial nº 834.060/PR, 2ª Turma. Relator Ministro José de Castro Meira, j. 15.08.06. p. 25.08.06).

Posteriormente, nos termos do Tema nº 296 de Repercussão Geral, o Supremo Tribunal Federal (STF) firmou tese no sentido de que: "É taxativa a lista de serviços sujeitos ao ISS a que se refere o art. 156, III, da Constituição Federal, admitindo-se, contudo, a incidência do tributo sobre as atividades inerentes aos serviços elencados em lei em razão da interpretação extensiva" (Recurso Extraordinário nº 784.439/DF. Plenário. Relatora Ministra Rosa Maria Pires Weber. j. 29.06.20. p. 15.09.20).

A expressão constitucional "serviços de qualquer natureza" não configura "cheque em branco", para que o legislador infraconstitucional, de forma irrestrita e incondicional, possa impor a tributação pelo ISS sobre circunstância fática que não configure a verdadeira materialidade do referido imposto.

A adoção da expressão "serviço de qualquer natureza" pressupõe, evidentemente, competência para se tributar "qualquer natureza" (espécie) de "serviço" (gênero), de forma que referida exigência ("qualquer natureza") guarde total e absoluta pertinência a determinado "serviço", não sendo juridicamente possível conferir amplitude ilimitada a tal expressão, distinta da Constituição Federal de 1988, não sendo permitido tributar fato que não configure materialidade constitucional do imposto: ou seja, serviço de "qualquer natureza", mas desde que se trate, por óbvio, de "serviço".

O exame acerca da materialidade do ISS decorre da Constituição Federal de 1988 para a legislação infraconstitucional, jamais em sentido inverso, na medida em que a lei complementar não tem o condão de legitimar a incidência do imposto sobre fato que não se amolde aos parâmetros constitucionais de competência atribuída aos Municípios.

A circunstância de determinada atividade se encontrar compreendida em item específico da "lista de serviços" passível de tributação pelo ISS não implica, obrigatoriamente, a sua indubitável incidência, na medida em que deve configurar a materialidade do imposto em observância aos contornos constitucionais. Em outras palavras, nem todos os itens previstos nas "listas de serviços" são passíveis de tributação pelo ISS, da mesma forma que nem todos os serviços possíveis de tributação pelo imposto se encontram hipoteticamente descritos nas "listas de serviços" das respectivas Municipalidades.

A este respeito, exemplificativamente, embora a "cessão de direito de uso", "arrendamento mercantil (*leasing*)", "licenciamento de uso de programa de computador (*software*)", "cessão de direitos", dentre outras hipóteses, se encontrem previstas na "lista de serviços", em nosso sentir não configuram materialidade do ISS, pois se mostra evidente que de "serviços" não se trata.[56]

[56] Reiteramos que o Supremo Tribunal Federal (STF) entendeu que "é constitucional a incidência do Imposto sobre Serviços de Qualquer Natureza (ISS) sobre contratos de franquia (franchising)", nos moldes do Tema nº 300 de Repercussão Geral (Recurso Extraordinário nº 603.136/RJ. Plenário. Relator Ministro Gilmar Ferreira Mendes). Nesse sentido, observamos julgamento pelo Supremo Tribunal Federal (STF), do Tema nº 590 de Repercussão Geral (Recurso Extraordinário nº 688.223/PR. Relator Ministro José Antonio Dias Toffoli. j. 06.12.21. p. 03.03.22), relativo à "incidência do ISS sobre contratos de licenciamento ou de cessão de programas de computador (software) desenvolvidos para clientes de forma personalizada".

O fato de a "lista de serviços" anexa à legislação complementar descrever elenco exaustivo de fatos passíveis de incidência pelo ISS não tem o condão de legitimar a exigência sobre todas as referidas hipóteses, pressupondo, para tanto, se tratar efetivamente de serviço tributável em conformidade ao modelo constitucional compreendido na esfera de competência municipal (artigo 156, inciso III), parecendo-nos juridicamente inaceitável a incidência do imposto sobre: (a) negócios jurídicos que não constituem autênticos serviços (arrendamento mercantil, cessão de direito de uso, licença de uso, etc.); (b) itens que se utilizam das expressões "*congêneres*", "*auxiliares*" e "*semelhantes*", que não se justificam na tipicidade cerrada; (c) itens que adotam os termos "*quaisquer*", "*qualquer natureza*", "*qualquer espécie*" conferem amplitude a específicos serviços e demandam a utilização de método analógico, remanescendo tão somente a eventual inclusão de esdrúxulo item que preveja e assegure a incidência do ISS sobre "*demais serviços não indicados nos itens anteriores*".

No que concerne ao emprego de termos abrangentes e desprovidos de legitimidade jurídica, apenas a título ilustrativo, repudiamos similar previsão normativa no âmbito do Imposto sobre Produtos Industrializados (IPI), ao se utilizar das "*equiparações à industrial*", para fins de determinação do sujeito passivo deste imposto (Decreto Federal nº 7.212, de 15.06.10) e do enquadramento de determinado produto industrializado como "*outros*", na ausência de específica descrição para fins de apuração da alíquota aplicável no âmbito do Decreto Federal nº 8.950, de 29.12.16 (Tabela de Incidência do IPI – TIPI).

2.1.8. Incidência sobre as novas tecnologias

Nos últimos anos, foram elaborados estudos jurídicos acerca da intitulada "tributação e novas tecnologias" e/ou "tributação e economia digital", objetivando identificar por meio de atuais modalidades operacionais, a adequada incidência tributária, inclusive em razão do aparente acirramento dos conflitos de competência entre os entes tributantes.

A necessidade de investigação de recentes fatos e objetos decorrentes do desenvolvimento tecnológico, não se apresenta como absoluta novidade. No passado recente, normas jurídicas, doutrina e jurisprudência se depararam com a necessidade de examinar detidamente fatos até então novos à luz de suposto tratamento tributário inédito, relativo aos "livros eletrônicos" (e até mesmo a Bíblia Sagrada narrada na versão CD-ROM); televisão a cabo e por assinatura; telefonia móvel celular; dentre outros exemplos, circunstâncias que não se afastaram da imunidade tributária, bem como do conflito de competência entre o ICMS e o ISS.

Ocorre, no entanto, que as recentes modalidades negociais e tecnológicas, em nosso sentir, se subsumiriam, individualmente, à relação jurídica preexistente e compreendida no Direito Privado.

De forma exemplificativa, o aplicativo para telefonia móvel celular denominado UBER, que consiste em ferramenta de transporte privado urbano, permitindo a busca por motoristas com base na localização, oferecendo um serviço semelhante ao tradicional serviço de táxi. Embora compreenda recente facilidade tecnológica, a essência da sua finalidade alberga relação jurídica de agenciamento e/ou de intermediação entre as partes: motorista do aplicativo (prestador do serviço de transporte) e passageiro (tomador do serviço), ambos usuários da plataforma digital UBER.

A tecnologia compreendida no aplicativo denominado SPOTIFY configura *streaming* (envio de informações multimídia de forma célere, por meio da transferência de dados sonoros e/ou de imagens, utilizando a rede mundial de computadores) de músicas e de *podcast* (arquivo digital de áudio, com conteúdo variado, como uma espécie de "texto para ouvir"), no qual o conteúdo pode ser pesquisado pelo usuário, por meio do artista, álbum, gênero musical, além da possibilidade de criar, editar ou compartilhar *playlists* com outros usuários. O SPOTIFY realiza o pagamento de *royalties* ao artista e/ou titular do direito autoral, em razão do número de reproduções. Neste sentido, parece-nos configurar evidente negócio jurídico relativo à cessão onerosa de direito de uso de arquivos digitais musicais.

O *streaming* intitulado NETFLIX consiste em provedor global de filmes e de seriados de televisão, permitindo o acesso ao conteúdo de programação digital exclusiva. A este respeito, entendemos se tratar de negócio jurídico à cessão onerosa de direito de uso de arquivos digitais em imagens.

As operações envolvendo as denominadas "criptomoedas" configuram moedas virtuais para efetuar pagamentos relativos às compras de bens e/ou de serviços, desvinculadas do tradicional modelo do sistema financeiro; espécie de dinheiro eletrônico utilizado para pagamentos sem a presença de instituições financeiras e/ou governamentais, por meio de específica autenticação pelos usuários. Sob este prisma, apresenta-se a figura do BITCOIN, na qualidade de espécie de criptomoeda utilizada no âmbito do *blockchain*, que se revela como instrumento eletrônico responsável pelo registro de dados, transações realizadas e respectivas comprovações neste ambiente. Portanto, parece-nos compreender negócio jurídico similar ao mercado financeiro, na medida em se aproximaria das operações de crédito, câmbio, títulos ou valores mobiliários.

Desta forma, parece-nos que as recentes tecnologias, invariavelmente, correspondam a negócio jurídico e/ou relação jurídica devidamente prevista no Direito Privado, cujo tratamento tributário, da mesma forma, encontre anterior subsunção fático-jurídica.

2.2. Critério pessoal

2.2.1. Sujeito ativo

A Constituição Federal de 1988, no Título VI, "Da Tributação e do Orçamento", em síntese, confere à União (artigos 153 a 154), aos Estados e ao Distrito Federal (artigo 155), aos Municípios (artigo 156), ao Distrito Federal (artigo 147), as competências tributárias para instituírem os tributos de sua titularidade.

Em face dos temas compreendidos neste estudo, observamos que a Constituição Federal de 1988 atribuiu competência tanto aos Municípios (artigo 156, inciso III) como ao Distrito Federal (artigo 147) para instituição do Imposto sobre Serviços de Qualquer Natureza (ISS).

Observamos, por oportuno, que, embora o Distrito Federal detenha competência tributária para instituir o Imposto sobre Serviços de Qualquer Natureza (ISS), objetivando imprimir fluidez à leitura do presente estudo, faremos referência tão somente à figura dos Municípios.

2.2.2. Sujeito passivo

2.2.2.1. Contribuinte

No polo passivo da obrigação tributária, encontra-se o contribuinte, considerado a pessoa (física e/ou jurídica) que apresenta relação direta e pessoal à materialidade tributária e que pratica o fato jurídico tributário, implicando a obrigatoriedade do recolhimento da quantia devida a título de tributo em favor do sujeito ativo.

A Constituição Federal de 1988 contempla as materialidades implicadoras das incidências, dispondo que compete à legislação complementar (artigo 146, inciso III, alínea 'a'), dentre outras atribuições, estabelecer normas gerais em matéria de legislação tributária, especialmente sobre a definição das espécies tributárias, bem como sobre os respectivos "fatos geradores, bases de cálculos e contribuintes".

O legislador identifica a pessoa (física ou jurídica) diretamente vinculada à realização do fato jurídico tributário, que deve, obrigatoriamente, observar o princípio da capacidade contributiva. A conexão da pessoa (física ou jurídica) com a materialidade revela o contribuinte, na medida em que, ao praticar o fato jurídico tributário, deverá recolher ao erário público parcela da decorrente grandeza econômica, qualificada como tributo.

No que concerne ao princípio da capacidade contributiva, compreendido no artigo 145, § 1º, da Constituição Federal de 1988, os impostos, sempre que possível, terão caráter pessoal e serão graduados em razão da capacidade econômica dos contribuintes, os quais serão tributados proporcionalmente à sua respectiva riqueza, sendo certo que referido princípio compreende a imposição tributária configuradora de "fato-signo presuntivo de riqueza".[57]

Elizabeth Nazar Carrazza observou que o tomador do serviço, ao contratar determinada prestação de serviço, por intermédio de remuneração, da mesma forma manifesta capacidade contributiva, na medida em que apenas poderá figurar no polo passivo da obrigação tributária relativa ao ISS a pessoa (física ou jurídica) que praticar o fato gerador, manifestando, desta forma, inconfundível sinal de riqueza, além da aptidão ao suporte econômico do gravame municipal.[58]

Com o devido respeito, ousamos discordar do referido entendimento, por entendermos que no ISS o contribuinte consiste na pessoa (física ou jurídica) que presta serviços de qualquer natureza definidos em lei complementar, exceto os serviços de transporte interestadual, intermunicipal e de comunicação (ICMS/Serviços), de competência dos Estados e do Distrito Federal, nos termos do

---

[57] CARRAZZA, Roque Antonio. *Curso de Direito Constitucional Tributário*. 32ª ed. São Paulo: Malheiros, 2019, p. 83.

[58] CARRAZZA, Elizabeth Nazar. *O Imposto sobre Serviços na Constituição*. Dissertação de Mestrado. Pontifícia Universidade Católica de São Paulo. São Paulo: 1976, p. 59-64. Inédita.

artigo 155, inciso II, da Constituição Federal de 1988, não sendo possível eleger a figura do tomador do serviço.

A este respeito, a Lei Complementar nº 116, de 31.07.03, estabelece que o fato gerador do imposto consiste na prestação de serviços "(...) ainda que esses não se constituam como atividade preponderante do prestador", além de determinar ser o contribuinte o "prestador de serviço", e que o ISS não incide sobre a prestação de serviços "em relação de emprego, dos trabalhadores avulsos, dos diretores e membros de conselho consultivo ou de conselho fiscal de sociedades e fundações, bem como dos sócios-gerentes e dos gerentes-delegados".

Portanto, o legislador infraconstitucional estipulou âmbito restritivo relativo ao sujeito passivo do ISS, na medida em que a Constituição Federal de 1988 não estabelece limitações às características das pessoas (físicas ou jurídicas) que se vinculam à materialidade do gravame municipal, deixando de determinar a qualificação dos prestadores de serviços.

As características dos trabalhadores que não se qualificam como contribuintes do ISS (prestadores de serviços) se encontram compreendidas, regra geral, na Consolidação das Leis do Trabalho (CLT); no Regulamento da Previdência Social (RPS); na Lei das Sociedades por Ações (Lei das S/A) e respectivas alterações normativas.

A razão pela qual se exclui o "trabalhador" da condição de "contribuinte" do ISS reside no fato de que os serviços na modalidade de "vínculo funcional" se caracterizam como "prestações de trabalho", e não como "prestação de serviços", sendo referida distinção de extrema e capital importância, tendo sido observado que, na verdade, "serviço" é espécie do gênero "trabalho". Geraldo Ataliba e Aires Fernandino Barreto[59] entenderam que:

> A relação contratual que justifica a prestação é diferente nos dois casos e esta diferença encontra raiz na própria Constituição, nos princípios constitucionais aplicáveis a uma e outra situação e no regime jurídico que o Texto Magno atribui a ambos. (...) A Constituição discerne prestação de trabalho de prestação de serviço. Ora, no Direito há nítida distinção entre o regime de Direito Civil e o regime da CLT. O fulcro da distinção está na subordinação.

Adicionalmente, a Lei Complementar nº 116, de 31.07.03, estabelece elenco de trabalhadores excluídos da sujeição ao imposto,

[59] ATALIBA, Geraldo; BARRETO, Aires Fernandino. ISS na Constituição. Pressupostos Positivos. Arquétipo do ISS. *Revista de Direito Tributário* nº 37. São Paulo: 1986, p. 47-48.

compreendendo os "titulares de sociedade por quotas de responsabilidade limitada", bem como "empregados com função de gerência", devidamente disciplinados na Lei nº 10.406, de 10.01.02 (Código Civil brasileiro).

2.2.2.2. *Responsável tributário*

A exigência tributária pode ser imposta à pessoa (física ou jurídica) distinta daquela que praticou o fato jurídico tributário, por meio de critérios estabelecidos na legislação, sendo que o sujeito passivo da obrigação tributária pode ser qualificado nas seguintes categorias: "contribuinte" ou "responsável".

Observamos que o regime tributário relativo à "sistemática na fonte" não é absolutamente novo, tendo sido originado no âmbito da Secretaria da Receita Federal do Brasil, por intermédio da implementação da modalidade do Imposto sobre a Renda Retido na Fonte (IR/Fonte), exemplo típico de procedimento administrativo atinente à política fazendária, que tem por finalidade atribuir maior eficiência na fiscalização e no controle do adimplemento das obrigações tributárias, reduzindo o horizonte da atuação administrativa em face de universo inferior de pessoas (físicas e/ou jurídicas), no caso, dos responsáveis tributários ao invés dos contribuintes.

Em face da aparentemente interminável discussão acerca da competência tributária do ISS relativa ao princípio da territorialidade, ao critério espacial da regra-matriz de incidência tributária e à intitulada "guerra fiscal municipal" (Município da sede e/ou do domicílio prestador *versus* Município do local da prestação dos serviços), fato até o momento, lamentavelmente, não dirimido pela legislação complementar e usualmente configurado por práticas dolosas, fraudulentas ou simuladas, a imposição da sistemática de retenção na fonte do ISS pelo tomador do serviço se revela como verdadeiro instrumento de defesa dos interesses políticos e econômicos das Municipalidades.

Sob este prisma, por inúmeras vezes, o contribuinte se encontra em situação de absoluta insegurança jurídica, na medida em que, no primeiro momento, (a) se encontra sujeito à retenção do imposto pela fonte pagadora (tomador do serviço) localizada em distinto Município, implicando a redução do valor do preço do serviço e, ainda assim, no segundo momento, (b) se encontra diante de exigência formulada pelo Município no qual se encontra localizada a sede do seu estabelecimento prestador, por intermédio de lançamento de ofício, no qual se imputa, além do valor do imposto, multa e juros.

No entanto, revela-se juridicamente possível, nos termos do artigo 121, inciso II, e artigo 128, ambos da Lei Federal nº 5.172, de 25.1.66 (Código Tributário Nacional – CTN), que a legislação infraconstitucional determine que o "tomador do serviço" ou "intermediário do serviço" se qualifique como sujeito passivo da obrigação tributária relativa ao ISS, não pela circunstância de que tenha praticado a materialidade do imposto, mas, sim, em razão da atribuição da "responsabilidade tributária".

A respeito da temática, Aires Fernandino Barreto[60] observou, de forma perspicaz, que "a 'deslocação do sujeito' passivo, no caso do ISS, é absolutamente excepcional, exigindo rigoroso e extremo cuidado do legislador", de forma que os preceitos e desígnios constitucionalmente harmônicos não sejam ofendidos, em estrita observância, em especial, aos princípios da igualdade e da capacidade contributiva.

Ressaltamos, ainda, relevante entendimento acerca da obrigatoriedade de atuação do legislador em observância de limites intransponíveis na instituição da substituição tributária do ISS; "nos casos em que a substituição tributária é compulsória, o tomador do serviço deverá estar localizado no mesmo Município em que o serviço for prestado; nos casos em que a substituição tributária é uma faculdade do legislador ordinário, prestador e tomador deverão estar localizados no Município onde se der a prestação do serviço".[61]

Por sua vez, a Lei Complementar nº 116, de 31.07.03, devidamente alterada pelos dispositivos compreendidos na Lei Complementar nº 157, de 29.12.16, determina que: "Os Municípios e o Distrito Federal, mediante lei, poderão atribuir de modo expresso a responsabilidade pelo crédito tributário à terceira pessoa, vinculada ao fato gerador da respectiva obrigação, excluindo a responsabilidade do contribuinte ou atribuindo-a a este em caráter supletivo do cumprimento total ou parcial da referida obrigação, inclusive no que se refere à multa e aos acréscimos legais" (artigo 6º).[62]

---

[60] BARRETO, Aires. Fernandino. *Curso de Direito Tributário Municipal*. São Paulo: Saraiva, 2009, p. 366.

[61] COSTA, Simone Rodrigues Duarte. *ISS. A LC 116/03 e a Incidência na Importação*. São Paulo: Quartier Latin, 2007, p. 124.

[62] "Art. 6º. (...) § 1º. Os responsáveis a que se refere este artigo estão obrigados ao recolhimento integral do imposto devido, multa e acréscimos legais, independentemente de ter sido efetua-

Acerca da presente questão, mostra-se relevante o posicionamento de José Eduardo Soares de Melo,[63] nos seguintes termos:

> A redação não é primorosa porque ao tratar de "terceira pessoa", poderia estar cogitando de pessoa que não participa do negócio jurídico (*prestação de serviços*) – prestador e tomador –, mas um terceiro que mantém vinculação indireta com o fato gerador, como é o caso das pessoas jurídicas administradoras, instituições financeiras etc.
>
> Ao se entender que a "terceira pessoa" seria na verdade uma "segunda pessoa" (tomador do serviço), a exclusão da responsabilidade do contribuinte (prestador) caracterizaria a "substituição tributária", passando o ônus fiscal a ser suportado pelo tomador, não podendo ser exigido o ISS do prestador. Nessa situação, não se poderia cogitar de retenção na fonte, uma vez que fica desconsiderada a antecipação e/ou obrigação cometida ao prestador.
>
> A hipótese que cuida da responsabilidade supletiva do contribuinte (de modo total ou parcial) pode dar a entender que, inicialmente, se exige o ISS do responsável (tomador) e, no caso de verificar-se sua inviabilidade, o encargo tributário seria suportado pelo contribuinte.

Imperioso apontar a necessidade de observância das normas constitucionais de competência tributária, na hipótese do exercício da faculdade conferida ao legislador infraconstitucional, sendo pontuado que, "apesar de a responsabilidade poder ser atribuída de forma integral ou supletiva, não poderá o Município cobrar do responsável e do contribuinte, de forma simultânea, no caso de inadimplemento". Adicionalmente, ainda que a importância exigida do tomador do serviço não se trate de tributo, "mas sim, uma sanção pelo não cumprimento da responsabilidade, isso não possibilita que se possa cobrar duas vezes, uma a título de sanção e outra a título de tributo".[64]

---

da sua retenção na fonte. § 2º. Sem prejuízo do disposto no caput e no § 1o deste artigo, são responsáveis: I – o tomador ou intermediário de serviço proveniente do exterior do País ou cuja prestação se tenha iniciado no exterior do País; II – a pessoa jurídica, ainda que imune ou isenta, tomadora ou intermediária dos serviços descritos nos subitens 3.05, 7.02, 7.04, 7.05, 7.09, 7.10, 7.12, 7.14, 7.15, 7.16, 7.17, 7.19, 11.02, 17.05 e 17.10 da lista anexa. III – a pessoa jurídica tomadora ou intermediária de serviços, ainda que imune ou isenta, na hipótese prevista no § 4o do art. 3º desta Lei Complementar. § 3º. No caso dos serviços descritos nos subitens 10.04 e 15.09, o valor do imposto é devido ao Município declarado como domicílio tributário da pessoa jurídica ou física tomadora do serviço, conforme informação prestada por este. § 4º. No caso dos serviços prestados pelas administradoras de cartão de crédito e débito, descritos no subitem 15.01, os terminais eletrônicos ou as máquinas das operações efetivadas deverão ser registrados no local do domicílio do tomador do serviço".

[63] MELO, Jose Eduardo Soares de. *ISS. Teoria e Prática*. 7ª ed. São Paulo: Malheiros e JusPodivm, 2023, p. 48.

[64] CARVALHO, Cristiano Rosa. *Responsabilidade Tributária do Tomador do Serviço*. In: MARTINS, Ives Gandra da Silva; PEIXOTO, Marcelo Magalhães. (Orgs.). *ISS – LC 116/2003*. Curitiba e São Paulo: Juruá e APET, 2004, p. 102.

No intuito de conferir compreensão ilustrativa acerca da atribuição de responsabilidade tributária, José Eduardo Soares de Melo[65] apresenta exemplo no sentido de que: "o 'Município A' (onde está inscrito o prestador do serviço) não pode atribuir responsabilidade pelo ISS do tomador do serviço, localizado no 'Município B', nos casos em que não haja a excepcional previsão na Lei Complementar nº 116/03 (reproduzida na legislação municipal), sob pena de invasão de competência", sendo evidente que, da mesma forma, "o tomador do serviço ('Município B') não fica sujeito às normas emitidas por distinto Município (como é o caso do 'Município A')".

Em virtude do aludido entendimento doutrinário, as previsões normativas compreendidas na legislação complementar sob exame se revelam inconstitucionais, em razão da ausência de fundamento de validade da competência tributária conferida pela Constituição Federal de 1988, tendo em vista "as tentativas de se estipular responsáveis tributários que não aqueles vinculados ao mesmo aspecto espacial em que se encontram submetidos os contribuintes".[66]

Observa-se, evidentemente, que o legislador se encontra submetido aos limites relativos às espécies de serviços passíveis de tributação pelo ISS, conforme apontado por José Antonio Minatel[67] em minucioso exame, a saber:

> a) *possibilidade* de ser implantada a "substituição compulsória" prevista no inc. II do § 2º do art. 6º, da LC 116/03, *unicamente para o tomador dos serviços (substituto) que estiver localizado no Município de ocorrência dos fatos* que caracterizam os serviços ali relacionados. A natureza dos serviços ali previstos (instalação de andaimes, coberturas, construção civil, varrição e limpeza de vias públicas, florestamento, adubação, vigilância, etc.) faz presumir a fácil identificação de um local físico para que sejam executados tais serviços, assim como pressupõe a existência de estabelecimento no território do Município onde são realizados.
>
> Sobram dificuldades (operacionais e jurídicas) para se atribuir responsabilidade ao tomador desses serviços quando ambos, tomador e prestador, estiverem localizados em Municípios diferentes daquele em que o serviço é efetivamente realizado. Exemplo: serviço de "instalação do palco" no Guarujá (SP), em que o tomador contratante dos serviços está localizado na cidade de São Paulo (SP) e o prestador

[65] MELO, José Eduardo Soares de. *ISS. Teoria e Prática*. 7ª ed. São Paulo: Malheiros, 2023, p. 49.

[66] CATÃO, Marcos André Vinhas; REDENSCHI, Ronaldo. Conflito Espacial de Competências: Conceito de Estabelecimento e Possibilidade de Atribuição de Responsabilidade Tributária no ISS. In: TORRES, Heleno Taveira (Coord.). *Imposto sobre Serviços – ISS na Lei Complementar nº 116/03 e na Constituição*. Barueri: Manole, 2004, p. 146.

[67] MINATEL, José Antonio. ISS. Requisitos e Impedimentos para o Manejo Legislativo da Técnica de Substituição Tributária. In: MARTINS, Ives Gandra da Silva; PEIXOTO, Marcelo Magalhães (Orgs.). *ISS – LC 116/2003*. Curitiba e São Paulo: Juruá e APET, 2004, p. 335-336.

estabelecido no Município de Santos (SP). Sendo o ISS devido para o Município de Guarujá (local da prestação), como implementar a chamada "substituição compulsória", se o substituto e o substituído estão fora do alcance do legislador competente?

b) *impossibilidade* de ser implantada a substituição tributária para os demais serviços constantes da cláusula geral coberta pela *presunção absoluta,* ou seja, para os serviços não excepcionados nos incs. II a XXII do art. 3º da LC 116/03, em que o serviço considera-se prestado e o ISS devido "no local do estabelecimento prestador" (art. 3º, *caput*). Nesses casos, a única possibilidade de ser adotada a substituição tributária fica condicionada à hipótese de ambos, "tomador" e "prestador" dos serviços tributados, estiverem domiciliados no mesmo Município competente.

Adicionalmente, mostra-se absolutamente pertinente examinar os ensinamentos de Susy Gomes Hoffmann[68] acerca das precauções inerentes às pessoas jurídicas tomadoras de serviços, na seguinte forma:

a) Verificar a legislação federal e a municipal a fim de ter conhecimento dos serviços em que o pagamento do ISSQN deverá ocorrer para o Município da tomadora de serviços, bem como para ter conhecimento de todas as hipóteses legais de responsabilidade tributária.

b) Analisar todos os contratos de prestação de serviços para verificar em que local ocorre a prestação de serviços, bem como verificar se o contrato envolve apenas um tipo de serviço ou vários, para poder distinguir quais são devidos para o Município da tomadora dos serviços e dentre esses sobre quais incide a sua responsabilidade tributária pelo pagamento do ISSQN.

c) Solicitar que os prestadores de serviços que ocorrem no Município em que está localizada a empresa tomadora apresentem cópia de seu cadastro junto ao Município, bem como, anualmente, solicitar a nova apresentação de tal documento.

d) Solicitar, para os casos de responsabilidade expressa, mas sem retenção, que a prestadora de serviços apresente a comprovação do pagamento do ISSQN. Para tanto, entendemos que, contratualmente, a empresa deverá ser obrigada a apresentar cópia à tomadora dos serviços da declaração mensal do imposto com indicação expressa dos valores recebidos e cópia do guia do imposto devidamente quitada.

e) Fazer a retenção dos valores do ISSQN nos casos em que a lei determinar e desde que os serviços efetivamente ocorram nos limites geográficos do Município.

Por fim, devemos ressaltar que o presente estudo não tem por finalidade abordar, de forma pormenorizada, questões relativas à responsabilidade tributária e/ou à solidariedade tributária, mas tão somente àquela inerente à importação de serviços (§ 1º do artigo 1º da Lei Complementar nº 116, de 31.07.03), observando que referido

[68] HOFFMANN, Susy Gomes. A Competência dos Municípios para a Instituição e Cobrança do ISSQN e a Responsabilidade Tributária do Tomador de Serviços no Pagamento do ISSQN. *Revista Dialética de Direito Tributário* nº 105. São Paulo: 2004, p. 93.

diploma legal, ao estabelecer que o imposto incide sobre a prestação de serviços, por via de consequência, o sujeito passivo juridicamente possível consiste, exclusivamente, na figura do "prestador do serviço", afastando a possibilidade de atribuição de "responsabilidade" ou "substituição" ao "tomador do serviço" ou "intermediador do serviço".

2.3. Critério quantitativo

2.3.1. Base de cálculo

A base de cálculo constitui aspecto fundamental da estrutura de qualquer tributo, não apenas pela circunstância de que, conjugada à alíquota aplicável, quantifica o valor da exigência fiscal, mas também por confirmar a respectiva espécie tributária, consistente no cerne da hipótese normativa, uma vez que a base de cálculo confirma a materialidade tributária.

Geraldo Ataliba[69] observou que a base imponível é "uma perspectiva dimensível do aspecto material da h.i. que a lei qualifica com a finalidade de fixar critério para determinação, em cada obrigação tributária concreta, do *quantum debeatur* (...) tão importante, central e decisiva é a base imponível que se pode dizer – conforme o legislador escolha uma ou outra – poderemos reconhecer configurada esta ou aquela espécie e subespécie tributária".

Aires Fernandino Barreto,[70] em estudo específico acerca da temática, apontou que a base de cálculo "é o padrão, critério ou referência para medir um fato tributário, sendo a definição legal da unidade constitutiva do padrão de referência".

A base de cálculo deve ater-se, irrestritamente, aos parâmetros constitucionais e ao fato jurídico tributário, sendo que a circunstância da Constituição Federal de 1988 indicar os elementos quantificadores dos tributos não significa que o legislador infraconstitucional se encontre livre para instituí-los de acordo com sua conveniência e oportunidade.

A materialidade de cada espécie tributária, por si só, não se revela suficiente para apurar o valor da obrigação tributária, sendo

---

[69] ATALIBA, Geraldo. *Hipótese de Incidência Tributária*. 6ª ed. São Paulo: Malheiros, 2000, p. 108-113.

[70] BARRETO, Aires Fernandino. *Base de Cálculo, Alíquota e Princípios Constitucionais*. São Paulo: Revista dos Tribunais, 1987, p. 38.

imprescindível que esteja vinculada à base de cálculo, uma vez que guarda estrita relação ao objeto da tributação e ao princípio da capacidade contributiva.

Sob este prisma, Estevão Horvath[71] assevera que "a riqueza do contribuinte deve servir de base a uma tributação justa, necessária, mas somente o suficiente para proporcionar recursos para que o Estado realize seus fins, o que somente acontecerá levando-se em conta, invariável embora não exclusivamente, a capacidade contributiva e sua limitação: o não confisco".

2.3.1.1. Preço do serviço

A Lei Complementar nº 116, de 31.07.03, reproduziu previsão compreendida no Decreto-Lei nº 406, de 31.12.68, no sentido de que, como regra geral, "a base de cálculo do ISS é o preço do serviço", devidamente acrescido, se for o caso, aos eventuais ajustes contratuais.

Por sua vez, não se inclui na base de cálculo do imposto o valor dos materiais fornecidos pelo prestador dos serviços nos casos de "execução, por administração, empreitada ou subempreitada, de obras de construção civil, hidráulica ou elétrica e de outras obras semelhantes, inclusive sondagem, perfuração de poços, escavação, drenagem e irrigação, terraplanagem, pavimentação, concretagem e a instalação e montagem de produtos, peças e equipamentos" e de "reparação, conservação e reforma de edifícios, estradas, pontes, portos e congêneres", nos quais o fornecimento de mercadorias produzidas pelo prestador de serviços fora do local da prestação dos serviços se encontrará sujeito ao ICMS.

Ademais, nas hipóteses em que "arrendamento, direito de passagem ou permissão de uso, compartilhado ou não, de ferrovia, rodovia, postes, cabos, dutos e condutos de qualquer natureza" forem prestados no território de mais de um Município, a base de cálculo será proporcional, em razão da extensão da ferrovia, rodovia, dutos e condutos de qualquer natureza, cabos de qualquer natureza, ou ao número de postes, existentes em cada Município.

Por sua vez, o serviço prestado gratuitamente, por óbvio, não se encontra sujeito à tributação pelo ISS, uma vez que, avaliável economicamente, não configura capacidade contributiva, sendo

---

[71] HORVATH, Estevão. *Não Confisco e Limites à Tributação*. In PARISI, Fernanda Drummond; TÔRRES, Heleno Taveira; MELO, José Eduardo Soares de (Coords.). *Estudos de Direito Tributário em Homenagem ao Professor Roque Antonio Carrazza*. São Paulo: Malheiros, 2014, p. 84.

certo que "não é qualificável juridicamente como execução de obrigação de fazer decorrente de contrato bilateral. O serviço prestado sem qualquer remuneração não é hábil a sujeitar o prestador à incidência do ISS. (...) se houvesse incidência do tributo, não poderia nascer a obrigação tributária, pela impossibilidade de avaliação ou fixação de prestação devida, eis que a base imponível teria valor neutro (igual a zero)".[72]

Da mesma forma, a ausência de fixação de remuneração e/ou de valoração de preço do serviço (filantrópicos, gratuitos, cortesia, dentre outros), configura evidente ausência de base de cálculo, impossibilitando qualquer exigência municipal a título de ISS, até porque os denominados "serviços desinteressados" (em razão afetiva, religiosa, solidária, altruísta etc.), embora correspondam ao núcleo da prestação de serviços, apresentam tão somente valor ético, jamais material ou econômico.[73]

Adicionalmente, Marcelo Caron Baptista[74] conclui que os serviços que compreendem valores assistenciais ao Estado brasileiro, correspondentes aos direitos fundamentais, da mesma forma, não se encontram sujeitos à tributação pelo imposto municipal, tais como: serviço militar obrigatório; serviço eleitoral obrigatório; serviços dos jurados; serviços decorrentes de sanções jurídicas em favor da comunidade; dentre outros.

2.3.1.2. Não cumulatividade. Deduções e exclusões

O conteúdo semântico do vocábulo "preço" consiste na remuneração decorrente da prestação de serviço, apurado em razão da previsão contratual firmada entre prestador e tomador do serviço. No entanto, aspecto de extrema relevância consiste no fato de que nem todos os valores auferidos pelo prestador de serviço se encontram hábeis à adequada quantificação do ISS.

Considerando que "preço" corresponde a "receita", objetivando apurar o conteúdo e respectivo alcance do aludido vocábulo para fins de incidência do ISS, José Eduardo Soares de Melo[75] examinou, detida e pormenorizadamente, as manifestações compreendidas

[72] JUSTEN FILHO, Marçal. *O Imposto sobre Serviços na Constituição*. São Paulo: RT, 1985, p. 171.

[73] ATALIBA, Geraldo; BARRETO, Aires Fernandino. ISS na Constituição. Pressupostos Positivos – Arquétipo do ISS. *Revista de Direito Tributário* nº 37. São Paulo: 1986, p. 46.

[74] BAPTISTA, Marcelo Caron. *ISS do Texto à Norma*. São Paulo: Quartier Latin, 2005, p. 261-268.

[75] MELO, José Eduardo Soares de. *ISS. Teoria e Prática*. 7ª ed. São Paulo: Malheiros e JusPodivm, 2023, p. 276-293.

nas normas contábeis (Instituto dos Auditores Independentes do Brasil – IBRACON – e Conselho Federal de Contabilidade – CFC), doutrina especializada no âmbito do Imposto de Renda da Pessoa Jurídica (IRPJ) e jurisprudência, concluindo que determinados valores "recebidos pelo 'prestador do serviço' não guardam relação de pertinência à quantia estipulada entre as partes a título de remuneração, podendo configurar simples recebimentos temporários e/ou ingressos de natureza distinta (valores recebidos a título de adiantamento e/ou de reembolso de despesas em favor do próprio tomador do serviço; quantias recebidas para pagamento em favor de prestadores de serviços subcontratados e/ou por serviços intermediados, dentre outras), na medida em que somente há que se considerar como 'receita' aquela quantia que efetivamente integra o patrimônio do prestador do serviço (acréscimo patrimonial)".

Aludida circunstância se revela de extrema importância à apuração da base de cálculo do ISS, especialmente nas prestações de serviços de despachantes, agenciamentos, administração de bens de terceiros, corretagem, bem como da apuração da receita efetivamente auferida pelas agências de turismo e de propaganda, das empresas comerciais importadoras e exportadoras, das empresas de faturização, dentre outras.

Neste sentido, entendemos que os valores relativos à indenização e/ou multa contratual, juros, seguro, acréscimos financeiros etc. não devem integrar a base de cálculo do ISS, uma vez que não configuram, evidentemente, "preço do serviço".

Da mesma forma, valores recebidos por pessoa jurídica, de distintas pessoas jurídicas normalmente componentes do mesmo grupo econômico, a título de ressarcimento de rateio de custo e/ou de despesas comuns (jurídica, contábil, limpeza, energia elétrica, telecomunicações, etc.), não se caracterizam como "prestação de serviço", não estando sujeitas à tributação pelo ISS, na medida em que não configuram "prestação de serviços", nem sequer "receita de serviços", mas sim, mero ressarcimento de parcela do valor incorrido em despesas comuns pelas demais pessoas jurídicas beneficiadas – os valores recebidos não representam "preço de serviço", até porque de serviço não se trata, além de não integrarem o patrimônio da pessoa jurídica centralizadora e sequer compreenderem capacidade contributiva.

Embora o Superior Tribunal de Justiça (STJ) tenha proferido Acórdão em sentido distinto, com o devido respeito parece-nos que os valores relativos aos abatimentos e descontos concedidos pelo prestador do serviço em favor do tomador do serviço deveriam, obrigatoriamente, implicar a redução da base de cálculo do ISS em estrita observância ao princípio da capacidade contributiva (Recurso Especial nº 622.807/BA. 2ª Turma. Relatora Ministra Eliana Calmon Alves. p. 08.06.04. p. 23.08.04).

Adicionalmente, discordamos integralmente, com o devido respeito, do entendimento proferido pelo Superior Tribunal de Justiça (STJ) no sentido de que "a inclusão do valor do ISS no preço do serviço prestado, compondo, pois, a base de cálculo do próprio imposto, não ofende a legislação federal", uma vez que desvirtua a materialidade constitucional do tributo, culminando na juridicamente inaceitável situação de "imposto sobre imposto" (Recurso Especial nº 688-0/SP. 1ª Turma. Relator Ministro César Asfor Rocha. j. 05.09.94. p. 26.09.94).

Por seu turno, em decorrência do cumprimento das obrigações firmadas com o tomador do serviço, em algumas prestações de serviços, o prestador acaba por subcontratar parcela desses serviços com terceiros, sob variadas justificativas (impossibilidade operacional, facilidades logísticas, vantagens econômicas, etc.), circunstância em que, em nosso sentir, implicaria a redução da base de cálculo do imposto, por meio da exclusão e/ou da dedução dos referidos valores, não sendo juridicamente compreensível a incidência sobre a "receita bruta" e, principalmente, pelo fato de que a pessoa (física ou jurídica) subcontratada submeteria referidos valores à tributação, resultando na inaceitável duplicidade de exigência.

Ocorre, no entanto, que este não tem sido o entendimento do Superior Tribunal de Justiça (STJ), que firmou postura no sentido de que "a base de cálculo do Imposto sobre Serviços é o preço do serviço". O preço do serviço é considerado como receita bruta, incluídos os rendimentos auferidos pelos trabalhadores, os tributos e encargos no recrutamento, agenciamento, seleção, colocação e fomento de mão de obra (Recurso Especial nº 209.005/SP. 1ª Turma. Relator Ministro Jacy Garcia Vieira. j. 17.6.99. p. 16.08.99).

De qualquer forma, na prevalência do entendimento de que a base de cálculo do ISS deva considerar o valor da "receita bruta", inadmitindo deduções e/ou exclusões nas hipóteses de subcontratação, revela-se imperioso o entendimento de Carlos Soares Sant'anna,[76] no seguinte sentido:

[76] SANT'ANNA, Carlos Soares. *A Lei Complementar 116/03, e a Tributação da Construção Civil.* In: MARTINS, Ives Gandra da Silva; PEIXOTO, Marcelo Magalhães (Orgs.). *ISS – LC 116/2003.* Curitiba e São Paulo: Juruá e APET, 2004, p. 148.

(...) uma vez que a base imponível para materialidade da base de cálculo é uma indivisível, não assiste razão à ocorrência de uma nova imposição fiscal sobre o mesmo fato gerador do tributo. Assim, se já houve o pagamento do ISS referente ao valor total da obra, não há mais por que se tributar novamente as subempreiteiras que também já executaram o serviço, uma vez que o valor percebido por estas já terá sido tributado pelo ISS.

A Lei Complementar nº 116, de 31.07.03, determina que não se inclui na base de cálculo o valor dos materiais fornecidos pelo prestador dos serviços previstos relativos à execução, por administração, empreitada ou subempreitada, de obras de construção civil, hidráulica ou elétrica e de outras obras semelhantes, inclusive sondagem, perfuração de poços, escavação, drenagem e irrigação, terraplenagem, pavimentação, concretagem e a instalação e montagem de produtos, peças e equipamentos; e de reparação, conservação e reforma de edifícios, estradas, pontes, portos e congêneres (exceto o fornecimento de mercadorias produzidas pelo prestador dos serviços, fora do local da prestação dos serviços, que fica sujeito ao ICMS em ambos os casos).

Ressaltamos, por oportuno, que o Supremo Tribunal Federal (STF), por meio do Tema 247 de Repercussão Geral, reconheceu a dedução dos gastos com materiais empregados na construção civil da base de cálculo do ISS (Recurso Extraordinário nº 603.497/MG. Plenário. Relatora Ministra Rosa Maria Pires Weber. j. 29.06.20. p. 13.08.20).[77]

2.3.2. *Alíquota*

No sistema tributário pátrio, a alíquota compreende um dos componentes quantitativos da norma jurídica de tributação, cuja congregação à base de cálculo resulta no valor devido pelo sujeito passivo a título de tributo, em virtude do nascimento da obrigação tributária decorrente do fato típico. A alíquota representa elemento do aspecto quantitativo da regra-matriz de incidência tributária que, conjugado à base de cálculo, resultará no valor relativo à obrigação tributária.

A este respeito, Geraldo Ataliba[78] asseverou que:

(...) a alíquota é um termo do mandamento da norma tributária, mandamento esse que incide se e quando se consuma o fato imponível dando nascimento à obrigação

---

[77] O Superior Tribunal de Justiça (STJ) desconsiderou a distinção entre materiais fornecidos pelo prestador do serviço dos materiais adquiridos de terceiros (AGRG no ARESP nº 664.012/RJ. 2ª Turma. Relatora Ministra Assusete Dumont Reis Magalhães. j. 10.03.16. p. 17.03.16).

[78] ATALIBA, Geraldo. *Hipótese de Incidência Tributária*. 6ª ed. São Paulo: Malheiros, 2000, p. 113.

tributária concreta. (...) Não basta para a fixação do *quantum debeatur*, a indicação legal da base imponível. Só a base imponível não é suficiente para a determinação *in concretu* do vulto do débito tributário, resultante de cada obrigação tributária. A lei deve estabelecer outro critério quantitativo que – combinado com a base imponível – permita a fixação do débito tributário, decorrente de cada fato imponível. Assim, cada obrigação tributária se caracteriza por ter certo valor, que só pode ser determinado mediante a combinação de dois critérios numéricos: a base imponível e a alíquota.

Dessa forma, torna-se patente a distinção entre a base de cálculo e a alíquota, na medida em que, basicamente, a primeira compreende a grandeza da materialidade tributária, ao passo que a segunda consiste na parte, quota ou fração do referido montante.

2.3.2.1. *Alíquota máxima*

A Constituição Federal de 1988 não estabelecia percentuais referentes às alíquotas, sendo esta matéria objeto de regime de reserva legal, exceto com as próprias previsões constitucionais previstas nos artigos 153, §§ 1º, 4º e 5º; 155, § 2º, incisos IV a VIII; e 156, § 3º, inciso I.[79]

[79] "Art. 153. Compete à União instituir impostos sobre: (...) § 1º É facultado ao Poder Executivo, atendidas as condições e os limites estabelecidos em lei, alterar as alíquotas dos impostos enumerados nos incisos I, II, IV e V. (...) § 4º O imposto previsto no inciso VI do *caput*: (...) § 5º O ouro, quando definido em lei como ativo financeiro ou instrumento cambial, sujeita-se exclusivamente à incidência do imposto de que trata o inciso V do *caput* deste artigo, devido na operação de origem; a alíquota mínima será de um por cento, assegurada a transferência do montante da arrecadação nos seguintes termos: (...) Art. 155. Compete aos Estados e ao Distrito Federal instituir impostos sobre: (...) § 2º O imposto previsto no inciso II atenderá ao seguinte: (...) IV – resolução do Senado Federal, de iniciativa do Presidente da República ou de um terço dos Senadores, aprovada pela maioria absoluta de seus membros, estabelecerá as alíquotas aplicáveis às operações e prestações, interestaduais e de exportação; V – é facultado ao Senado Federal: a) estabelecer alíquotas mínimas nas operações internas, mediante resolução de iniciativa de um terço e aprovada pela maioria absoluta de seus membros; b) fixar alíquotas máximas nas mesmas operações para resolver conflito específico que envolva interesse de Estados, mediante resolução de iniciativa da maioria absoluta e aprovada por dois terços de seus membros; VI – salvo deliberação em contrário dos Estados e do Distrito Federal, nos termos do disposto no inciso XII, "g", as alíquotas internas, nas operações relativas à circulação de mercadorias e nas prestações de serviços, não poderão ser inferiores às previstas para as operações interestaduais; VII – nas operações e prestações que destinem bens e serviços a consumidor final, contribuinte ou não do imposto, localizado em outro Estado, adotar-se-á a alíquota interestadual e caberá ao Estado de localização do destinatário o imposto correspondente à diferença entre a alíquota interna do Estado destinatário e a alíquota interestadual; VIII – a responsabilidade pelo recolhimento do imposto correspondente à diferença entre a alíquota interna e a interestadual de que trata o inciso VII será atribuída: a) ao destinatário, quando este for contribuinte do imposto; b) ao remetente, quando o destinatário não for contribuinte do imposto; (...) Art. 156. Compete aos Municípios instituir impostos sobre: (...) § 3º Em relação ao imposto previsto no inciso III do caput deste artigo, cabe à lei complementar: I – fixar as suas alíquotas máximas e mínimas; (...)".

No entanto, ainda que diante de limites específicos, à legislação infraconstitucional não estaria facultada a ignorância dos princípios da capacidade contributiva, da isonomia e da vedação ao confisco, de forma a exigir uma carga tributária suportável aos contribuintes.

No que concerne ao ISS, a Constituição Federal de 1988, especificamente em seu artigo 156, § 3º, inciso I, com a redação introduzida pela Emenda Constitucional nº 37, de 12.07.02, determinou que compete à lei complementar fixar as suas alíquotas máximas e mínimas.

Sob este prisma, José Eduardo Soares de Melo[80] afirma que "a questão afeta à fixação de tetos de alíquotas do ISS envolve uma antinomia constitucional, porque, se de um lado é atribuída competência ao legislador complementar (art. 156, § 3º, I); de outro, interfere na autonomia municipal para instituir os tributos de sua competência (art. 30, III), no que estaria compreendida a fixação de alíquotas de seu interesse. Nesse sentido, a referida autonomia estará sendo ferida na medida em que o legislador nacional venha a estipular alíquotas sem nenhuma expressão, impedindo que os Municípios obtenham uma adequada arrecadação, desenvolver suas peculiares atividades como assegurado pela própria Constituição Federal".

Por seu turno, foi editada a Lei Complementar nº 116, de 31.07.03, que, em seu artigo 8º, inciso II, estabeleceu a alíquota máxima do ISS de 5% (cinco por cento), razão pela qual nenhuma das atividades sujeitas à tributação pelo referido imposto municipal pode ser atualmente tributada sob a aplicação de percentual superior ao referido percentual.

2.3.2.2. Alíquota mínima

No que tange à alíquota mínima do ISS, a Emenda Constitucional nº 37, de 12.07.02, atribuiu, como mencionado acima, nova redação ao inciso I do § 3º do artigo 156 da Constituição Federal de 1988, para a finalidade de conferir competência à lei complementar para fixar a alíquota mínima do imposto municipal, paralelamente àquela competência para estabelecer a alíquota máxima.

Aludida Emenda Constitucional, acrescentou ainda à competência do legislador complementar a regulamentação, a forma e as

[80] MELO, José Eduardo Soares de. *ISS. Teoria e Prática.* 7ª ed. São Paulo: Malheiros e JusPodivm, 2023, p. 318.

condições como isenções, incentivos fiscais e benefícios fiscais serão concedidos e revogados. Adicionalmente, a Emenda Constitucional em comento incluiu no texto dos Atos das Disposições Constitucionais Transitórias (ADCT), o artigo 88, estipulando que "enquanto lei complementar não disciplinar o disposto nos incisos I e III do § 3º do artigo 156 da Constituição Federal, o imposto a que se refere o inciso III do *caput* do mesmo artigo terá alíquota mínima de dois por cento, exceto para os serviços a que se referem os itens 32, 33 e 34 da Lista de Serviços anexa ao Decreto-Lei nº 406, de 31 de dezembro de 1968".

Os serviços compreendidos nos itens 32, 33 e 34, da "lista de serviços" anexa ao Decreto-Lei nº 406, de 31.12.68, dizem respeito às atividades relativas à (a) execução, por administração, empreitada ou subempreitada, de obras de construção civil, hidráulica ou elétrica e de outras obras semelhantes, inclusive sondagem, perfuração de poços, escavação, drenagem e irrigação, terraplanagem, pavimentação, concretagem e a instalação e montagem de produtos, peças e equipamentos (exceto o fornecimento de mercadorias produzidas pelo prestador de serviços fora do local da prestação dos serviços, que fica sujeita ao ICMS); (b) demolição; e (c) reparação, conservação e reforma de edifícios, estradas, pontes, portos e congêneres (exceto o fornecimento de mercadorias produzidas pelo prestador de serviços fora do local da prestação dos serviços, que fica sujeita ao ICMS).

Ressaltamos, por oportuno, que a Lei Complementar nº 116, de 31.07.03, nada dispôs sobre as alíquotas mínimas do ISS, o que somente foi estabelecido por meio da Lei Complementar nº 157, de 29.12.16, ao determinar que a alíquota mínima do imposto corresponde a 2% (dois por cento).

2.3.2.3. Sociedade de profissionais

Em consonância com o Decreto-Lei nº 406, de 31.12.68, a base de cálculo do ISS é o preço do serviço. No entanto, nos termos do § 1º do artigo 9º, do referido diploma, quando se trata da prestação de serviços sob a forma de trabalho pessoal do próprio contribuinte, o valor do imposto é estabelecido em determinada quantia fixa, considerando outros fatos que não o preço do serviço.

A este respeito, nos termos do § 3º do artigo 9º do Decreto-Lei nº 406, de 31.12.68, alterado pela Lei Complementar nº 56, de 15.12.87, quando referidos serviços profissionais são prestados por intermédio de sociedades, estas ficam sujeitas ao ISS pela própria pessoa jurídica, que é fixado por critério idêntico ao adotado ao profissional autônomo, apurado em virtude de cada profissional habilitado que preste serviço em nome da sociedade, em que pese assumindo responsabilidade pessoal nos termos da legislação que regula o exercício da respectiva profissão.

Nos termos da legislação complementar do ISS, o regime de apuração diferenciado do imposto compreenderia os itens da "lista de serviços", a saber: médicos, inclusive análises clínicas, eletricidade médica, radioterapia, ultrassonografia, radiologia, tomografia e congêneres; enfermeiros, obstetras, ortópticos, fonoaudiólogos, protéticos (prótese dentária); médicos veterinários; contabilidade, auditoria, guarda-livros, técnicos em contabilidade e congêneres; agentes da propriedade industrial; advogados; engenheiros, arquitetos, urbanistas, agrônomos; dentistas; economistas; e psicólogos.

Observamos, por oportuno, que referidos preceitos estabelecem verdadeira diferenciação de ônus tributário para determinados serviços prestados por profissionais liberais (individualmente ou em sociedades civis), em que se considera um valor tributário determinado independente do valor das receitas auferidas em virtude de suas atividades.

Adicionalmente, observou-se que "não é rigorosamente necessário que tenham todos a mesma profissão. O que sobreleva é estarem todos habilitados para o exercício do mister a que se dedicar a sociedade. (...) Não se pode, pois, descaracterizar uma sociedade como uniprofissional se, por exemplo, dedicar-se a análises clínicas e for composta por médicos, farmacêuticos e biomédicos, porquanto uns e outros estão habilitados para proceder a esse tipo de análise".[81]

Nessas atividades profissionais, identifica-se a individualidade e a habilitação técnica específica, que requerem a circunstância de que sejam exercidas por pessoas físicas e que se responsabilizem de forma pessoal: compreendem a reunião de esforços em trabalho pessoal, mediante a conjugação das atividades que cada sócio poderia desenvolver de forma isolada e individual.

Inicialmente, a exigência do ISS em virtude de determinado valor estipulado previamente não guardaria relação de pertinência e adequação às normas estruturais de sua incidência, na medida

[81] BARRETO, Aires Fernandino. *ISS na Constituição e na Lei*. 4ª ed. BARRETO, Paulo Ayres (Atualizador). São Paulo: Editora Noeses, 2018, p. 671-674.

em que a base de cálculo do imposto se condiciona aos princípios da capacidade contributiva, da isonomia e da vedação ao confisco, esculpidos na Constituição Federal de 1988.

No que concerne à referida diferenciação de tratamento tributário, Angelita de Almeida Vale e Ailton Santos[82] asseveram: "entendemos que se harmoniza perfeitamente com a Constituição Federal o benefício da tributação fixa anual determinada nos §§ 1º e 3º do art. 9º do Decreto-Lei nº 406/68, sem ferir o princípio da isonomia, uma vez que beneficia os profissionais que prestam serviços de caráter pessoal. Trata-se, na verdade, não de uma distinção de classes, mas da natureza da prestação do serviço que envolve a pessoalidade, ou seja, o profissional que assume pessoalmente a responsabilidade pela prestação do serviço".

No entanto, referida postura jurídica restaria prejudicada, na medida em que há outras categorias profissionais que não foram contempladas pelo legislador com referido regime tributário, dentre as quais: administrador de empresas, sociólogo, pedagogo, tradutores, intérpretes, agente de propriedade artística, bibliotecário etc., tendo sido observado, inclusive, que se mostra, na opinião de Marçal Justen Filho, "inconstitucional adotar uma base imponível que mensure ângulos economicamente irrelevantes da situação descrita na materialidade ou que eleja aspectos impertinentes da riqueza".[83]

O Supremo Tribunal Federal (STF) editou a Súmula nº 663, no sentido de que "os §§ 1º e 3º do DL 406/68 foram recebidos pela Constituição", entendimento calcado nos argumentos contidos no Acórdão proferido nos autos do Recurso Extraordinário nº 236.604-7/PR, Relator Ministro Carlos Velloso, Pleno, julgado em 26.05.99, publicado no DJU 1 de 06.08.99, página 52, cuja Ementa transcrevemos a seguir: "Constitucional. Tributário. ISS. Sociedades Prestadoras de Serviços Profissionais. Advocacia. DL 406/68, art. 9º, §§ 1º e 3º. CF, art. 151, III, art. 150, II, art. 145, § 1º. O art. 9º, §§ 1º e 3º, do DL 406/68, que cuidam da base de cálculo do ISS, foram recebidos pela CF/88: CF/88, art. 146, III, a. Inocorrência de ofensa ao art. 151, III, art. 34, ADCT/88, art. 150, II e 145, § 1º, CF/88. RE não conhecido".

---

[82] VALE, Angelita de Almeida; SANTOS, Ailton. *ISS – Comentários e Jurisprudência*. 2ª ed. São Paulo: Instituto Brasileiro de Direito Tributário (IBDT) e Livraria Legislação Brasileira, 1988, p. 87.

[83] JUSTEN FILHO, Marçal. O ISS, a Constituição de 1988 e o Decreto-Lei nº 406. *Revista Dialética de Direito Tributário*, nº 03. São Paulo: 1995, p. 76.

No entanto, o próprio Supremo Tribunal Federal (STF) havia se manifestado anteriormente no sentido de que, se o § 3º, combinado com o § 1º do artigo 9º do Decreto-Lei nº 406, de 31.12.68, como salientado pelo Plenário no julgamento acima transcrito (Recurso Extraordinário nº 236.604-7/PR. Plenário. Relator Ministro Carlos Mário da Silva Velloso. j. 26.05.99), se limitou no âmbito de sua competência como lei complementar de normas gerais em matéria de legislação tributária, a definir a base de cálculo do ISS para as sociedades de profissionais liberais, não determinou redução de base de cálculo desse tributo, o que pressupõe a preexistência de uma base de cálculo maior, não entrando, dessa forma, em conflito com o disposto no § 6º, do artigo 150, da Constituição Federal de 1988, na redação atribuída pela Emenda Constitucional nº 3/93. (Recurso Extraordinário nº 228.052-9/MG. 1ª Turma. Relator Ministro José Carlos Moreira Alves. j. em 24.08.99. p. 01.10.99).

Adicionalmente, com o advento da Lei Complementar nº 116, de 31.07.03, passou a ser questionado se o diferenciado tratamento tributário aplicável às sociedades profissionais estaria comprometido e prejudicado, sob o argumento de que o inciso V do artigo 3º do Decreto-Lei nº 834, de 08.09.69, que dispunha sobre o assunto, teria sido revogado. A questão que ora se coloca é de difícil solução, na medida em que o artigo 10, da Lei Complementar nº 116, de 31.07.03, não teria revogado de forma expressa o artigo 9º do Decreto-Lei nº 406, de 31.12.68, mas tão somente os comandos normativos contidos nos artigos 8º, 10, 11 e 12 do referido diploma legal.

A este respeito, José Eduardo Soares de Melo[84] pontifica que,

> (...) por outro lado, existe fundamento para se entender que as regras pertinentes à prestação de serviços sob a forma de trabalho pessoal do próprio contribuinte devam permanecer sob a sistemática legal anterior, porque não foi expressamente revogado o preceito atinente à quantificação do imposto (...) como determina a Lei Complementar nº 95, de 26.02.98 (art. 9º), com a alteração da LC nº 107, de 26.04.01. Não se vislumbra incompatibilidade (da LC nº 116/03) com o regramento da referida situação (contido no DL nº 406/68), e nem regulação integral do imposto, considerando-se a diretriz da Lei de Introdução ao Código Civil anterior (§ 1º, do art. 2º, do DL nº 4.657/42), porque, simplesmente, a LC nº 116/03 fora omissa, não havendo que se cogitar de revogação tácita. Não se trata de manifesto conflito das leis no tempo, porque a norma anterior (natureza especial) harmoniza-se com a norma posterior (natureza geral)".

[84] MELO, José Eduardo Soares de. *ISS. Aspectos Teóricos e Práticos*. 7ª ed. São Paulo: Malheiros Editores e Editora JusPodivm, 2023, pp. 309-310.

Betina Treiger Grupenmacher[85] observa que, "ao manter o tratamento mais benéfico para os profissionais liberais autônomos, tributando-os de forma fixa, revogando a norma que autorizava a aplicação do mesmo tratamento tributário às sociedades de profissionais, a Lei Complementar nº 116/2003 está, a toda evidência, incidindo em inconstitucionalidade por tê-lo feito com base em fator discriminatório que não autoriza a desigualdade no trata tributário".

O Plenário do Supremo Tribunal Federal (STF) assentou o Tema 918 de Repercussão Geral, no sentido de que é inconstitucional lei municipal que estabelece impeditivos à submissão de sociedades profissionais de advogados ao regime de tributação fixa em bases anuais na forma estabelecida por lei nacional, nos termos da seguinte Ementa, *verbis*:

> RECURSO EXTRAORDINÁRIO. REPERCUSSÃO GERAL. DIREITO TRIBUTÁRIO. IMPOSTO SOBRE SERVIÇOS DE QUALQUER NATUREZA – ISSQN. BASE DE CÁLCULO. LEI COMPLEMENTAR NACIONAL. SOCIEDADE DE PROFISSIONAIS. ADVOGADOS. COMPETÊNCIA TRIBUTÁRIA DE MUNICÍPIO. REGIME DE TRIBUTAÇÃO FIXA. NATUREZA DO SERVIÇO. REMUNERAÇÃO DO LABOR. DECRETO-LEI 406/1968. RECEPÇÃO. LEI COMPLEMENTAR 7/1973 DO MUNICÍPIO DE PORTO ALEGRE. CONFLITO LEGISLATIVO. ISONOMIA TRIBUTÁRIA.
>
> 1. A jurisprudência do STF se firmou no sentido da recepção do Decreto-Lei 406/1968 pela ordem constitucional vigente com *status* de lei complementar nacional, assim como pela compatibilidade material da prevalência do cálculo do imposto por meio de alíquotas fixas, com base na natureza do serviço, não compreendendo a importância paga a título de remuneração do próprio labor. Precedente: RE 220.323, de relatoria do Ministro Carlos Velloso, Tribunal Pleno, DJ 18.05.2001.
>
> 2. É inconstitucional lei municipal que disponha de modo divergente ao DL 406/1968 sobre base de cálculo do ISSQN, por ofensa direta ao art. 146, III, "a", da Constituição da República.
>
> 3. Reduziu-se o âmbito de incidência e contrariou-se o comando da norma prevista no art. 9º, §§ 1º e 3º, do Decreto-Lei 406/1968, por meio do código tributário porto-alegrense. Logo, há inconstitucionalidade formal em razão da inadequação de instrumento legislativo editado por ente federativo incompetente, nos termos do art. 146, III, "a", do Texto Constitucional.
>
> 4. Fixação de Tese jurídica ao Tema 918 da sistemática da repercussão geral: "É inconstitucional lei municipal que estabelece impeditivos à submissão de sociedades profissionais de advogados ao regime de tributação fixa em bases anuais na forma estabelecida por lei nacional".

[85] GRUPENMACHER, Betina Treiger. Sociedades Profissionais e Tributação Fixa Frente à Lei Complementar nº 116/2003. In: ROCHA, Valdir de Oliveira (Coord.). *O ISS e a LC 116*. São Paulo: Dialética, 2003. p. 50.

5. Recurso extraordinário a que dá provimento, com a declaração incidental de inconstitucionalidade dos arts. 20, § 4º, II, da Lei Complementar 7/73, e 49, IV, §§ 3º e 4º, do Decreto 15.416/2006, ambos editados pelo Município de Porto Alegre."

(Recurso Extraordinário nº 940.769/RS. Plenário. Relator Ministro Edson Fachin. j. 24.04.19. p. 12.09.19).

O Relator, Ministro Edson Fachin, votou no sentido de restaurar a decisão da primeira instância e determinar que a administração tributária de Porto Alegre se abstenha de exigir o ISS de sociedades profissionais de advogados que atuem no município fora das hipóteses do artigo 9º, §§ 1º e 3º, do Decreto-Lei nº 406, de 31.12.68, observando que a jurisprudência do Supremo Tribunal Federal (STF) se firmou no sentido da recepção do Decreto-Lei nº 406, de 31.12.68, pela ordem constitucional vigente e, assim, pela prevalência do cálculo de imposto por meio de alíquotas fixas com base na natureza do serviço, não compreendendo a importância paga a título de remuneração do trabalho, nos seguintes termos:

À luz da jurisprudência do Supremo, a única consequência lógica é a necessidade de diploma legal com mesmo status de lei complementar de índole nacional para fins de revogar ou dispor de maneira diversa sobre tributação dos serviços desenvolvidos pelas sociedades de profissionais em pauta. É incabível lei municipal que institui ISSQN dispor de modo divergente sobre base de cálculo do tributo por ofensa direta à alínea "a", inciso III, do artigo 146, da Constituição Federal.

O Ministro Marco Aurélio Mendes de Farias Mello divergiu por avaliar que as normas municipais não violaram o Decreto-Lei nº 406, de 31.12.68, uma vez que o artigo 156 da Constituição Federal de 1988 estabelece que compete aos municípios instituir impostos sobre serviços de qualquer natureza, não compreendidos no artigo 155, inciso II, definidos em lei complementar, sendo que esse último dispositivo prevê que compete aos Estados e ao Distrito Federal instituir impostos sobre operações relativas à circulação de mercadorias e sobre prestações de serviços de transporte interestadual e intermunicipal e de comunicação, ainda que as operações e as prestações se iniciem no exterior.

Finalmente, o Superior Tribunal de Justiça (STJ) manifestou entendimento no sentido de não ser relevante para a concessão do regime tributário diferenciado o modelo empresarial adotado pela pessoa jurídica, uma vez que pode haver sociedades limitadas que não são empresárias, nos seguintes termos:

DIREITO TRIBUTÁRIO E PROCESSUAL CIVIL. EMBARGOS DE DIVERGÊNCIA EM AGRAVO EM RECURSO ESPECIAL. ISSQN. SOCIEDADES SIMPLES NO REGIME LIMITADO. QUADRO SOCIETÁRIO COMPOSTO POR MÉDICOS.

RECOLHIMENTO DO ISSQN PELA ALÍQUOTA FIXA. REGIME DO ARTIGO 9º, § 3º, DO DECRETO-LEI 406/1968. SERVIÇO PRESTADO EM CARÁTER PESSOAL E EM NOME DA SOCIEDADE. EMBARGOS DE DIVERGÊNCIA PROVIDO.

1. O cerne da questão reside na caracterização da embargante como sociedade civil de profissionais, o que lhe permitiria gozar da alíquota fixa do ISSQN, nos moldes do artigo 9º, § 3º, do Decreto-Lei 406/1968.

2. No caso em tela, trata-se de sociedade simples limitada, em que o objeto social é a prestação de serviços médicos desenvolvidos diretamente pelos sócios que compõem o quadro societário (fls. 347/348, e-STJ), cuja responsabilidade pessoal é regida pelo Código de Ética Médica.

3. Circunscrito a estes parâmetros fáticos sobreditos, assevera-se que a fruição do direito a tributação privilegiada do ISSQN depende, basicamente, da análise da atividade efetivamente exercida pela sociedade, para saber se ela se enquadra dentre aquelas elencadas no § 3º do art. 9º do Decreto-Lei n. 406/1968 (itens 1, 4, 8, 25, 52, 88, 89, 90, 92 da lista anexa à LC n. 56/1987), bem como se perquirir se a atividade intelectual, científica, literária ou artística desempenhada pela pessoa jurídica não constitua elemento de empresa, ou melhor, nos termos do artigo 966 do Código Civil, que os fatores de produção, circulação e de organização empresarial não se sobreponham à atuação profissional e direta dos sócios na condução do objeto social da empresa, sendo irrelevante para essa finalidade o fato de a pessoa jurídica ter se constituído sob a forma de responsabilidade limitada.

4. Desta forma, ressalvado os modelos puramente empresariais, como ocorre com as espécies de sociedades anônimas e comandita por ações, não é relevante para a concessão do regime tributário diferenciado a espécie empresarial adotada pela pessoa jurídica, pois como no caso concreto ora analisado, pode haver sociedades limitadas que não são empresárias, conforme preveem expressamente os artigos 982 e 983 do Código Civil.

5. Embargos de Divergência providos.

(Embargos de Divergência em Agravo em Recurso Especial nº 31.084/MS. Primeira Seção. Relator Ministro Napoleão Nunes Maia Filho. p. 08.04.21).

2.4. Critério temporal

O fato jurídico tributário ocorre em determinado momento, claramente fixado pelo legislador, sendo certo que, neste referido instante, surge o direito subjetivo à pessoa de direito público e a obrigação para o sujeito passivo. A norma jurídica prevê a descrição genérica de certo fato que ocorre em determinada circunstância de tempo, que, embora possa ser decomposta ou integrada por diversos elementos, será considerado uno e incindível.

Jose Eduardo Soares de Melo[86] assevera que "a classificação dos fatos como instantâneos (ocorrência mediante a prática de um simples ato); continuados (permanência ao longo de um determinado lapso de tempo); periódicos (repetidos); e compostos (abrangência de diversos elementos para sua formação), não traz proveito em termos de estrutura de norma tributária. A incidência ataca unicamente o resultado de uma situação, estado, operação, serviço que – enquanto não verificado – não faz eclodir o tributo, desencadeando os efeitos que lhe são pertinentes".

Compete ao legislador determinar o momento em que se deve considerar acontecida a materialidade do tributo, sendo que o momento do nascimento da obrigação tributária deve guardar vínculo à matéria tributável, uma vez que todos os critérios da regra-matriz de incidência tributária se apresentam intrinsecamente ligados.

No que concerne ao ISS, observamos que elementos negociais, contratuais ou documentais se mostram absolutamente irrelevantes ao aspecto temporal, sendo imprescindível tão somente considerar a real e efetiva ocorrência do aspecto material, qual seja, "prestação de serviço", configuradora do nascimento da obrigação relativa ao imposto.

Para fins de incidência do ISS, o Superior Tribunal de Justiça (STJ) entendeu que não se considera a "celebração do contrato", "pagamento" ou "negócio jurídico", mas sim, a "efetiva prestação de serviço", não importando que a legislação se refira à "prestação de serviços" em vez de "efetiva prestação de serviços" (Recurso Especial nº 51.284/SP. 2ª Turma. Relator Ministro José de Castro Meira. j. 27.04.04. p. 23.08.04).

Da mesma forma, os recebimentos antecipados de valores contratualmente previstos pelo prestador do serviço não constituem obrigação tributária, uma vez que o signo presuntivo de riqueza não guarda correspondência à efetiva prestação de serviços (ainda que se verifique a capacitação técnica à execução dos serviços, inocorre o aspecto temporal, pois não se tributa a mera potencialidade da prestação do serviço).

Por outro lado, o não recebimento do "preço do serviço" pelo prestador, em virtude de inadimplência do tomador, não tem o condão de afastar a incidência do imposto, pela indubitável circunstân-

---

[86] MELO, José Eduardo Soares de. *ISS. Aspectos Teóricos e Práticos*. 6ª ed. São Paulo: Malheiros, 2017, p. 244.

cia de que a materialidade consiste na "prestação do serviço", e não no recebimento do valor estabelecido à sua execução.

Não há dificuldade na compreensão do aspecto temporal relativo aos serviços realizados de forma "imediata ou instantânea" (em único momento), contudo revela-se delicado determinar o preciso momento da incidência do ISS nos serviços de "execução continuada", prestados em fases ou etapas, não tendo condições de serem apurados periodicamente.

Em razão da existência de serviço cindível no qual se poderia identificar o fato na conclusão da etapa e/ou da fração de tempo em que a prestação de serviço possa ser dividida, como na hipótese de serviços de empreitada, desenvolvidos no decorrer de certo período de tempo, no qual a atividade se dê por intermédio da medição por etapas, o aspecto temporal do ISS não será considerado ao final da obra, mas em virtude da atribuição de valores às etapas contratadas.

2.5. Critério espacial

O fato jurídico tributário ocorre em determinado local, revelando-se imperioso que o legislador determine onde, ocorrida a materialidade tributária, a obrigação ao ISS se repute devida, tendo sido observado que "os fatos (núcleos e elementos adjetivos) que realizam a hipótese de incidência, necessariamente, acontecem num determinado tempo e lugar, de modo que a realização da hipótese de incidência sempre está condicionada às coordenadas de tempo e às de lugar".[87]

Marçal Justen Filho[88] assevera que "o aspecto espacial apenas pode ser um único: o local da efetiva prestação de serviços (...) definir o local em que se concretiza o fato imponível significa determinar a competência para sua tributação (...); essa inovação normativa produziria ficções jurídicas, infringido o cunho meramente descritivo das hipóteses de incidência".

Roque Antonio Carrazza[89] pontifica que "nem mesmo a lei complementar pode alterar a seguinte diretriz da Lei das Leis: ISS é

---

[87] BECKER, Alfredo Augusto. *Teoria Geral do Direito Tributário*. 4ª ed. São Paulo: Noeses, 2007, p. 352.

[88] JUSTEN FILHO, Marçal. ISS no Tempo e no Espaço. *Revista Dialética de Direito Tributário* nº 2. São Paulo: 1995, p. 63.

[89] CARRAZZA, Roque Antonio. *Curso de Direito Constitucional Tributário*. 32ª ed. São Paulo: Malheiros, 2019, p. 872.

sempre devido no Município onde o serviço é efetivamente prestado, ainda que seu prestador esteja domiciliado ou sediado em outro Município".

A Constituição Federal de 1988 confere aos Municípios a competência tributária para instituir ISS, não compreendendo os serviços de transporte interestadual, intermunicipal e de comunicação, que são tributados pelo ICMS, definidos em lei complementar (artigo 156, inciso III). Portanto, os Municípios são dotados de competência para exigir o ISS dentro do seu âmbito territorial, respeitando os limites geográficos do local da realização da prestação do serviço.

O Município competente para fins de incidência do ISS (aspecto espacial), desde a edição do Decreto-Lei nº 406, de 31.12.68, representa objeto de árdua e, aparentemente, eterna controvérsia jurídica, em virtude do fato de muitas vezes o "estabelecimento prestador" se encontrar sediado em Município distinto daquele onde o serviço é efetivamente prestado.

No que concerne ao local da prestação do serviço para fins de incidência do ISS, o artigo 12 do Decreto-Lei nº 406, de 31.12.68, na redação dada pela Lei Complementar nº 56, de 15.12.87, estabelecia que: "Art. 12. Considera-se local da prestação do serviço: a) a do estabelecimento prestador, ou, na falta de estabelecimento, o do domicílio do prestador; b) no caso de construção civil o local onde se efetuar a prestação".

Convém salientar que nos casos de construção civil não havia dúvida de que o ISS devia ser recolhido ao Município onde se efetuasse a prestação do serviço, ou melhor, onde estivesse localizada a obra de construção civil.

Ao analisar a alínea "a" do artigo 12, verifica-se que a legislação estabelecia dois critérios para efeito de incidência do ISS, quais sejam: (a) em razão do "estabelecimento prestador" e (b) em razão do "domicílio do prestador". Desta forma, de acordo com o artigo 12 do Decreto-Lei nº 406, de 31.12.68, na redação dada pela Lei Complementar nº 56, de 15.12.87, o ISS seria devido ao Município onde se encontrava localizado o "estabelecimento prestador" do serviço.

No contexto de dúvida acerca do Município competente para exigir o ISS, parte da doutrina defende postura jurídica no sentido de que o artigo 12 do Decreto-Lei nº 406, de 31.12.68, fere o "princípio da territorialidade" na medida em que um fato jurídico tributário ocorrido no território de determinado Município (A) não poderia ser alcançado pelas disposições legais contidas na legislação de Município distinto (B).

Neste panorama de indefinição acerca do Município competente para exigir o ISS, foram proferidas inúmeras decisões pelo Poder Judiciário, sem, contudo, terem o condão de encerrar a celeuma jurídica concernente ao aspecto espacial da incidência tributária do ISS. No entanto, o Superior Tribunal de Justiça (STJ) proferiu entendimentos no sentido de que o ISS é devido ao Município onde o serviço é prestado, nos seguintes termos:

> TRIBUTÁRIO. ISS. FATO GERADOR. MUNICÍPIO. COMPETÊNCIA PARA EXIGIR O TRIBUTO.
>
> 1. O município competente para exigir o ISS é aquele onde o serviço é prestado.
> 2. Precedentes.
> 3. Recurso conhecido e rejeitado.
>
> (Embargos de Divergência no Recurso Especial nº 168.023/CE. 1ª Seção. Relator Ministro Paulo Benjamim Fragoso Gallotti, p. 03.11.99).

Desta forma, o Superior Tribunal de Justiça (STJ) firmou postura no sentido de que o ISS deve ser recolhido ao Município onde o serviço seja efetivamente prestado, conforme se depreende, da mesma forma, nos Acórdãos proferidos no Recurso Especial nº 130.792/CE (1ª Turma. Relator Ministro José Augusto Delgado. j. 02.10.97); Recurso Especial nº 399.249/RS (2ª Turma. Relator Ministro Francisco Peçanha Martins. j. 17.10.02); e Recurso Especial nº 302.330/MG (1ª Turma. Relator Ministro Milton Luiz Pereira. j. 05.04.01).

Por seu turno, a Lei Complementar nº 116, de 31.07.03 (e respectivas alterações), estabelece que o serviço se considera prestado, e o imposto, devido, no local do estabelecimento prestador ou, na falta do estabelecimento, no local do domicílio do prestador, exceto em específicas hipóteses, quando o imposto será devido nos locais expressamente indicados.[90]

---

[90] "Art. 3º. (...) I – do estabelecimento do tomador ou intermediário do serviço ou, na falta de estabelecimento, onde ele estiver domiciliado, na hipótese do § 1o do art. 1o desta Lei Complementar; II – da instalação dos andaimes, palcos, coberturas e outras estruturas, no caso dos serviços descritos no subitem 3.05 da lista anexa; III – da execução da obra, no caso dos serviços descritos no subitem 7.02 e 7.19 da lista anexa; IV – da demolição, no caso dos serviços descritos no subitem 7.04 da lista anexa; V – das edificações em geral, estradas, pontes, portos e congêneres, no caso dos serviços descritos no subitem 7.05 da lista anexa; VI – da execução da varrição, coleta, remoção, incineração, tratamento, reciclagem, separação e destinação final de lixo, rejeitos e outros resíduos quaisquer, no caso dos serviços descritos no subitem 7.09 da lista anexa; VII – da execução da limpeza, manutenção e conservação de vias e logradouros públicos, imóveis, chaminés, piscinas, parques, jardins e congêneres, no caso dos serviços descritos no subitem 7.10 da lista anexa; VIII – da execução da decoração e jardinagem, do corte e

Posteriormente à Lei Complementar nº 116, de 31.07.03, o Superior Tribunal de Justiça (STJ) reafirmou sua orientação no sentido de que o ISS deve ser recolhido ao Município do local da prestação de serviços, conforme podemos observar da seguinte Ementa, *verbis*:

> RECURSO ORDINÁRIO. MANDADO DE SEGURANÇA. TRIBUTÁRIO. ISS. LOCAL DA PRESTAÇÃO DO SERVIÇO.
>
> 1. As duas Turmas que compõem a Primeira Seção desta Corte, mesmo na vigência do art. 12 do Dec-Lei nº 406/68, revogado pela Lei Complementar nº 116/2003, pacificaram entendimento no sentido de que a Municipalidade competente para realizar a cobrança do ISS é a do local da prestação dos serviços, onde efetivamente ocorre o fato gerador do imposto.
>
> (...)

---

poda de árvores, no caso dos serviços descritos no subitem 7.11 da lista anexa; IX – do controle e tratamento do efluente de qualquer natureza e de agentes físicos, químicos e biológicos, no caso dos serviços descritos no subitem 7.12 da lista anexa; X – (VETADO); XI – (VETADO); XII – do florestamento, reflorestamento, semeadura, adubação, reparação de solo, plantio, silagem, colheita, corte, descascamento de árvores, silvicultura, exploração florestal e serviços congêneres indissociáveis da formação, manutenção e colheita de florestas para quaisquer fins e por quaisquer meios; (Redação dada pela Lei Complementar nº 157, de 2016); XIII – da execução dos serviços de escoramento, contenção de encostas e congêneres, no caso dos serviços descritos no subitem 7.17 da lista anexa; XIV – da limpeza e dragagem, no caso dos serviços descritos no subitem 7.18 da lista anexa; XV – onde o bem estiver guardado ou estacionado, no caso dos serviços descritos no subitem 11.01 da lista anexa; XVI – dos bens, dos semoventes ou do domicílio das pessoas vigiados, segurados ou monitorados, no caso dos serviços descritos no subitem 11.02 da lista anexa; (Redação dada pela Lei Complementar nº 157, de 2016); XVII – do armazenamento, depósito, carga, descarga, arrumação e guarda do bem, no caso dos serviços descritos no subitem 11.04 da lista anexa; XVIII – da execução dos serviços de diversão, lazer, entretenimento e congêneres, no caso dos serviços descritos nos subitens do item 12, exceto o 12.13, da lista anexa; XIX – do Município onde está sendo executado o transporte, no caso dos serviços descritos pelo item 16 da lista anexa; (Redação dada pela Lei Complementar nº 157, de 2016); XX – do estabelecimento do tomador da mão-de-obra ou, na falta de estabelecimento, onde ele estiver domiciliado, no caso dos serviços descritos pelo subitem 17.05 da lista anexa; XXI – da feira, exposição, congresso ou congênere a que se referir o planejamento, organização e administração, no caso dos serviços descritos pelo subitem 17.10 da lista anexa; XXII – do porto, aeroporto, ferroporto, terminal rodoviário, ferroviário ou metroviário, no caso dos serviços descritos pelo item 20 da lista anexa; XXIII – do domicílio do tomador dos serviços dos subitens 4.22, 4.23 e 5.09; (Incluído pela Lei Complementar nº 157, de 2016); XXIV – do domicílio do tomador do serviço no caso dos serviços prestados pelas administradoras de cartão de crédito ou débito e demais descritos no subitem 15.01; (Incluído pela Lei Complementar nº 157, de 2016); XXV – do domicílio do tomador dos serviços dos subitens 10.04 e 15.09. (Incluído pela Lei Complementar nº 157, de 2016); § 1º No caso dos serviços a que se refere o subitem 3.04 da lista anexa, considera-se ocorrido o fato gerador e devido o imposto em cada Município em cujo território haja extensão de ferrovia, rodovia, postes, cabos, dutos e condutos de qualquer natureza, objetos de locação, sublocação, arrendamento, direito de passagem ou permissão de uso, compartilhado ou não. § 2º No caso dos serviços a que se refere o subitem 22.01 da lista anexa, considera-se ocorrido o fato gerador e devido o imposto em cada Município em cujo território haja extensão de rodovia explorada; § 3º Considera-se ocorrido o fato gerador do imposto no local do estabelecimento prestador nos serviços executados em águas marítimas, excetuados os serviços descritos no subitem 20.01; § 4º Na hipótese de descumprimento do disposto no caput ou no § 1º, ambos do art. 8º-A desta Lei Complementar, o imposto será devido no local do estabelecimento do tomador ou intermediário do serviço ou, na falta de estabelecimento, onde ele estiver domiciliado. (Incluído pela Lei Complementar nº 157, de 2016)".

3. No particular, não mais subsiste qualquer das penalidades aplicadas nos autos de infração baixados pelo Município da sede da empresa, pois a Lei Complementar nº 116/2003 estabelece em seu art. 3º, inc. XVI, que para os serviços de vigilância a competência para realizar a cobrança do ISS é do ente municipal do local dos bens ou do domicílio das pessoas vigiados.

4. Recurso ordinário provido.

(Recurso Especial nº 17156/SE. 2ª Turma. Relator Ministro José de Castro Meira. p. 10.08.04).

Adicionalmente, o artigo 4º, da Lei Complementar nº 116, de 31.07.03, definiu o conceito de "estabelecimento prestador" para fins de incidência do ISS, nos seguintes termos:

> Art. 4º Considera-se estabelecimento prestador o local onde o contribuinte desenvolva a atividade de prestar serviços, de modo permanente ou temporário, e que configure unidade econômica ou profissional, sendo irrelevantes para caracterizá-lo, as denominações de sede, filial, agência, posto de atendimento, sucursal, escritório de representação ou contato ou quaisquer outras que venham a ser utilizadas.

Diante dos referidos dispositivos, evidencia-se, claramente, que o legislador acabou por eleger como aspecto espacial para fins de tributação pelo ISS o local do "estabelecimento prestador", definindo, inclusive, o seu respectivo conceito no artigo 4º, da Lei Complementar nº 116, de 31.07.03, observando, evidentemente, as exceções compreendidas no referido dispositivo legal complementar.

Acerca do conceito de "estabelecimento", importante observar que a definição legal procura abranger todos os elementos (pessoas, bens, equipamentos, etc.) que caracterizam um estabelecimento, explicitando o conceito do Código Civil brasileiro (artigo 1.142, da Lei nº 10.406, de 10.01.02), que "*considera estabelecimento todo complexo de bens organizado, para exercício da empresa, por empresário, ou por sociedade empresária*", que deve ser considerada nos lindes tributários (artigo 110, da Lei Federal nº 5.172, de 25.10.66, Código Tributário Nacional – CTN).

Face aos referidos comandos normativos, poder-se-iam estabelecer, preliminarmente, critérios essenciais para fins de delimitação da competência tributária municipal, a saber: Município do estabelecimento prestador; Município do local onde se situar o domicílio do prestador, no caso de inexistência do estabelecimento prestador; Município do local da prestação (serviços previstos nos incisos II a XXII, do artigo 3º); e Município do estabelecimento do tomador ou intermediário do serviço; ou, na falta de estabelecimento, onde ele estiver domiciliado, no caso de serviço proveniente do exterior do País, ou cuja prestação se tenha iniciado no exterior do País.

O Município de São Paulo, exemplificativamente, estabelece que a existência de estabelecimento prestador que configure unidade econômica ou profissional é indicada pela conjugação, parcial ou total, dos seguintes elementos: (a) manutenção de pessoal, material, máquinas, instrumentos e equipamentos próprios ou de terceiros necessários à execução dos serviços; (b) estrutura organizacional ou administrativa; (c) inscrição nos órgãos previdenciários; e (d) permanência ou ânimo de permanecer no local, para a exploração econômica de atividade de prestação de serviços, exteriorizada, inclusive, por intermédio da indicação do endereço em impressos, formulários, correspondências, *site* na *internet*, propaganda ou publicidade, contratos, contas de telefone, contas de fornecimento de energia elétrica, água ou gás, em nome do prestador, seu representante ou preposto.[91]

Posteriormente à edição da Lei Complementar nº 116, de 31.07.03, observamos manifestações proferidas pelo Superior Tribunal de Justiça (STJ), na forma seguinte:

> PROCESSUAL CIVIL. TRIBUTÁRIO. VIOLAÇÃO DO ART. 535 DO CPC. ALEGAÇÃO GENÉRICA. SÚMULA 284/STF. ISS. COMPETÊNCIA. LOCAL DO ESTABELECIMENTO PRESTADOR. PRESENÇA DE UNIDADE ECONÔMICA OU PROFISSIONAL (FILIAL).
>
> (...)
>
> 2. A jurisprudência do Superior Tribunal de Justiça, interpretando o art. 12, "a", do Decreto-Lei nº 406/68, entendia que a competência tributária para cobrança do ISS era da municipalidade onde o serviço era prestado.
>
> 3. Com o advento da Lei Complementar nº 116/03, a competência passou a ser o local do estabelecimento prestador do serviço, considerando-se como tal a localidade em que há uma unidade econômica ou profissional, isto é, onde a atividade é desenvolvida, independentemente de ser formalmente considerada como sede ou filial da pessoa jurídica (arts. 3º e 4º).
>
> 4. Precedentes (...).
>
> Recurso especial conhecido em parte e provido.
>
> (Recurso Especial nº 1.245.310/MG. Relator Ministro Humberto Eustáquio Soares Martins. j. 19.05.11).
>
> TRIBUTÁRIO. RECURSO ESPECIAL. ISSQN. ENGENHARIA CONSULTIVA. SERVIÇO QUE NÃO SE CONFUNDE COM O DE CONSTRUÇÃO CIVIL. ART. 11, PARÁGRAFO ÚNICO DO DECRETO-LEI Nº 406/68. MUNICÍPIO COMPETENTE

[91] Lei Municipal nº 13.701, de 24.12.03, Decreto Municipal nº 56.235, de 03.07.15, e respectivas alterações.

DO ESTABELECIMENTO PRESTADOR. CONTROVÉRSIA DECIDIDA PELA PRIMEIRA SEÇÃO NO RESP Nº 1.060.210/SC, SUBMETIDO AO REGIME DO ART. 543-C DO CPC.

1. A Primeira Seção, no julgamento do RESP nº 1.060.210/SC, submetido à sistemática do art. 543-C do CPC e da Resolução STJ nº 08/2008, firmou orientação no sentido de que: "(b) o sujeito ativo da relação tributária, na vigência do DL nº 406/68, é o Município da sede do estabelecimento prestador (art. 12); (c) a partir da LC nº 116/03, é aquele onde o serviço é efetivamente prestado, onde a relação é perfectibilizada, assim entendido o local onde se comprove haver unidade econômica ou profissional da instituição financeira com poderes decisórios suficientes à concessão e aprovação do financiamento – núcleo da operação de leasing financeiro e fato gerador do tributo".

2. Ao contrário do que se possa imaginar, as premissas estabelecidas nesse precedente aplicam-se a todos os casos que envolvam conflito de competência sobre a incidência do ISS em razão de o estabelecimento prestador se localizar em municipalidade diversa daquela em que realizado o serviço objeto de tributação.

(...).

(Recurso Especial nº 1.211.219/SP. 2ª Turma. Relator Ministro Geraldo Og Nicéas Marques Fernandes. j. em 24.04.14. p. 20.05.14).

A esse respeito, inúmeros são os exemplos nos quais se apresentam dúvidas acerca do Município competente para fins de tributação pelo ISS, dentre os quais, exemplificativamente, apontamos:

a) Pessoa jurídica localizada no Município de Passo Fundo, que contrata escritório de advocacia localizado no Município de Curitiba, para a elaboração de memoriais e realização de sustentação oral em tribunal localizado no Município de Fortaleza;

b) Empresa de segurança pessoal localizada no Município de São Paulo, que, ao acompanhar o veículo do tomador do serviço, se desloca pelos Municípios de Barueri, Santana de Parnaíba e Osasco;

c) Prestadora de serviços de assistência técnica em aparelhos de ar-condicionado, localizada no Município de Niterói, contratada por tomador de serviços localizado no Município do Rio de Janeiro, para executar tarefas de reparo em plataforma marítima de sua titularidade;

d) Empresa de construção civil localizada no Município de Salvador, que contrata perícia técnica de empresa localizada no Município de Sorocaba, cuja elaboração do referido estudo é realizada no interior de aeronave, no espaço aéreo brasileiro;

e) Na hipótese de prestação de serviços de pesquisas e análises clínicas, em que o material biológico objeto da investigação tenha sido coletado no Município (A), transportado pelos Municípios (B) e (C), examinado no Município (D) e cujo resultado tenha sido obtido pelo tomador do serviço mediante acesso remoto (*site* na internet), parece-nos que o Município competente para exigir o ISS consista naquele em que ocorreu o objeto central da contratação pelo tomador do serviço – qual seja, a pesquisa e análise clínica – portanto, ao Município (D); e

f) Na contratação de serviços de fotografia, em que referido profissional efetua as fotos em evento social localizado no Município (A), realiza ajustes, revelação e/ou impressão em seu estúdio localizado no Município (B) e promove a entrega das fotografias ao tomador do serviço em seu domicílio localizado no Município (C), parece-nos que o Município competente para exigir o ISS configure aquele no qual ocorreu a essência do serviço contratado, qual seja, o Município (B).

Embora, em nosso sentir, sujeito à materialidade do Imposto sobre Operações de Crédito (IO/Crédito), nos termos do artigo 153, inciso V, da Constituição Federal de 1988, em oportunidade pretérita,[92] no intuito de identificar o local de recolhimento do ISS nas atividades de arrendamento mercantil (*leasing*) –, considerando o principal objetivo do contratante (qual seja, o financiamento do bem por intermédio da concessão de crédito) e a necessidade de realização de diversas atividades, dentre as quais: (a) preenchimento do formulário de descrição do bem objeto do contrato; (b) consulta aos órgãos de proteção do crédito (Serasa, SPC etc.); (c) aprovação do financiamento; (d) discussão acerca das condições da operação (fixação de preço e prazos para pagamento das prestações); (e) celebração do instrumento particular; (f) entrega do bem e respectivo termo de recebimento; (g) emissão dos boletos; e (h) administração da cobrança dos valores estabelecidos, dentre outros.

A esse respeito, examinamos os critérios pertinentes ao negócio jurídico, como (i) o local da assinatura, (ii) o local da tradição do bem e (iii) o local do financiamento, e partindo da premissa fundamental de que o "serviço-fim" é a concessão do financiamento,

---

[92] MELO, Fábio Soares de. Imposto sobre Serviços de Qualquer Natureza. Arrendamento Mercantil (*Leasing*). Critérios para Definição do Município Competente. Lei Complementar nº 116/03. *Revista Dialética de Direito Tributário,* nº 102. São Paulo: 2004.

concluímos que o ISS deverá ser recolhido no Município em que o financiamento for concedido, considerando, para fins de determinação desse local, especialmente: onde estão os diretores com poder de representação; onde ficam concentrados os exames técnicos e econômicos e o poder decisório; e registros contábeis do ativo e passivo da operação na instituição financeira.

Neste sentido, observamos entendimento proferido pelo Superior Tribunal de Justiça (STJ), no sentido de que "a concessão do financiamento é o núcleo do serviço na operação de leasing financeiro", razão pela qual "o serviço ocorre no local onde se toma a decisão da operação do financiamento, onde se encontra o poder decisório, onde se situa a direção geral da instituição" (Recurso Especial nº 1.060.210/SC. 1ª Turma. Relator Ministro Napoleão Nunes Maia Filho. j. 13.08.14).

Algumas das alterações promovidas pela Lei Complementar nº 157, de 29.12.16, no âmbito da Lei Complementar nº 116, de 31.07.03, se encontram sob a apreciação pelo Supremo Tribunal Federal (STF), no âmbito da Medida Cautelar na Ação Direta de Inconstitucionalidade nº 5.835/DF (Relator Ministro Alexandre de Moraes. p. 20.02.19).

O Ministro Alexandre de Moraes concedeu liminar para suspender dispositivos de lei complementar relativos ao local de incidência do ISS, uma vez que estão presentes os requisitos para a concessão da liminar diante da dificuldade na aplicação da nova legislação, com ampliação dos conflitos de competência entre municípios e afronta ao princípio constitucional da segurança jurídica. A decisão suspende também, por arrastamento, a eficácia de toda legislação local editada para complementar a lei nacional.

Na referida medida judicial, são questionados dispositivos da Lei Complementar nº 116, de 31.07.03, alterados pela Lei Complementar nº 157, de 29.12.16, dentre os quais o ISS será devido no Município do tomador do serviço (a) no caso dos planos de medicina em grupo ou individual, (b) de administração de fundos e carteira de clientes, (c) de administração de consórcios, (d) de administração de cartão de crédito ou débito e (e) de arrendamento mercantil (*leasing*).[93]

[93] A este respeito, observamos julgamento pelo Supremo Tribunal Federal (STF), da Arguição de Descumprimento de Preceito Fundamental (ADPF) nº 499, por meio da qual entidade do ramo de saúde questiona as novas regras para a tributação dos planos de saúde pelo ISS, em especial, a norma jurídica que alterou o local de recolhimento do tributo (Relator Ministro Alexandre de Moraes).

A sistemática anterior estipulava a incidência do ISS no local do estabelecimento prestador do serviço, no entanto a nova sistemática legislativa alterou a incidência do tributo para o domicílio do tomador de serviços.

Para o Ministro Alexandre de Moraes, a ausência dessa definição, somada à edição de diversas leis municipais antagônicas acerca do tema acabará por gerar dificuldade na aplicação da lei complementar questionada, ampliando os "conflitos de competência" entre as Municipalidades e comprometeria a regularidade da atividade econômica dos setores atingidos.

Ao retomar o julgamento da ADI nº 5.835/DF, o Relator Ministro Alexandre de Moraes afastou a cobrança do ISS no Município onde se encontra o tomador de serviços de planos de saúde, administração de fundos, de carteira de clientes, de consórcios e de cartão de crédito ou débito, e que os pagamentos devem continuar sendo feitos no local onde as companhias estão instaladas, por entender que o fato gerador do ISS não foi minuciosamente previsto pela lei complementar, culminando em conflitos de competência entre os Municípios e insegurança jurídica aos contribuintes (sessão de julgamento em plenário virtual).[94]

Considerando que a legislação complementar do ISS (Lei Complementar nº 116, de 31.12.03, e Lei Complementar nº 157, de 29.12.16) não dirimiu as controvérsias acerca do Município competente para fins de tributação pelo ISS, nem sequer conseguiu evitar a suposta prática de operações dolosas, fraudulentas ou simuladas que tenham por objetivo recolher ISS sob a aplicação de alíquota minorada em distinto Município, inclusive, em alguns casos, carac-

[94] Após os votos dos Ministros Alexandre de Moraes (Relator), André Mendonça, Edson Fachin, Dias Toffoli, Roberto Barroso, Luiz Fux e Rosa Weber (Presidente), que: (a) extinguiam parcialmente o processo pela perda superveniente de objeto em relação ao artigo 3º, inciso XXV, da Lei Complementar nº 116, de 31.07.03, na redação conferida pela Lei Complementar nº 157, de 29.12.16 e em relação ao artigo 6º, parágrafo 3º, da Lei Complementar nº 116, de 31.07.03, na redação conferida pela Lei Complementar nº 157, de 29.12.16; e (b) confirmavam os efeitos da Medida Cautelar deferida na Ação Direta 5.835/DF e julgavam procedente o pedido formulado para declarar a inconstitucionalidade do artigo 1º, da Lei Complementar nº 157, de 29.12.16 e do artigo 14, da Lei Complementar nº 175, de 23.09.20, bem como, por arrastamento, dos artigos 2º, 3º, 6º, 9º, 10 e 13 da Lei Complementar nº 175, de 23.09.20; e do voto do Ministro Nunes Marques, que acompanhava o Relator para extinguir, parcialmente, o processo pela perda superveniente de objeto em relação ao artigo 3º, inciso XXV, da Lei Complementar nº 116, de 31.09.03, na redação conferida pela Lei Complementar nº 157, de 29.12.16 e em relação ao artigo 6º, parágrafo 3º, da Lei Complementar nº 116, de 31.0703, na redação conferida pela Lei Complementar nº 157, de 29.12.16 e divergia do Relator para julgar improcedentes os pedidos e declarar a constitucionalidade do artigo 1º, da Lei Complementar nº 157, de 29.12.16 e dos artigos 2º, 3º, 6º, 9º, 10, 13 e 14 da Lei Complementar nº 175, de 23.09.20, o processo foi destacado pelo Ministro Gilmar Ferreira Mendes.

terizadora de crime contra a ordem tributária, nos termos da Lei Federal nº 8.137, de 27.12.90, o Município de São Paulo instituiu o denominado Cadastro de Prestadores de Serviços de Fora do Município (CPOM), por meio do qual o prestador do serviço localizado em distinta municipalidade, para tomador estabelecido no Município de São Paulo, se encontra obrigado a efetuar sua inscrição na Secretaria de Fazenda do Município de São Paulo.[95]

Desta forma, o tomador do serviço paulistano deverá verificar em que condição se encontra o prestador do serviço localizado em distinta municipalidade, para fins de efetuar (ou não) a retenção e o recolhimento do imposto em favor do Município de São Paulo.

Neste contexto, Simone Rodrigues Duarte Costa[96] observa que "essa retenção assume o caráter de sanção, na medida em que o legislador ordinário, em flagrante desrespeito ao princípio da territorialidade das leis, impôs obrigação acessória aos prestadores de serviços localizados fora do Município de São Paulo, e que nele prestarem serviços, consistente na sua inscrição no cadastro da Secretaria Municipal de Finanças".

Jose Eduardo Soares de Melo[97] assevera que "o Município paulista não tem competência para regular a tributação do ISS devido a distintos Municípios e, por via oblíqua, decretar a nulidade de ato administrativo do Município onde se encontra o domicílio do prestador, desconsiderando sua inscrição na outra comunidade, deslocando o âmbito de incidência tributária. Trata-se de obrigação acessória desprovida de qualquer causa, sob a indevida suposição de que os prestadores de serviços em São Paulo estão frustrando a arrecadação tributária que lhe competiria".

Face à inexistência de Convênio firmado entre as Municipalidades, reconhecendo a extraterritorialidade (artigo 102, do Código Tributário Nacional – CTN), entendemos que a legislação paulistana não poderia estipular exceções aos comandos compreendidos na legislação complementar. Sob este prisma, resta claro que o Município de São Paulo não possui competência para promover diligência nas demais municipalidades e fora dos seus limites territoriais,

[95] Lei Municipal nº 13.701, de 24.12.03 (alterada pela Lei Municipal nº 14.042, de 30.08.05), Lei Municipal nº 14.256, de 29.12.06, Decreto Municipal nº 57.516, de 08.12.16, e posteriores alterações.

[96] COSTA, Simone Rodrigues Duarte. *ISS. A LC 116/03 e a Incidência na Importação.* São Paulo: Quartier Latin, 2007, p. 125.

[97] MELO, José Eduardo Soares de. *ISS. Aspectos Teóricos e Práticos.* 6ª ed. São Paulo: Malheiros, 2017, p. 274.

entendimento, inclusive, objeto de manifestação pelo Superior Tribunal de Justiça (STJ): "a fiscalização municipal deve restringir-se à sua área de competência e jurisdição" restando evidente que, "ao permitir que o Município de São Paulo exija a apresentação de livros fiscais e documentos de estabelecimentos situados em outros municípios, estar-se-á concedendo poderes à municipalidade de fiscalizar fatos ocorridos no território de outros entes federados (...)" (Recurso Especial nº 73.086/SP. 2ª Turma. Relator Ministro João Otávio de Noronha. j. 17.06.03. p. 30.06.03).

O Supremo Tribunal Federal (STF), ao apreciar o Recurso Extraordinário nº 1.167.509/SP (Plenário. Relator Ministro Marco Aurélio Mendes de Farias Mello. p. 16.03.21), reconhecido como Tema nº 1.020 de Repercussão Geral, firmou postura no sentido da incompatibilidade do cadastramento com a Constituição Federal, a saber:

> ISS. PRESTAÇÃO DE SERVIÇOS. SUJEITO ATIVO. OBRIGAÇÕES ACESSÓRIAS. CADASTRAMENTO. RETENÇÃO. TOMADOR DOS SERVIÇOS DE MUNICÍPIO DIVERSO. INCONSTITUCIONALIDADE. É incompatível com a Constituição Federal disposição normativa a prever a obrigatoriedade de cadastro, em órgão da Administração municipal, de prestadores de serviços não estabelecidos no território do Município, impondo-se ao tomador o recolhimento do Imposto Sobre Serviços – ISS quando descumprida a obrigação.
>
> (...)
>
> A pretexto de afastar evasão fiscal, o Município de São Paulo estabeleceu obrigação – cadastramento – a contribuinte submetido a imposição tributária de outra municipalidade. Tem-se regência de fatos geradores ocorridos fora do respectivo território. Mais do que isso, impôs, uma vez descumprida a obrigação de fazer, ônus tributário. Não havendo o cadastramento, o tomador dos serviços fica compelido a reter o valor do tributo. É dizer, o contribuinte, situado em outro Município, tem subtraído do valor dos serviços, mediante retenção, o quantitativo referente ao tributo que, imagina-se, foi recolhido no Município em que estabelecido. Descabe potencializar a finalidade fiscalizatória do cadastro, permitindo-se, à margem da Constituição Federal, à margem da Lei Complementar disciplinadora – nº 116/2003 –, a criação de encargos por quem não integra a relação jurídica tributária. Se não há competência para instituição do tributo, como é possível o fisco municipal criar obrigação acessória? O sistema não fecha!
>
> (...).
>
> (Recurso Extraordinário nº 1.167.509/SP. Plenário. Relator Ministro Marco Aurélio Mendes de Farias Mello. j. 01.03.21. p. 16.03.21).

Observamos que, subsequentemente, o Conselho Municipal de Tributos da Secretaria da Fazenda de São Paulo, contemplou o entendimento jurídico compreendido no Tema nº 1.020 de Repercussão Geral do Supremo Tribunal Federal (STF), por meio da edição da Súmula nº 08, a saber:

> Nos termos fixados pela Tese nº 1020 de repercussão geral, é vedada a obrigatoriedade da inscrição no Cadastro de Prestadores de Outros Municípios – CPOM, de prestador de serviço não estabelecido no Município, bem como a decorrente retenção na fonte do ISS pelo tomador no caso de descumprimento da obrigação acessória, que são indevidas (artigo 9º – A, caput e § 2º da Lei nº 13.701/2003).
>
> (Processo nº 6017.2021/0069124-0. Relatora Conselheira Regina Vitoria Soares. j. 08.02.02. p. 09.02.22).

Capítulo 3

Importação de serviço e exportação de serviço

3.1. Considerações introdutórias

Em virtude do exame dos critérios da regra-matriz de incidência tributária relativos ao Imposto sobre Serviços de Qualquer Natureza (ISS), passaremos ao exame relativo ao cerne do presente estudo, consistente na legitimidade jurídica do imposto sobre a importação de serviço e sobre a exportação de serviço, parecendo-nos oportuno tecer breves considerações acerca do critério de tributação na "origem e/ou no destino"; da suposta caracterização do ISS como "extrafiscal"; e da eventual observância aos tratados internacionais em matéria tributária.

A questão relativa à tributação "na origem" ou "no destino" foi objeto de estudo específico, por meio do qual Valcir Gassen[98] concluiu que, "no que se refere à perspectiva da instituição da finalidade da tributação (...), não são todos os tributos sobre o consumo em que se discute o princípio de origem e de destino que se tem por escopo 'finalidade regulatória', de realizar, por exemplo, determinada política econômica e social. Pode-se afirmar que quando vige o princípio da tributação de origem há uma preponderância arrecadatória (fiscal) e quando vige o princípio de destino prepondera a finalidade regulatória (extrafiscal)".

A este respeito, no âmbito de incidência do ISS na "importação de serviço", Luis Eduardo Schoueri[99] manifestou entendimento no sentido de que, "no que concerne ao regime tributário a ser adotado por um país para regular o comércio internacional, a prática nos mostra que os estados optam pelo princípio da origem (exportações são tributáveis e importações são isentas) ou pelo princípio do destino (exportações são isentas e importações são tributáveis)".

[98] GASSEN, Valcir. *Tributação na Origem e Destino*. 2ª ed. São Paulo: Saraiva, 2013, p. 206-207.

[99] SCHOUERI, Luís Eduardo. ISS sobre a Importação de Serviços do Exterior. *Revista Dialética de Direito Tributário* nº 100. São Paulo: 2004, p. 39.

Ocorre, no entanto, que a questão relativa à tributação "na origem" ou "no destino" não me parece compreender temática relativa aos princípios de natureza tributária, mas, sim, de regime, critério e/ou método intrinsecamente utilizado como instrumento de política econômica.

A observância ao intitulado critério do destino como justificativa à tributação do ISS na importação de serviços e na exportação de serviço não tem o condão de legitimar referidas incidências, na medida em que a tributação pelo ISS pressupõe expressa previsão constitucional e decorrente legislação infraconstitucional conformadora da regra-matriz de incidência tributária, bem como dos princípios e pressupostos constitucionais tributários.

Ademais, por compreender fatos no âmbito do comércio exterior, não são raras digressões acerca da aplicação dos critérios "da origem" ou "do destino" na esfera do ISS, como instrumento de política econômica, bem como em conformidade ao mercado internacional, culminando na aparentemente equivocada premissa de que o legislador complementar teria adotado um dos referidos critérios para justificar a incidência do imposto na importação de serviço e a isenção do imposto na exportação de serviços. No entanto, diferentemente do Imposto de Exportação (IE), Imposto de Importação (II), Imposto sobre Produtos Industrializados (IPI) e Imposto sobre Operações de Crédito, Câmbio, Seguros, Títulos e Valores Mobiliários (IO/Crédito, IO/Câmbio, IO/Seguros e IO/Títulos e Valores Mobiliários), o imposto municipal não se revela caracterizado pelo critério da extrafiscalidade.

Embora se mostre possível identificar manifestações judiciais acerca da adoção do "princípio do destino", bem como da necessidade de observância aos tratados internacionais, para fins e incidência do ISS, Marcelo Caron Baptista[100] verifica "que as definições internacionais de 'comércio de serviços' e de 'prestação de serviços' não são elementos seguros para apontar a definição de jurídica de 'exportações de serviços para o exterior do País', para fins de incidência ou não do ISS".

A esse respeito, Simone Rodrigues Duarte Costa[101] pontua que "o ISS é informado pelo princípio da territorialidade, sendo alcançados pelo imposto apenas os fatos jurídicos tributários ocorridos em território nacional. Não haveria que se falar, pois, em

[100] BAPTISTA, Marcelo Caron. *ISS do Texto à Norma*. São Paulo: Quartier Latin, 2005, p. 549.

[101] COSTA, Simone Rodrigues Duarte. *ISS. A LC 116/03 e a Incidência na Importação*. São Paulo: Quartier Latin, 2007, p. 144-146.

'bitributação'. Ademais, esses acordos só se aplicam ao imposto sobre a renda e tributos semelhantes, não sendo o caso do ISS", bem como a inaplicabilidade do Acordo Geral de Comércio e Serviços (*General Agreement on Trade Services – GATS*), pois, embora o Brasil seja signatário desse acordo internacional, os Municípios não devem observá-los, em face da previsão constitucional da "instituição de tratamento desigual entre contribuintes que se encontrem em situação equivalente".

3.2. ISS na importação de serviço

A Lei Complementar nº 116, de 31.07.03, estabelece que o imposto incide sobre o "serviço proveniente do exterior do País" ou sobre serviço "cuja prestação se tenha iniciado no exterior do País", considerando prestado e o imposto devido no local do estabelecimento tomador ou intermediário do serviço, nas hipóteses de serviços oriundos do exterior do País (§ 1º do artigo 1º e artigo 3º, inciso I, respectivamente). Portanto, a previsão relativa à incidência do ISS compreende, em síntese, as seguintes hipóteses: serviços provenientes do exterior do País; e serviços cuja prestação se tenha iniciado no exterior do País.

No que concerne à integral legitimidade de incidência do ISS sobre a importação de serviços, tanto na hipótese de "serviço proveniente do exterior do País" como no caso de serviço "cuja prestação se tenha iniciado no exterior do País", Luís Eduardo Schoueri adota postura no sentido de que "a) não há óbice constitucional para a cobrança do ISS na importação de serviços; ao contrário, trata-se de regra mandatória, a luz do princípio da igualdade, tendo em vista a adoção da tributação no destino; (...) f) tomador do serviço prestado no exterior e o contribuinte do imposto, não mero responsável; (...)".[102]

Roque Antonio Carrazza[103] observa que, ao determinar a incidência do imposto na importação de serviço e excluir a exportação de serviço da referida tributação, o legislador complementar teria acertado por consagrar o princípio do destino.

---

[102] SCHOUERI, Luís Eduardo. ISS sobre a Importação de Serviços do Exterior. *Revista Dialética de Direito Tributário* nº 100. São Paulo: 2004, p. 51.

[103] CARRAZZA, Roque Antonio. *Curso de Direito Constitucional Tributário*. 32ª ed. São Paulo: Malheiros, 2019, p. 878.

No que tange à parcial legitimidade de incidência do ISS sobre a importação de serviço, ou seja, não incidência na hipótese de serviço "proveniente do exterior do País" e pela incidência do imposto sobre o serviço "cuja prestação se tenha iniciado no exterior do País", Simone Rodrigues Duarte Costa[104] observa não identificar impedimento constitucional à incidência do ISS relativo à prestação de serviço que se tenha iniciado e concluído no exterior, uma vez que referida incidência ocorre no término da execução do serviço, não se mostrando relevante o local em que se iniciou sua execução, pois as tarefas realizadas no exterior não são alcançadas pelo ISS.

Elizabeth Nazar Carraza[105] observa que "são, em tese, tributáveis, as importações de serviços, vale dizer, as prestações de serviços iniciados no exterior, mas que aqui se ultimam. Isentá-las agrediria o princípio da livre concorrência, porquanto desfavorável às prestações, no Brasil, de serviços análogos (...) é certo que, quando os serviços são totalmente prestados no exterior, não há incidência juridicamente possível do ISS, se por mais não fosse, em função dos princípios da territorialidade, da legalidade e da capacidade contributiva (...)".

Eduardo de Carvalho Borges[106] conclui pela inconstitucionalidade da incidência do imposto na prestação de serviço no exterior para estabelecimento localizado no Brasil, em razão da incompatibilidade da referida atribuição de competência à Constituição Federal de 1988.

Neste sentido, convém salientar entendimento no sentido de que "somente é permitido tributar os serviços provenientes do exterior quando prestados, ou concluídos, no País (...) um serviço totalmente prestado no exterior, por um não residente a um brasileiro, não está sujeito ao ISS".[107]

Em específico estudo acerca do tema, Anselmo Zilet Abreu[108] observa que,

[104] COSTA, Simone Rodrigues Duarte. *ISS. A LC 116/03 e a Incidência na Importação.* São Paulo: Quartier Latin, 2007, p. 162-163.

[105] CARRAZZA, Elizabeth Nazar. Prefácio. In: ABREU, Anselmo Zilet. *Imposto sobre Serviços. ISS na Exportação e na Importação de Serviços.* São Paulo: Quartier Latin, 2019, p. 11.

[106] BORGES, Eduardo de Carvalho. *O ISS, os Serviços Provenientes do Exterior e a Jurisprudência.* In: MACHADO, Rodrigo Brunelli (Coord.). *ISS na Lei Complementar nº 116/2003.* São Paulo: Quartier Latin e IPT, 2004, p. 139.

[107] JESUS, Fernando Bonfá de; JESUS, Isabela Bonfá de; JESUS, Ricardo Bonfá de. *Manual de Direito e de Processo Tributário.* 4ª ed. São Paulo: Revista dos Tribunais, 2017, p. 346.

[108] ABREU, Anselmo Zilet. *Imposto sobre Serviços. ISS na Exportação e na Importação de Serviços.* São Paulo: Quartier Latin, 2019. p. 265.

(...) para a hipótese relativa aos serviços iniciados no exterior, são válidas as disposições da LC n. 116/2003, possibilitando a cobrança do imposto. O serviço é iniciado no exterior e sua prestação aqui se finaliza, fazendo com que a incidência se materialize no território de algum Município ou do Distrito Federal, já que o fato imponível acaba por ser praticado no território destes, podendo o contribuinte (prestador de serviço estrangeiro) ser onerado, posto que executa a atividade de prestação de serviço no Brasil.

Angela Maria da Motta Pacheco[109] adverte que a incidência do imposto na importação interfere na concepção de Estado de Direito e da própria soberania, tratando-se de impossibilidade jurídica de que um Município tribute pelo ISS determinado serviço ocorrido no exterior.

Marcelo Marques Roncaglia[110] observa que "o primado da territorialidade exige que o fato jurídico tributável ocorra dentro dos limites territoriais do Brasil (...) deve existir um nexo pessoal ou territorial entre o sujeito passivo (que manifesta capacidade contributiva) e o Estado que pretende exigir o tributo (...) a prestação de serviços no exterior, por pessoa residente fora do País, não cumpre com qualquer desses requisitos e, por isso, não dá origem a obrigação tributária".

Finalmente, ao examinar a questão vertente, Aires Fernandino Barreto[111] manifestou posicionamento jurídico, nos seguintes termos:

(...) a primeira norma é inconstitucional, uma vez que serviços prestados no exterior do País não podem ser tributados pelo ISS, porque este incide no local da prestação do serviço, e, no caso, o fato ocorre fora dos lindes do território nacional. (...) No pertinente à segunda norma, estamos convencidos de que é constitucional, pois incide ISS sobre o serviço que tenha sido iniciado no exterior, mas se tenha findado ou ultimado no País. Deveras, já havíamos visto, precedentemente, que pouco importa onde o serviço é iniciado; o que deve ser tomado em conta para a definição do "onde" é o momento em que se reputa concluído o serviço; e este, por óbvio, ocorre no interior do País.

Por outro lado, no que concerne à absoluta não incidência do imposto sobre a importação de serviço, tanto no "serviço prove-

[109] PACHECO, Angela Maria da Motta. O ISS sobre a Chamada "Importação de Serviços". In: FERNANDES, Edison Carlos; PEIXOTO, Marcelo Magalhães (Coords.). *Tributação, Justiça e Liberdade*. Curitiba: Juruá, 2005, p. 91.

[110] RONCAGLIA, Marcelo Marques. O ISS e a Importação e Exportação de Serviços. *Revista Dialética de Direito Tributário* nº 129. São Paulo: 2006, pp. 104-105.

[111] BARRETO, Aires Fernndino. *Curso de Direito Tributário Municipal*. São Paulo: Editora Saraiva, 2009, p. 360-361.

niente do exterior do País" como no serviço "cuja prestação se tenha iniciado no exterior do País", Renata Elaine Silva[112] observa que:

> Essa inédita incidência foi introduzida no ordenamento sob a justificativa econômica de que a tributação das empresas nacionais prestadoras de serviços e a não tributação das empresas sediadas fora do Brasil, também prestadoras de serviços, causava um desequilíbrio econômico e uma concorrência desleal entre nacionais e estrangeiros, com maior onerosidade dos prestadores de serviços situados no território brasileiro e evidentes privilégios aos prestadores estrangeiros.
>
> Contudo, por mais que seja plausível e totalmente justificável essa preocupação econômica, esqueceu-se o legislador que existe um princípio constitucional denominado Princípio da Territorialidade, segundo o qual lei nacional não alcança os fatos ocorridos fora de seu território.
>
> (...)
>
> Os argumentos em questão são eminentemente econômicos e, como tal, não podem sobrepor-se à ordem jurídica, pois o sistema do Direito possui normas de competência e de procedimento que regulam a instituição de tributos, normas essas postas na Lei Maior e que não podem ser afrontadas nem mesmo pelos nobres argumentos econômicos que visam proteger o mercado interno, que diga-se de passagem, ainda, serem inerentes aos tributos extrafiscais, entre os quais não se inclui o Imposto sobre Serviços de Qualquer Natureza – ISSQN.
>
> (...)
>
> Os Municípios não podem ir, portanto, além da sua territorialidade e tributar esse tipo de serviço. Sem mencionar que, nesse caso, a cobrança recai sobre o tomador, e não haverá como sustentar, assim, que é um imposto que recai sobre a prestação de um serviço, pois o tomador não presta, mas, em contrário, consome o serviço prestado.

Anna Emília Cordelli Alves[113] entende que "trata-se de regra que atribui extraterritorialidade à lei municipal, alcançando, inclusive, o serviço prestado integralmente no exterior. (...) tributa, em verdade, não só o serviço realizado parcialmente no exterior e parcialmente no País, mas também a importação de serviço por tomador domiciliado no País. (...) parece duvidosa a instituição de materialidade desse dispositivo, em razão da competência outorgada constitucionalmente à União e, bem assim, em razão do campo de validade da lei municipal, que deve limitar-se ao território do Município".

---

112 SILVA, Renata Elaine. Impossibilidade de Incidência nas Importações de Serviço. In: MACEDO, Alberto; DACOMO, Natalia de Nardi (Coords.). *ISS pelos Conselheiros Julgadores*. São Paulo: Quartier Latin, 2012, p. 436-437.

113 ALVES, Anna Emília Cordelli. ISS – Aspectos Relevantes Decorrentes da Análise do Artigo 1º da Lei Complementar nº 116, de 31 de julho de 2003. *Revista Dialética de Direito Tributário* nº 99. São Paulo: 2003, p. 29.

Retornando ao sistema federativo e ao rígido sistema de repartição de competências adotado pelo legislador constituinte, depreende-se que não há qualquer competência residual dos Municípios para legislar e tributar as atividades realizadas em âmbito internacional.

A Constituição Federal de 1988 não deixa dúvidas da flagrante inconstitucionalidade decorrente da edição da Lei Complementar nº 116, de 31.07.03, que pretendeu conferir aos Municípios competência privativa da União, a saber: "Compete privativamente à União legislar sobre: comércio exterior e interestadual; (...)". Desta forma, permitir que os Municípios instituam à sua conveniência e oportunidade, imposto sobre "serviços provenientes do exterior", matéria relativa ao comércio exterior, significa subverter a ordem constitucional para autorizar os Municípios a legislar em matéria reservada à União.

Os impostos diretamente incidentes sobre referidas atividades caracterizam-se como de natureza "extrafiscal" (Imposto de Importação – II, Imposto de Exportação – IE, Imposto sobre Produtos Industrializados – IPI e Imposto sobre Operações de Crédito, Câmbio, Seguros, Títulos e Valores Mobiliários – IO/Crédito, IO/Câmbio, IO/Seguros e IO/Títulos e Valores Mobiliários), na medida em que são utilizados como instrumento de política fiscal, regulando as operações de importação e de exportação, em conformidade com as necessidades internas do País.

No caso específico do ISS, a Constituição Federal de 1988 (artigo 156, § 3º, inciso II, da Constituição Federal de 1988) reserva à lei complementar o papel de isentar as exportações de serviços, o que foi efetuado pelo artigo 2º, inciso I, da Lei Complementar nº 116, de 31.07.03. Igualmente neste caso, não há ofensa ao princípio da territorialidade, na medida em que a exportação de serviços a que se referiu a Constituição Federal de 1988 configura-se na hipótese de serviço prestado no País a tomador residente e domiciliado no exterior.

Como não poderia deixar de ser, não existe na Constituição Federal de 1988 qualquer autorização para tributar pelo ISS fatos jurídicos aperfeiçoados em âmbito internacional, uma vez que a lei municipal que define a materialidade deste imposto não pode vincular fatos jurídicos ocorridos fora de seu campo de produção de efeitos jurídicos.

Da mesma forma, não seria juridicamente possível aceitar que a relação entre o fato que desencadeia a obrigação tributária com o território municipal se daria em razão de que o "resultado" do serviço, ainda que prestado integralmente no exterior, seria fruível na localidade em que está estabelecido o tomador do serviço. Isso porque a Constituição Federal de 1988 (artigo 156, inciso III) e o legislador complementar definiram como materialidade do imposto a "prestação de serviços", e não a "fruição de serviços", objeto de anterior análise neste estudo. Dessa forma, é cediço que não há competência constitucional para que os Municípios exijam o ISS sobre a "fruição de serviços".

Nem se alegue que o critério do "resultado" deva ser observado na "importação de serviço", na medida em que referido aspecto se mostra exclusivamente adotado na hipótese de "exportação de serviço", expressamente nos termos da Lei Complementar nº 116, de 31.07.03 (parágrafo único, artigo 2º).

A esse respeito, Gabriel Lacerda Troianelli e Juliana Gueiros[114] asseveram que a Lei Complementar nº 116, de 31.07.03, "não define, todavia, o que seja um serviço 'proveniente do exterior' ou 'cuja prestação tenha se iniciado no exterior', não tendo, nesse particular, havido o mesmo cuidado relativo à exportação, situação na qual a lei define, expressamente, os casos em que um serviço não se considera exportado".

Adicionalmente, o artigo 5º da Lei Complementar nº 116, de 31.07.03, define como sujeito passivo do ISS o "prestador do serviço". No entanto, o artigo 6º, § 2º, inciso I, da referida Lei Complementar atribui responsabilidade tributária aos tomadores de serviços do exterior, o que também contribui à inconstitucionalidade do ISS na hipótese.

A análise dos mencionados dispositivos legais não deixa dúvida de que se pretendeu alcançar fatos jurídicos aperfeiçoados por residentes e domiciliados no exterior, que seriam os pretensos contribuintes da exação tributária.

Portanto, parece-nos que o fato jurídico tributário "prestar serviços", que se aperfeiçoa no exterior, se encontra invariavelmente fora do campo de incidência do tributo municipal, sob pena de conferir indevida "extraterritorialidade" à legislação municipal. E, como o fato jurídico tributário não consiste em "fruir serviços", nem mesmo "pagar por serviços prestados", não há nexo causal que jus-

[114] GUEIROS, Juliana; TROIANELLI, Gabriel Lacerda. *O ISS e Exportação e Importação de Serviços*. In: MARTINS, Ives Gandra da Silva; PEIXOTO, Marcelo Magalhães. (Coords.). *ISS – LC 116/2003*. Curitiba e São Paulo: Juruá e Apet, 2004, p. 207.

tifique a obrigação imposta referente à incidência do ISS sobre a importação de serviços.

José Eduardo Soares de Melo[115] observa que

> (...) esse preceito não tem fundamento de validade no ordenamento constitucional, uma vez que objetiva alcançar fatos ocorridos fora do território nacional, além de criar uma esdrúxula obrigação tributária (inexistência de contribuinte prestador do serviço mediante a estipulação exclusiva do responsável, na pessoa do respectivo tomador). (...) A extraterritorialidade tem sido considerada em situações peculiares, com expressa determinação constitucional. (...) Assim, são específicas, excepcionais e limitadas as previsões de incidências tributárias relativamente a fatos, estados, negócios e situações ocorridas no exterior, ou delas decorrentes, como é o caso do Imposto de Renda, ICMS e Imposto de Importação. Portanto, não há amparo constitucional para exigir-se o ISS relativamente a serviço proveniente do exterior, ou cuja situação se tenha iniciado no exterior.

No que concerne ao "princípio da territorialidade", aplicável pelas legislações municipais, o Superior Tribunal de Justiça (STJ) manifestou postura jurídica no seguinte sentido de que "a lei municipal não pode ser dotada de extraterritorialidade, de modo a irradiar efeitos sobre um fato ocorrido no território de Município onde não se pode ter voga. Recurso a que se nega provimento, indiscrepantemente" (Recurso Especial nº 54.002/PE. 1ª Turma. Relator Ministro Demócrito Ramos Reinaldo. p. 08.05.95).

No que tange aos "serviços desenvolvidos no exterior", o Ministro Jacy Garcia Vieira manifestou entendimento jurídico asseverando que: "(...) a lei municipal não pode alcançar fatos geradores ocorridos no exterior e o ISS só incide sobre serviços descritos na lista anexa ao Decreto-Lei nº 834/69, prestados nos limites dos Municípios brasileiros" (Recurso Especial nº 26.827-1/SP. p. 16.11.92).

Na esfera administrativa, o Conselho Municipal de Tributos (CMT) da Secretaria de Fazenda da Prefeitura da Cidade de São Paulo tem manifestado reiterado entendimento no sentido de que não possui competência para "afastar a aplicação da legislação tributária por inconstitucionalidade ou ilegalidade" (parágrafo único, artigo 53, da Lei Municipal nº 14.107, de 12.12.05), portanto, em razão da expressa vedação legal, encontra-se impedido de apreciar questão relativa à incidência do ISS na importação de serviço, por envolver matéria constitucional, conforme se depreende, exemplificativamente, da análise do seguinte Acórdão:

---

[115] MELO, José Eduardo Soares de. Inconstitucionalidades da LC nº 116/2003. In: TORRES, Heleno Taveira (Coord.). *ISS na Lei Complementar nº 116/2003 e na Constituição*. São Paulo: Manole, 2004, p. 303-305.

(...) ALEGAÇÃO DE INCONSTITUCIONALIDADE NA TRIBUTAÇÃO DE IMPORTAÇÃO DE SERVIÇOS E INCONSTITUCIONALIDADE DO ITEM 1.05 DA LISTA DE SERVIÇOS ANEXA À LEI MUNICIPAL 13.407/03. IMPOSSIBILIDADE DE CONHECIMENTO PELO CMT (...) RECURSO PARCIALMENTE CONHECIDO E PARCIALMENTE PROVIDO."

VOTO:

(...)

Do que se extrai de suas razões, portanto, verifica-se que os argumentos expostos pelo recorrente foram pautados em termos constitucionais, matéria cuja apreciação refoge à competência deste Conselho Municipal de Tribunal – consonante artigo 53 da Lei 14.107/05.

Ademais, entendo que afastar os lançamentos baseados na importação de serviços acabaria por negar vigência ao texto expresso da Lei Complementar 116/03 que determina que o imposto incida também sobre o serviço proveniente do exterior do País (art. 1º, § 1º e art. 3º, I).

(...).

(Processo Administrativo nº 2014-0.186.091-1, 3ª Câmara Julgadora, Relatora Conselheira Débora Grubba Lopes, j. 25.09.15).

Na esfera judicial, especificamente no âmbito do Tribunal de Justiça de São Paulo (TJSP), observamos terem sido proferidas algumas Decisões reconhecendo a ilegitimidade da incidência do ISS na importação de serviços face à inobservância ao princípio da territorialidade (Apelação nº 0101584-09.2006.8.26.0000, 14ª Câmara de Direito Público, Relator Desembargador Gonçalves Rostey, j. 30.06.11; Apelação nº 0155480-98.2005.8.26.0000, 14ª Câmara de Direito Público, Relator Desembargador Gonçalves Rostey, j. 14.07.11; dentre outros).

No entanto, Acórdão proferido pelo Órgão Especial do Tribunal de Justiça de São Paulo, nos autos do Incidente de Arguição de Inconstitucionalidade Cível nº 0022463-72.2019.8.26.0000, manifestou postura jurídica nos termos da seguinte Ementa, *verbis*:

ARGUIÇÃO DE INCONSTITUCIONALIDADE Art. 1º, § 1º, e inciso I, do art. 3º da Lei Complementar nº 116, de 31 de julho de 2003, que "dispõe sobre o Imposto Sobre Serviços de Qualquer Natureza, de competência dos Municípios e do Distrito Federal, e dá outras providências" e dos art. 1º, § 1º e art. 3º da Lei Municipal nº 13.701, de 24 de dezembro de 2003, que "altera a legislação do Imposto sobre Serviços de Qualquer Natureza ISS". Afastamento da incidência do Imposto sobre Serviços de Qualquer Natureza (ISS) sobre importações de serviços. Inadmissibilidade. Lei Complementar nº 116/03 que ainda está em vigor. Egrégio Superior Tribunal de Justiça reconhece legalidade dessa arrecadação no caso de programas de computador. Pendente julgamento da repercussão geral Tema nº 590 do Eg. Supremo Tribunal Federal. Permanece, presentemente, a preservação da norma.

Ausente vício a invalidar os artigos das leis em questão. Precedentes. Princípio da territorialidade. Não observada violação ao preceito. Arguição rejeitada.

(TJSP, Incidente de Arguição de Inconstitucionalidade Cível nº 0022463-72.2019.8.26.0000, Órgão Especial, Relator Desembargador Álvaro Passos, Relator Designado Desembargador Evaristo dos Santos, Declaração de Voto Convergente Desembargador Moacir Andrade Peres, j. 23.10.19).

Em virtude da análise do referido Acórdão, entendemos que o Órgão Especial do Tribunal de Justiça de São Paulo (TJSP), com o devido respeito, se furtou em declarar a inconstitucionalidade da incidência do ISS sobre a importação de serviços (artigo 156, inciso III, da Constituição Federal de 1988 e princípio da territorialidade), remanescendo em aberto aludida questão, em virtude da adoção de premissas jurídico-processuais absolutamente equivocadas.

Primeiramente, ao asseverar a existência de manifestações proferidas pelo Superior Tribunal de Justiça (STJ) favoráveis à incidência do ISS na importação de cessão de uso de programa de computador personalizado em território estrangeiro, de forma absolutamente desacertada, fundamenta-se em Acórdãos nos quais tão somente se concluiu pela cobrança do imposto sobre a cessão de uso de *software* personalizado, sem sequer abordar questão de mérito relativa à incidência do ISS na importação de serviço (aliás, referida temática sequer foi objeto de impugnação pela parte litigante) em virtude da aplicação da própria Súmula nº 7 ("a pretensão de simples reexame de prova não enseja Recurso Especial"), bem como da Súmula nº 283, do Supremo Tribunal Federal ("é inadmissível Recurso Extraordinário, quando a decisão recorrida assenta em mais de um fundamento suficiente e o recurso não abrange todos eles").

Adicionalmente, ao pontuar ser prudente a preservação da norma jurídica (artigo 1º, § 1º, e inciso I, do artigo 3º, da Lei Complementar nº 113/03) em virtude do fato de que a questão da constitucionalidade da incidência do ISS sobre a importação de serviços se encontrara pendente de apreciação e julgamento pelo Supremo Tribunal Federal (STF) do Tema nº 590 de Repercussão Geral, incorre em flagrante engano, uma vez que aludido o Tema nº 590 diz respeito, simplesmente, à "incidência de ISS sobre contratos de licenciamento ou de cessão de programas de computador (*software*) desenvolvidos para clientes de forma personalizada", não contemplando a incidência do imposto sobre a importação de serviços.

Em face do exposto, exigir o ISS sobre "serviço proveniente do exterior do País", bem como sobre serviço "cuja prestação se tenha iniciado no exterior do País" parece-nos (a) configurar desnaturação da regra-matriz de incidência tributária insculpida pelo artigo 156, inciso III, da Constituição Federal de 1988; (b) atribuição inconstitucional de eficácia extraterritorial às leis municipais; (c) desvirtuamento do sistema federativo; e (d) violação ao artigo 22, inciso VIII, da Constituição Federal de 1988, na medida em que se estaria permitindo aos Municípios legislar sobre matéria privativa da União.

Em complemento, a Constituição Federal de 1988 contempla os tributos que podem incidir sobre situações ocorridas fora do território nacional, a saber: Imposto de Importação – II (artigo 153, inciso I); Imposto de Renda da Pessoa Física (IRPF) e Imposto de Renda da Pessoa Jurídica (IRPJ) (artigo 153, inciso III); Imposto sobre Operações Relativas à Circulação de Mercadorias e sobre Serviços de Transporte Interestadual, Intermunicipal e de Comunicação (ICMS), relativamente às operações e prestações que se iniciem no exterior (artigo 155, inciso II) e aos serviços prestados exclusivamente no exterior (artigo 155, inciso IX, alínea "a"); Imposto sobre a Transmissão de Bens e Direitos *Causa Mortis* e Doações (ITCMD), no caso de bens situados no exterior (artigo 155, incisos I e III, alínea "b"); Contribuições sobre Intervenção de Domínio Econômico (CIDE); Contribuição ao Programa de Integração Social (PIS/Importação) (artigo 149, § 2º, inciso II); e Contribuição ao Financiamento da Seguridade Social (COFINS/Importação) (artigo 195, inciso IV).

Constituem elementos de conexão nos impostos sobre o rendimento e o capital dois superiores princípios: o da "fonte", em que prevalece o país onde se obtém a renda produzida; e o da "residência", onde reside o titular dos fundos fornecidos e que aufere a renda dos capitais investidos no exterior.

A esse respeito, Mary Elbe Queiroz[116] assevera que "o Imposto sobre a Renda deverá ser informado pela 'universalidade' significando que as 'rendas' ou 'proventos' (ganhos ou lucros) de todas as espécies e gêneros, independentemente da denominação, localização, condição jurídica, nacionalidade da fonte e da sua origem, salvo os protegidos pelas imunidades e aqueles expressamente excluídos por lei, deverão submeter-se à incidência do imposto".

Em virtude do critério da universalidade, mencionada situação não se caracteriza como agressão à ordem jurídica no tocan-

[116] QUEIROZ, Mary Elbe. *Imposto sobre a Renda e Proventos de Qualquer Natureza*. Barueri: Manole, 2004, p. 35.

te ao aspecto espacial da regra de incidência do Imposto sobre a Renda, fixando critérios extraterritoriais de tributação, para alcançar operações e rendimentos pertinentes ao exterior. Dessa forma, são específicas, excepcionais e limitadas as previsões de incidências tributárias no que concerne a fatos, estados, negócios e situações ocorridos no exterior ou dele decorrentes.

Aspecto relevante se apresenta no sentido de que "essa incidência provavelmente enfrentará a objeção por parte de alguns doutrinadores, tendo em vista que, para o ICMS, a Constituição Federal prevê expressamente (...) a incidência do imposto 'ainda que as operações e as prestações se iniciem no exterior', previsão esta que não incide para o ISS (...) todavia, que, além do ICMS, também incide o IPI sobre a entrada de produtos industrializados no País, sem que a Constituição Federal autorize, expressamente, tal incidência".[117]

José Eduardo Soares de Melo[118] assevera que "não se aceita a invocação da exigência do IPI sob a assertiva de que incide sobre industrializações realizadas no exterior. Realmente, a Constituição Federal outorga competência à União relativamente a específico imposto (federal) relativo à importação de produtos estrangeiros (Imposto de Importação), não tendo sentido e nem fundamento jurídico (constitucional) a cobrança de um outro imposto federal que se funda em norma inferior à Constituição Federal (artigo 46 do CTN)".

Da mesma forma, não se sustenta o argumento de que se objetiva fomentar a economia nacional, desestimulando a importação de serviços, fundada em lei complementar, uma vez que competiria à Constituição Federal de 1988 tratar de referida discriminação, como até mesmo agiu no caso do ICMS ao ampliar a tributação nas operações de importação (artigo 155, inciso IX, alínea "a", na redação da Emenda Constitucional nº 33, de 11.12.01).

Entendemos que o tomador de serviços jamais poderia ocupar o polo passivo da obrigação tributária do ISS, na medida em que o regime jurídico do imposto estabelece seu único sujeito passivo, qual seja, o contribuinte (prestador do serviço), que compõe a regra-matriz de incidência.

---

[117] GUEIROS, Juliana; TROIANELLI, Gabriel Lacerda. O ISS e Exportação e Importação de Serviços. In: MARTINS, Ives Gandra da Silva; PEIXOTO, Marcelo Magalhães. (Coords.). *ISS – LC 116/2003*. Curitiba e São Paulo: Juruá e Apet, 2004, p. 204.

[118] MELO, José Eduardo Soares de. *ISS. Teoria e Prática*. 7ª ed. São Paulo: Malheiros e JusPodivm, 2017, p. 374.

Em face do exposto, com o devido respeito ao entendimento jurídico em sentido oposto, concluímos inexistir base constitucional para exigir-se o ISS relativamente a "serviço proveniente do exterior do País" ou serviço "cuja prestação se tenha iniciado no exterior do País".

3.2.1. Serviço iniciado no exterior. Aplicação da teoria da preponderância

No que concerne às importações de serviços, procuramos demonstrar relevante argumentação acerca da impossibilidade jurídica de incidência do ISS, tanto no caso de "serviço proveniente do exterior" como na hipótese de serviço "cuja prestação se tenha iniciado no exterior". Nesse aspecto, manifestamos nosso posicionamento embasado, essencialmente, no seguinte entendimento: ausência de previsão constitucional; matéria reservada à União; desrespeito ao princípio da territorialidade; inaplicabilidade dos tratados internacionais ao ISS; critério da extrafiscalidade não alcança o ISS; a observância ao conceito de "resultado" do serviço, que se aplica exclusivamente na exportação de serviço; impossibilidade de exigência do imposto do tomador do serviço; inexistência de apreciação da questão pelo Superior Tribunal de Justiça (STJ) e pelo Supremo Tribunal Federal (STF), dentre outros.

A esse respeito, em complemento às justificativas acima elencadas, entendemos extremamente relevante apresentar argumento jurídico, em nosso sentir, aparentemente inovador, relativo à impossibilidade da referida incidência, consistente na verificação da natureza jurídica, em virtude da aplicação da intitulada "Teoria da Preponderância", na "etapa" desenvolvida pelo prestador estrangeiro no País, em favor do tomador do serviço brasileiro.

Isso porque, na hipótese de a "etapa" desenvolvida no País, pelo prestador estrangeiro, relativa ao serviço "cuja prestação se tenha iniciado no exterior", se caracterizar como mera "tarefa-complementar", "tarefa-preparatória", "tarefa-periférica", "tarefa-acessória", dentre outras, configurando simples "atividade-meio", não poderá se cogitar da incidência do ISS, na medida em que não compreende a materialidade do imposto, que consiste, na prestação do "serviço-fim".

Aires Fernandino Barreto,[119] reiteramos, observou detidamente que o "alvo da tributação é o esforço humano prestado a terceiros

---

[119] BARRETO, Aires Fernandino. ISS. Atividade-Meio e Serviço-Fim. *Revista Dialética de Direito Tributário* nº 5. São Paulo: 1996, p. 82.

com fim ou objeto. Não as suas etapas, passos ou tarefas intermediárias, necessárias à obtenção do fim", revelando-se juridicamente inadmissível, em matéria de ISS, pretensão relativa ao fracionamento do "serviço-fim" nas suas inerentes "atividades-meio", consequentemente submetendo-as à tributação individualizada sob supostas configurações de materialidades autônomas e independentes.

Marcelo Caron Baptista[120] observa que "sempre que o intérprete conhecer o fim do contrato, ou seja, descobrir aquilo que denominamos 'prestação-fim', saberá ele que todos os demais atos relacionados a tal comportamento são apenas 'prestações-meio' da sua realização", sendo certo que "o elemento decisivo está na prestação-fim, que definirá se há ou não incidência do ISS", mas alerta, contudo, que a "prestação-fim" não pode ser confundida com o "ato concreto final" realizado pelo prestador do serviço, pois, embora se trate de "prestação de serviço", pode compreender, até mesmo, uma obrigação de dar, de forma que a mera entrega do resultado do serviço pelo prestador em favor do tomador não tem o condão de modificar a natureza jurídica da prestação de serviço.

Em face das referidas lições doutrinárias, entendemos pela invariável absorção das "atividades-meio" (complementares, periféricas, preparatórias e acessórias) pelo "serviço-fim", o qual configura, única e exclusivamente, o aspecto material da regra-matriz de incidência tributária do imposto municipal.

Ressaltamos que referidas manifestações doutrinárias se encontram em absoluta consonância às manifestações jurisprudenciais, sendo que a "teoria da preponderância" ("atividade-meio" e "serviço-fim"), por inúmeras vezes, foi encampada pelo Superior Tribunal de Justiça (STJ), conforme se depreende dos seguintes julgados:

> Conforme consignado na decisão agravada, o Município de Santo Ângelo pretende cobrar ISS sobre os serviços de pulverização de lavouras, os quais são prestados pela recorrente por meio de aviões.
>
> (...)
>
> Assim, por meio de uma interpretação extensiva do dispositivo, conclui-se que qualquer serviço de pulverização, seja ele realizado por vias terrestres ou aéreas, constitui fato gerador do ISS.
>
> (...)
>
> Ressalta-se que, conforme consta do aresto impugnado, "não há confundir o serviço com o modo de prestá-lo. Por exemplo, relativamente ao serviço de pulveri-

[120] BAPTISTA, Marcelo Caron. *ISS do Texto à Norma*. São Paulo: Quartier Latin, 2005, p. 284.

zação, e não de aviação como pensa a impetrante, fato gerador é a prestação do serviço de pulverização, que vem a ser 'atividade-fim'. Desimporta o modo como são prestados, se por meios aéreos, terrestres, etc., que são 'atividades-meio', e assim igualmente os demais. Para vingar a tese da apelante, impunha-se constar na lei, por exemplo, 'serviços de pulverização por meios terrestres'. Aí, sim, estaria excluída a tributação quando prestados por meios aéreos".

(AgRg no Agravo de Instrumento nº 999.335/RS, 1ª Turma, Relatora Ministra Denise Arruda, j. 06.05.08).

TRIBUTÁRIO. ISS. SERVIÇO DE TELECOMUNICAÇÃO. ATIVIDADE-MEIO. NÃO INCIDÊNCIA. PRECEDENTES. SÚMULA 83/STJ. 1. O Superior Tribunal de Justiça firmou entendimento no sentido de que, independente da cobrança pela prestação de serviço, "não incide ISS sobre serviços prestados que caracterizam atividade--meio para atingir atividades-fim, no caso a exploração de telecomunicações" (REsp 883254/MG, Rel. Min. José Delgado, Primeira Turma, julgado em 18.12.2007, DJ 28.2.2008 p. 74). Precedentes. Incidência da Súmula 83/STJ.

(AgRg no Agravo em Recurso Especial nº 445.726/RS, 2ª Turma, Relator Ministro Humberto Eustáquio Soares Martins, j. 18.02.14).

No que tange às demais espécies, consignou-se no precedente citado que: "Os contratos de afretamento por tempo ou por viagem são complexos porque, além da locação da embarcação, com a transferência do bem, há a prestação de uma diversidade de serviços, dentre os quais se inclui a cessão de mão-de-obra", de modo que "não podem ser desmembrados para efeitos fiscais (Precedentes desta Corte) e não são passíveis de tributação pelo ISS porquanto a específica atividade de afretamento não consta da lista anexa ao DL 406/68.

(...)

Contudo, como bem observado no precedente citado, a jurisprudência desta Corte – em hipóteses em que se discutia a incidência do ISS sobre os contratos de franquia, no período anterior à vigência da LC 116/2003 – firmou-se no sentido de que não é possível o desmembramento de contratos complexos para efeitos fiscais (REsp 222.246/MG, 1ª Turma, Rel. Min. José Delgado, DJ de 4.9.2000; REsp 189.225/RJ, 2ª Turma, Rel. Min. Francisco Peçanha Martins, DJ de 4.09.01).

Por tais razões, mostra-se ilegítima a incidência do ISS sobre o contrato de afretamento de embarcação, em relação às três espécies examinadas.

(Recurso Especial nº 1.054.144/RJ, 1ª Turma, Relatora Ministra Denise Arruda, j. 17.11.09).

A jurisprudência do STJ afirma que, "envolvendo a atividade, bens e serviços, a realidade econômica que interessa ao Direito Tributário impõe aferir o desígnio final pretendido pelo sujeito passivo tributário, distinguindo-se a atividade meio, da atividade fim, esta última o substrato da hipótese de incidência". (REsp 805.317, Rel. p/ acórdão Min. Luiz Fux, DJ 17.8.2006).

(STJ, AgRg no Recurso Especial nº 1.251.753/ES, 2ª Turma, Relator Ministro Humberto Eustáquio Soares Martins, j. 04.10.11).

> No mais, conforme consta na decisão agravada, consolidou-se no âmbito da 1ª. Seção o entendimento de que não incide o ISS sobre os serviços de atividade-meio indispensáveis ao alcance da atividade-fim, prestados pelas companhias telefônicas. A propósito, citam-se os seguintes julgados:
>
> (...)
>
> Especificamente sobre os serviços discutidos nos presentes autos, quais sejam, serviços congêneres aos serviços de expediente e secretaria em geral, ambas as Turmas da 1a. Seção também já reconheceram que são consideradas atividade-meio, não se sujeitando a cobrança da exação em comento.
>
> (...).
>
> (Agravo Interno no Agravo Regimental no Agravo em Recurso Especial nº 478476/RJ, 1ª Turma, Relator Ministro Napoleão Nunes Maia Filho j. 20.02.18).

Portanto, em face dos entendimentos doutrinários e jurisprudenciais, não se revela juridicamente possível fracionar o "serviço-fim" em sua completude, nas diversas "atividades-meio" que o compõem, com a finalidade específica de se pretender exigir a incidência do imposto, de forma individualizada, autônoma e independente.

Sob este prisma, entendemos absolutamente imprescindível e extremamente relevante a aplicação da "Teoria da Preponderância" no caso da importação de serviço "cuja prestação se tenha iniciado no exterior do País", de maneira que seja examinada a natureza jurídica da "tarefa" desenvolvida no País pelo prestador estrangeiro, o que permitirá, evidentemente, uma das seguintes conclusões: na hipótese de consistir em simples "atividade-meio", entendemos ser impertinente a incidência do ISS; ou na hipótese de configurar "serviço-fim", poderia implicar em tese, na incidência do imposto, se não fossem os demais argumentos jurídicos que afastam referida possibilidade, nos termos do presente estudo.

No intuito de se comprovar que a caracterização da "tarefa" desenvolvida no País pelo prestador estrangeiro, no caso da importação de serviço "cuja prestação se tenha iniciado no exterior do País", como mera "atividade-meio", afasta a incidência do ISS, apresentamos os seguintes exemplos concretos:

a) Importação de serviço de programa de computador (*software*), envolvendo pessoa jurídica brasileira (tomadora do serviço) e pessoa jurídica estrangeira (prestadora do serviço), cujo desenvolvimento do sistema operacional contratado ocorreu no exterior do País, mas que implicou na visita de profissional especializado do corpo técnico da prestadora de serviço estrangeira, no estabelecimento da tomadora do serviço localizado no Brasil, para fins de implementação e/ou treinamento.

Neste caso, considerando que as tarefas desenvolvidas no Brasil, pelo profissional especializado do prestador de serviços estrangeira, configuram "atividades-meio", bem como ao fato de que o efetivo objeto da "importação do serviço", qual seja, o serviço de desenvolvimento de programa de computador (*software*) ocorreu no exterior ("serviço-fim"), não haveria que se falar em exigência do ISS.

b) Importação de serviço de elaboração de projeto de arquitetura por pessoa jurídica brasileira (tomadora do serviço) e pessoa jurídica estrangeira (prestadora do serviço), cujo levantamento gráfico, estudo preliminar, anteprojeto, projeto legal, projeto executivo e detalhamento construtivo foram realizados no exterior do País, mas que compreendeu visita de arquiteto da prestadora de serviço estrangeira ao estabelecimento da tomadora do serviço localizado no Brasil, para entendimentos e esclarecimentos adicionais relativos às plantas e aos documentos previamente disponibilizados.

Nesta hipótese, sendo cediço que as tarefas desenvolvidas no Brasil, pelo arquiteto da prestadora de serviços estrangeira, consistem em "atividades-meio", acrescidas da circunstância de que o real objeto da "importação do serviço", qual seja, a elaboração do projeto de arquitetura ocorreu no exterior ("serviço-fim"), pretensão relativa à incidência do ISS se mostra juridicamente descabida.

c) Importação de serviço relativo à inseminação artificial em gado de corte por pessoa jurídica brasileira (tomadora do serviço) e pessoa jurídica estrangeira (prestadora do serviço), cuja pesquisa, estudo e análise relativa a genealogia, morfologia e biotecnologia foram desenvolvidos no exterior do País, mas que implicou a obrigatoriedade do deslocamento de veterinário da prestadora de serviço estrangeira, ao estabelecimento da tomadora do serviço localizado no Brasil, para realização dos procedimentos de inseminação animal (detecção do cio, limpeza do animal, adequado manejo do recipiente do sêmen do touro, montagem da palheta e aplicação do material no útero do aparelho reprodutor da vaca).

Neste caso, ao contrário dos exemplos anteriores, as tarefas desenvolvidas no exterior, pelo veterinário da prestadora de serviços estrangeira, consistem em "atividades-meio", ao passo que o objeto pretendido na "importação do serviço", relativo à inseminação artificial de gado de corte, ocorreu no País ("serviço-fim"), possibilitando a incidência do imposto, embora nos pareça inadequado sob o aspecto jurídico, em virtude dos demais argumentos devidamente elencados.

Em face do exposto, parece-nos que, por meio da aplicação da "Teoria da Preponderância" sobre a importação de serviço "cuja prestação se tenha iniciado no exterior do País", investigando a natureza jurídica da "tarefa desenvolvida" no País pelo prestador estrangeiro, poder-se-ia concluir que, na hipótese de tratar-se de mera "atividade-meio", não haveria fundamento jurídico para a incidência do imposto e, no caso de se configurar "serviço-fim", a incidência do imposto se revelaria possível (no entanto, no segundo caso, robusta argumentação jurídica afastaria referida incidência, conforme abordado neste estudo).

3.3. ISS na exportação de serviço

A Constituição Federal de 1988 estabelece que compete à lei complementar "excluir de sua incidência exportações de serviços para o exterior" (artigo 156, § 3º, inciso II), face ao que a Lei Complementar nº 116, de 31.07.03, determinou que: "Art. 2º. O imposto não incide sobre: I – as exportações de serviços para o exterior do País; (...) Parágrafo único. Não se enquadram no disposto no inciso I os serviços desenvolvidos no Brasil, cujo resultado aqui se verifique, ainda que o pagamento seja feito por residente no exterior".

Em face dos referidos comandos normativos, Gabriel Lacerda Troianelli e Juliana Gueiros[121] observam que "dois elementos são vitais para a caracterização do 'resultado' (e o respectivo local da ocorrência): (i) o beneficiário efetivo do serviço (quem está consumindo) – que deve estar fixado no exterior para que haja exportação –, e (ii) a delimitação dos efeitos imediatos diretos da prestação de serviço, descartando-se de plano quaisquer efeitos secundários".

Na medida em que o artigo 2º, parágrafo único, da Lei Complementar nº 116, de 31.07.03, estabelece condição para considerar a não incidência do ISS, como o resultado no exterior de serviços desenvolvidos no Brasil, revela-se imperioso compreender o significado do termo "resultado" decorrente do entendimento dado aos "serviços desenvolvidos no Brasil".

[121] GUEIROS, Juliana; TROIANELLI, Gabriel Lacerda. O ISS e Exportação e Importação de Serviços. In: MARTINS, Ives Gandra da Silva; PEIXOTO, Marcelo Magalhães. (Coords.). *ISS – LC 116/2003*. Curitiba e São Paulo: Juruá e Apet, 2004, p. 202.

Marcelo Marques Roncaglia[122] observa que a isenção do ISS na exportação de serviço pressupõe que o resultado da prestação ocorra no exterior, sempre que a utilidade oriunda do serviço seja fruída no exterior.

Por sua vez, o termo "resultado" significa "o que resulta, o que é a consequência, o efeito de uma ação"[123] ou, ainda, como "ação ou efeito de resultar (...) o que resultou ou resulta em alguma coisa; consequência, efeito, produto; fim, termo".[124]

Mariana Oiticica Ramalho[125] pondera que a expressão "foi empregada no intuito de caracterizar a prestação de serviço a não residente", sendo este "o beneficiário real e final dos serviços", significando a "efetiva prestação de serviços a não residente". Desta forma, "não basta, pois, ser não residente, é necessário ser o efetivo tomador do serviço".

Paulo de Barros Carvalho[126] observa que "tem-se 'exportação de serviço': (i) quando a atividade é desenvolvida no exterior e lá tem seu resultado verificado; ou (ii) quando a execução se realiza em território nacional mas os respectivos efeitos são desencadeados no exterior".

Por seu turno, Humberto Ávila[127] pontifica que o "resultado do serviço é a utilidade que ele visa a criar. O esforço humano é o seu desenvolvimento; a utilidade, seu resultado. O tomador do serviço, quando contrata um serviço, quer o resultado do esforço humano. A utilidade ou bem material, portanto. É isso, inclusive, que é objeto da remuneração".

---

[122] RONCAGLIA, Marcelo Marques. O ISS e a Importação e Exportação de Serviços. *Revista Dialética de Direito Tributário* nº 129. São Paulo: 2006, p. 111.

[123] HOUAISS, Antonio; VILLAR, Mauro de Salles; FRANCO, Francisco Manoel de Mello. *Dicionário Houaiss da Língua Portuguesa*. Rio de Janeiro: Objetiva, 2001, p. 2443.

[124] MICHAELIS. *Moderno Dicionário da Língua Portuguesa*. São Paulo: Melhoramentos, 1998, p. 1.832.

[125] RAMALHO, Mariana Oiticica. ISS – Serviços de Importação e Exportação. In: Vários Autores. *Imposto sobre Serviço de Acordo com a Lei Complementar nº 116/2003*. São Paulo: Quartier Latin, 2004, p. 123.

[126] CARVALHO, Paulo de Barros. O Conceito de 'Exportação de Serviços' para fins de Não-Incidência do Imposto sobre Serviços de Qualquer Natureza. *Revista de Direito Tributário* nº 100. São Paulo: 2008, p. 18.

[127] ÁVILA, Humberto. Imposto sobre a Prestação de Serviços de Qualquer Natureza. Exportação de Serviços. Lei Complementar nº 116/2003. Isenção: Requisitos e Alcance. Conceitos de Desenvolvimento de Serviço e "Verificação do seu Resultado". *Revista Dialética de Direito Tributário* nº 134. São Paulo: 2006, pp. 101-109.

Adicionalmente, Roque Antonio Carrazza[128] assevera que:

> (...) pouco importa, para fins de isenção de ISS, se o serviço foi totalmente prestado no Brasil, se sua prestação aqui apenas se iniciou, ou se foi integralmente executado no exterior. Em qualquer destas hipóteses, não haverá incidência, porque o resultado da prestação se fez sentir no exterior.
>
> Apenas haverá incidência quando uma prestação de serviços avençada entre um nacional e um estrangeiro (pessoa domiciliada ou sediada no exterior), irradie seus efeitos no Brasil.

Elizabeth Nazar Carrazza[129] observa que, "no caso do serviço a destinatário localizado no exterior, só estará prestado quando o tomador dele puder efetivamente dispor. E quando isto se dá? Quando, uma vez entregue, estiver em condições de ser fruído, no País onde o tomador se encontra domiciliado ou sediado. Em resumo, quando o serviço lhe trouxer – ou estiver apto a lhe trazer – a almejada utilidade".

Ao examinar referida questão, Fabio Clasen de Moura[130] observa que "não se isenta o resultado das prestações de serviços pelo simples fato de que os mesmos não podem ser tributados. O ISS incide sobre as prestações de serviços, independentemente de haver ou não resultado", sendo certo que, "para serem considerados exportados, os serviços podem aqui ser desenvolvidos, assim entendidos como originados ou mesmo gerados, ou seja, algumas das atividades-meio podem aqui ser desenvolvidas, mas torna-se imperioso o reconhecimento de que as atividades-fim, o fato tributário perfeito e acabado, há que se perfazer no exterior, onde deve ser localizado o critério de conexão real".

Anselmo Zilet Abreu[131] aponta que é o "resultado do serviço e, então, a fruição do serviço, a utilidade proporcionada pelo mesmo, que constitui a causa objetiva e direta da contratação do serviço, o motivo imediato pelo qual o tomador contrata o serviço, desconsiderando-se os efeitos mediatos. E exportação de serviços, isenta do ISS, representa os serviços prestados no Brasil, cuja fruição, utilidade ou exploração se dê no exterior".

---

[128] CARRAZZA, Roque Antonio. *Curso de Direito Constitucional Tributário*. 32ª ed. São Paulo: Malheiros, 2019, p. 878-879.

[129] CARRAZZA, Elizabeth Nazar. Prefácio. In: ABREU, Anselmo Zilet. *Imposto sobre Serviços. ISS na Exportação e na Importação de Serviços*. São Paulo: Quartier Latin, 2019. p. 10.

[130] MOURA, Fabio Clasen de. *Imposto sobre Serviços; Operações Intermunicipais e Internacionais. Importação e Exportação*. São Paulo: Quartier Latin, 2007. pp. 165-166.

[131] ABREU, Anselmo Zilet. *Imposto sobre Serviços. ISS na Exportação e na Importação de Serviços*. São Paulo: Quartier Latin, 2019. p. 264.

Fernanda Ramos Pazello[132] observa que, "no caso de serviços, também deve se exigir que a tributação ocorra no local onde estabelecido o seu destinatário ou o beneficiário dos serviços. Dentro dessa concepção, deve-se tributar o serviço onde esteja localizado o tomador que usufruirá desse serviço, independentemente de quem seja a fonte pagadora".

A finalidade da desoneração do ISS consiste em promover o desenvolvimento nacional, fomentar as atividades internacionais, gerar empregos, colocação dos serviços prestados por brasileiros em situação de igualdade no exterior, aumento do superávit na balança comercial, decorrendo o natural ingresso de divisas no País.

3.3.1. *Jurisprudência administrativa*

Na esfera administrativa, o Conselho Municipal de Tributos (CMT) da Secretaria de Fazenda da Prefeitura da Cidade de São Paulo manifestou entendimentos divergentes acerca da aplicação da isenção do imposto sobre a exportação de serviço, conforme se depreende dos Acórdãos transcritos, de forma exemplificativa, a saber:

> ISS. (...) EXPORTAÇÃO DE SERVIÇOS. EXAME DA NATUREZA ESPECÍFICA DO CONTRATO. SERVIÇOS PRESTADOS NO BRASIL. RESULTADO EXCLUSIVAMENTE NO EXTERIOR. PESQUISAS REALIZADAS EM TERRITÓRIO NACIONAL PARA UTILIZAÇÃO DA MATRIZ AMERICANA PARA O EVENTUAL DESENVOLVIMENTO DE REMÉDIOS E TRATAMENTOS PARA DOENÇAS DIVERSAS. CLÁUSULA DE EXCLUSIVIDADE E SIGILO DAS INFORMAÇÕES. CONFIGURAÇÃO DA EXPORTAÇÃO EM VISTA DAS PECULIARIDADES DO CASO CONCRETO. ISENÇÃO RECONHECIDA COM A ANULAÇÃO DOS AUTOS DE INFRAÇÃO.
>
> (Processo Administrativo nº 2014-0.206.218-0, 1ª Câmara Julgadora, Relator Conselheiro Murilo Galeote, j. 27.11.14).
>
> ISS. (...). Receitas decorrentes de serviços prestados no exterior – incidências anteriores à entrada em vigor do art. 2º, I, da LC 116 que regulamentou a exclusão da incidência do Imposto sobre Serviços "as exportações de serviços para o exterior do País" – par. único – "resultado" equiparado à conclusão do serviço – nota fiscal emitida pelo estabelecimento prestador deste município com recolhimento parcial – imputação de parte da nota a serviços alegadamente prestados no exterior – ausência de provas ou critérios de imputação – manutenção do lançamento. (...).
>
> (Processo Administrativo nº 2010-0.043.826-7, 3ª Câmara Julgadora, Relatora Conselheira Regina Vitória Garcia e Silva, j. 02.06.10).

---

132 PAZELLO, Fernanda Ramos. O ISS e a Exportação de Serviços: Conceito de Resultado e o Princípio do Destino nas Atividades Voltadas à Economia Digital. In: FARIA, Renato Vilela; MONTEIRO, Alexandre Luiz Moraes do Rêgo; SILVEIRA, Ricardo Maitto da. (Coords.). *Tributação da Economia Digital*. São Paulo: Saraiva, 2018, pp. 411-429.

ISSQN – EXPORTAÇÃO DE SERVIÇO – INSUFICIÊNCIA DE PROVAS – RECURSO CONHECIDO E NÃO PROVIDO. Para se falar em exportação de serviços é preciso que o serviço seja prestado no Brasil, para alguém que o contrata no exterior e cujo resultado se opera também no exterior, não bastando que apenas a fonte pagadora lá esteja. Não restando caracterizada a exportação dos serviços, impõe-se a manutenção dos autos de infração.

(Processo Administrativo nº 2014-0.171.603-9, 3ª Câmara Julgadora, Relatora Conselheira Shirley Fernandes Marcon Chalita, j. 10.12.15).

ISS – EXERCÍCIOS DE 2008, 2009, 2010, 2011 e 2012 – EXPORTAÇÃO DE SERVIÇOS – COMPETÊNCIA DESTE CMT PARA APRECIAÇÃO DA MATÉRIA – PRESTAÇÃO DE SERVIÇOS DE TECNOLOGIA DE INFORMAÇÃO DE FORMA REMOTA PARA CLIENTES E EMPRESAS DO GRUPO LOCALIZADOS NO EXTERIOR – PARCIAL COMPROVAÇÃO DA FRUIÇÃO DO RESULTADO FORA DO PAÍS – RECURSO CONHECIDO E PARCIALMENTE PROVIDO.

(Processo Administrativo nº 2014-0.275.515-1, 2ª Câmara Julgadora, Relator Conselheiro Marcelo Muratori, j. 26.02.16).

EXPORTAÇÃO DE SERVIÇOS – PRESTAÇÃO DE SERVIÇOS PARA FUNDOS *OFFSHORE* – RESULTADO DOS SERVIÇOS VERIFICADO NO EXTERIOR E NÃO NO BRASIL. CONHECIDO E PROVIMENTO PARCIAL POR UNANIMIDADE.

(Processo Administrativo nº 2011-0.125.786-1, 1ª Câmara Julgadora, Relator Conselheiro José Alberto Oliveira Macedo, j. 26.10.12).

ISS – SERVIÇOS DE LICENCIAMENTO E CESSÃO DE DIREITO DE USO SOFTWARE – INCIDÊNCIA DE ISS PREVISTA NA LISTA DE SERVIÇOS. AFASTAMENTO DA INCIDÊNCIA POR SE TRATAR DE EXPORTAÇÃO DE SERVIÇO – SOCIEDADES EMPRESÁRIAS BENEFICIÁRIAS DOS SERVIÇOS ESTABELECIDAS SOMENTE NO EXTERIOR (MÉXICO, ESPANHA E MALTA) – RESULTADO NO EXTERIOR. CONHECIDO E DADO PROVIMENTO POR MAIORIA – 4 X 2.

(Processo Administrativo nº 2012.0-316.895-7. 1ª Câmara Julgadora, Relatora Conselheira Nathaly Campitelli Roque, Voto Divergente Conselheiro José Alberto Oliveira Macedo, j. 14.06.13).

ISS. AGÊNCIA DE VIAGENS E TURISMO. EXPORTAÇÃO DE SERVIÇOS. COMPETÊNCIA DO CMT. DECADÊNCIA. RECONHECIMENTO QUANTO AOS FATOS GERADORES DE JANEIRO A JULHO DE 2009. RESULTADO DO SERVIÇO VERIFICADO NO EXTERIOR.

(Processo Administrativo SEI 6017.2015/0000841-8, 3ª Câmara Julgadora, Relatora Conselheira Shirley Fernandes Marcon Chalita, j. 04.03.16).

3.3.2. *Jurisprudência judicial*

Na esfera judicial, é cediço que referida questão ainda não se encontra pacificada. No que concerne ao reconhecimento da isenção do ISS na exportação de serviço, o Tribunal de Justiça de São Paulo (TJSP) proferiu os seguintes entendimentos, *verbis*:

> Apelação. Repetição de Indébito Tributário. Empresa Química farmacêutica. Exportação de Serviços de Pesquisa para Empresas do Mesmo Grupo Econômico no Exterior. Cláusula de Exclusividade na fruição do serviço pela Tomadora. Inteligência dos art. 156, § 3º, II da CF e art. 2º I e par. Único da LC 116/03. Dúvida sobre o conceito de "resultado". Aplicação dos métodos jurídicos de interpretação. Resultado deve ser entendido como "fruição", com o aproveitamento ou efeito do serviço (proveito econômico) exclusividade no exterior, tomando-se por base o objeto do contrato e a finalidade do serviço para o tomador (aspecto sujetivo). Hipótese de isenção configurada. Declarada nulidade do lançamento tributário. Indébito caracterizado. Repetição do indébito devido. Decisão reformada. Recurso provido.
>
> (Apelação nº 0038110-26.2011.8.26.0053, 14ª Câmara de Direito Público, Rel. Des. Henrique Harris Júnior, j. 14.08.14 p. 18.08.14).
>
> APELAÇÃO. Ação declaratória de inexistência de relação jurídica tributária. Autora/Apelante exporta serviços de assessoria e consultoria financeira e de gestão de carteira de investimentos a clientes domiciliados no exterior. Assim, tal atividade se enquadra no disposto previsto inciso I do art. 2º da Lei Complementar nº 116/03. Deram provimento ao recurso, com inversão do ônus da sucumbência.
>
> (Apelação nº 0057880-68.2012.8.26.0053, 18ª Câmara de Direito Público, Rel. Des. Osvaldo Capraro, j. 22.05.14. p. 03.06.14).
>
> APELAÇÃO CÍVEL. Mandado de Segurança. ISSQN Exportação. Incidência do ISS nas exportações de serviços para o exterior, desde que o serviço desenvolvido no Brasil não produza nenhum resultado no território brasileiro. Isenção de tributação de ISSQN. Necessária a reforma da sentença. Recurso Provido.
>
> (...)
>
> Portanto, diante do quadro fático apresentado nos autos, restou caracterizado a exportação de serviço pela apelante/impetrante, o que é de rigor o afastamento da cobrança do ISS naquelas prestações de serviço para o exterior do Brasil, cujo resultado no exterior, é de rigor a reforma da sentença.
>
> (Apelação nº 0022905-83.2013.8.26.0053, 14ª Câmara de Direito Público, Rela. Desa. Mônica Serrano, j. 11.09.14).
>
> AÇÃO DECLARATÓRIA DE INEXISTÊNCIA DE RELAÇÃO TRIBUTÁRIA. ISS. Município de São Bernardo do Campo Alegação de falta de enquadramento legal Serviços de informática Bancos de dados hospedados no país, mas acessados no exterior configurando exportação – Cobrança ilegítima – Perícia judicial bem fundamentada. Possibilidade de aferição do local onde se dá o resultado do serviço. Subsunção do fato ao art. 2º, inc. I da LC 116/03. Interpretação de seu parágrafo único. Respeito ao princípio da legalidade. Precedentes do STJ. Tributação indevida Isenção configurada. Sentença mantida Recurso oficial, considerado interposto e apelo da municipalidade não providos.
>
> (Apelação nº 00212939-53.2008.8.26.0000, 15ª Câmara de Direito Público, Rel. Des. Antonio Ferreira da Silva Russo, j. 01.03.12, p. 03.03.12).

DECLARATÓRIA. ISS. Exportação de serviços – Município de São Paulo – Inocorrência de sentença "ultra petita" diante da correlação entre o pedido inicial e a sentença proferida. Pretensão de declaração de inexistência de relação jurídico-tributária. Hipótese de prestação de serviços para a matriz localizada no exterior. Atividade cujo resultado não se verifica no Brasil. Inteligência do art. 156, § 3º, II, da CF e art. 2º, parágrafo único da LC 116/03 – Sentença que julgou procedente o pedido, mantida Verba honorária bem fixada – Recursos improvidos.

(Apelação nº 0015497-75.2012.8.26.0053, 15ª Câmara de Direito Público, Rel. Des. Aloízio Sérgio Rezende Silveira, j. 14.05.15, p. 22.05.15).

APELAÇÃO. Ação declaratória de inexistência de relação jurídico-tributária – Autora/apelante exporta serviços de assessoria e consultoria em investimentos a cliente domiciliado no exterior – Caracterizada a não incidência de ISS sobre os referidos serviços, conforme art. 2º, inciso I da Lei Complementar nº 116/03 – Sentença reformada – Recurso provido.

(Apelação nº 1043405-22.2014.8.26.0053, 14ª Câmara de Direito Público, Rel. Des Cláudio Antonio Marques da Silva, j. 26.08.16, p. 29.08.16).

APELAÇÕES. AÇÃO ANULATÓRIA DE DÉBITO FISCAL. ISSQN. Serviços prestados pela autora à empresa estrangeira com efeitos percebidos no exterior. Exportação de serviços. Configurada. Aplicação do inciso I, do artigo 2º da Lei Complementar nº 116/03. Honorários Advocatícios. Majoração do valor arbitrado. Admissibilidade – Inteligência do artigo 20, §§ 3° e 4º do Código de Processo Civil de 1973. Recurso do Município não provido e Recurso do Autor provido.

(Apelação nº 0026961-22.2010.8.26.0068, 14ª Câmara de Direito Público, Rel. Des. Cláudio Antonio Marques da Silva, j. 15.09.16, p. 16.09.16).

Apelação Ação declaratória ISS Município de São Paulo – Caso no qual se discute se houve exportação de serviços para fins de imunidade do ISS – Inteligência do art. 156, § 3º, II da Constituição Federal. Questão regulamentada pelo art. 2º da Lei Complementar 116/2003, que condicionou o benefício aos casos em que o "resultado" do serviço se verifica no exterior. Esse resultado mencionado pela lei não é a "conclusão", que praticamente esvaziaria a imunidade, mas a "fruição", ou seja, é necessário saber se o serviço aqui prestado, e concluído, foi fruído por tomador domiciliado no exterior. Interpretação teleológica da Emenda Constitucional nº 3/1993, que incluiu o benefício no texto constitucional Contexto de desoneração das exportações com base no princípio do destino, para o fomento da economia nacional Doutrina – Imunidade que deve ser tratada como regra, e não exceção Caso nos autos que envolve software composto de trechos de código produzidos em diversos países, inclusive o Brasil Programa que só se torna operacional quando o código é recebido pela tomadora Laudo pericial que categoricamente afirma que o serviço não produz efeitos no território nacional. Exportação de serviços caracterizada. Solução similar à que já foi dada por esta C. Câmara Sentença reformada – Recurso provido.

(Apelação nº 1013085-18.2016.8.26.0053, 18ª Câmara de Direito Público, Rel. Des. Roberto Martins de Sousa, j. 25.04.19, p. 24.06.19).

No entanto, ao apreciar a questão sob exame, o Superior Tribunal de Justiça (STJ) proferiu Acórdão no sentido da incidência do ISS sobre a exportação de serviço, por meio do entendimento compreendido na seguinte Ementa, *verbis*:

> TRIBUTÁRIO. RECURSO ESPECIAL. ISSQN. MANDADO DE SEGURANÇA PREVENTIVO. SERVIÇO DE RETÍFICA, REPARO E REVISÃO DE MOTORES E DE TURBINAS DE AERONAVES CONTRATADO POR EMPRESA DO EXTERIOR. EXPORTAÇÃO DE SERVIÇOS. NÃO-CARACTERIZAÇÃO. SERVIÇO EXECUTADO DENTRO DO TERRITÓRIO NACIONAL. APLICAÇÃO DO ART. 2º, PARÁGRAFO ÚNICO, DA LEI Nº LC 116/03. OFENSA AO ART. 535 DO CPC REPELIDA. AUSÊNCIA DE PREQUESTIONAMENTO DE DISPOSITIVOS LEGAIS. SÚMULAS 282/STF E 211/STJ.
>
> (Recurso Especial nº 831.124/RJ. 1ª Turma. Relator Ministro José Augusto Delgado. j. 15.08.06. p. 25.09.06).

O Ministro José Augusto Delgado observou que, para fins de isenção do ISS, o resultado da atividade contratada não poderia ocorrer dentro do nosso País, sendo que, no caso sob exame, em se tratando de serviço de reparos, retífica ou revisão de turbinas, não haveria que se cogitar de "exportação de serviço", na medida em que seu resultado consiste no efetivo conserto do equipamento, o qual foi absolutamente concluído no território brasileiro.

O Ministro Teori Albino Zavascki entendeu que a exportação de serviço foi prestada no Brasil para tomador localizado no exterior, cujo pagamento poderia ser realizado em qualquer lugar e, se o resultado se operou no exterior, deveria ser observada a isenção do ISS, ressalvando não ser possível confundir "resultado da prestação" do serviço com a "conclusão do serviço".

O Ministro Luiz Fux alertou "que importa é que aqui seja desenvolvido o serviço e aqui revele o seu resultado e não necessite uma complementação do resultado no exterior", concluindo pela incidência do ISS no caso sob exame.

Conforme se pode depreender do Acórdão transcrito, o entendimento apontado no caso em referência, em síntese, considerou a conclusão do serviço no Brasil como central elemento para afastar a aplicação da isenção do gravame municipal.

No entanto, com o devido respeito, entendemos que referido julgamento não pode ser concebido como diretriz incontestável, pela circunstância de que o artigo 2º, parágrafo único, da Lei Complementar nº 116, de 31.07.03, estabelece condição para considerar a não incidência do ISS ("resultado no exterior de serviços desenvolvidos no Brasil"); é fundamental compreender o significado da expressão "resultado no exterior", decorrente do entendimento de "serviços desenvolvidos no Brasil". Considerando que o serviço foi "desenvolvido" no território nacional, significando sua ampla elaboração, execução e conclusão, e que o seu "resultado" ocorreu no exterior, representando os efeitos que devem ocorrer no estrangeiro, em razão de sua utilização, consumo e fruição por parte do tomador do serviço, evidente a isenção do imposto sobre referida situação.

Posteriormente, o Superior Tribunal de Justiça (STJ) reexaminou a questão sob análise, proferindo Acórdão relativamente recente, por meio do qual afastou a incidência do ISS na exportação de serviço, em razão do entendimento de que "o resultado do projeto de engenharia, assim, não é a obra correlata, mas a sua exequibilidade, conforme a finalidade para que foi elaborado".[133]

Ao examinar questão relativa à confecção de projetos e anteprojetos de engenharia contratados por empresa situada na França, consistentes na **(a)** elaboração das Plantas de execução do muro cilíndrico de proteção do reservatório de gás liquefeito de petróleo naval TK1, a ser construído na cidade de Confreville – L'Orcet; **(b)** dimensionamento dos blocos de estacas do edifício principal do centro cultura (Centre Pompidou), a ser construído na cidade de Metz; e **(c)** modelagem em elementos finitos da fachada principal do referido centro, o Superior Tribunal de Justiça (STJ) argumentou que "o serviço de elaboração de projetos de engenharia poderá ser enquadrado na hipótese de não incidência do inciso I do art. 2º da LC nº 116/03 quando a realização do trabalho, obrigatoriamente, observar técnicas, regras e normas estabelecidas no País estrangeiro, independentemente da forma da execução do projeto", tendo sido concluído que "o resultado do projeto de engenharia, assim, não é a obra correlata, mas a sua exequibilidade, conforme a finalidade para que foi elaborado", conforme se depreende da seguinte Ementa, *verbis*:

> TRIBUTÁRIO. AGRAVO EM RECURSO ESPECIAL. REPETIÇÃO DE INDÉBITO. IMPOSTO SOBRE SERVIÇOS DE QUALQUER NATUREZA – ISSQN. EXPORTAÇÃO DE PROJETOS DE ENGENHARIA. NÃO INCIDÊNCIA.
>
> 1. Agravo de instrumento julgado conjuntamente com o recurso especial, conforme autorização do art. 1.042, § 5º, do CPC/2015.

---

[133] Recurso Especial nº 587.403/RS. 1ª Turma. Relator Ministro Luiz Alberto Gurgel de Faria. j. 18.10.16. p. 24.11.16.

2. A só confecção do projeto de engenharia, à luz dos arts. 109, 113, 114, 116, I, do CTN, é fato gerador do ISSQN, e sua posterior remessa ao contratante estrangeiro não induz, por si só, à conclusão de que se está exportando serviço.

3. À luz do parágrafo único do art. 2º da LC n. 116/2003, a remessa de projetos de engenharia ao exterior poderá configurar exportação quando se puder extrair do seu teor, bem como dos termos do ato negocial, puder-se extrair a intenção de sua execução no território estrangeiro.

4. Hipótese em que se deve manter o acórdão *a quo*, porquanto o Tribunal consignou que as provas dos autos revelaram a finalidade de execução do projeto em obras que só poderiam ser executadas na França ("elaboração das Plantas de execução do muro cilíndrico de proteção do reservatório de gás liquefeito de petróleo naval TK1, a ser construído na cidade de Gonfreville – LOrcert, França e ao dimensionamento dos blocos de estacas do edifício principal do centro cultural, Centre Pompidou a ser construído na cidade de Metz, França e a modelagem em elementos finitos da fachada principal de dito centro").

5. Agravo conhecido para negar provimento ao recurso especial.

(Recurso Especial nº 587.403/RS. 1ª Turma. Relator Ministro Luiz Alberto Gurgel de Faria. j. 18.10.16. p. 24.11.16).

O Ministro Luiz Alberto Gurgel de Faria asseverou que o serviço de elaboração de projetos de engenharia poderia ser enquadrado na hipótese de não incidência na hipótese em cuja realização do trabalho se observem, obrigatoriamente, técnicas, regras e normas estabelecidas no País estrangeiro. Ademais, embora o projeto tenha sido finalizado em território nacional, resta claro que o tomador do serviço localizado no exterior tem interesse, especificamente, na importação do serviço a ser prestado pela pessoa brasileira para, posteriormente, executá-lo, sendo imperioso apurar a real intenção do adquirente/contratante na execução do projeto no território estrangeiro, de tal sorte que, quando o projeto, contratado e acabado em território nacional, puder ser executado em qualquer localidade, a critério do contratante, não se estará diante de exportação de serviço, mesmo que, posteriormente, seja enviado a País estrangeiro, salvo se dos termos do ato negocial se puder extrair a expressa intenção de sua elaboração para fins de exportação.

Adicionalmente, entendeu que a remessa de projetos de engenharia ao exterior poderá configurar exportação quando, do seu teor, bem como dos termos do ato negocial, puder-se extrair a intenção de sua execução no território estrangeiro, concluindo pela incidência do imposto na referida exportação de serviço.

Em nova oportunidade, o Superior Tribunal de Justiça (STJ) examinou a temática em comento, proferindo Acórdão no sentido da incidência do ISS sobre serviço de transporte internacional de bens para utilização em eventos no território brasileiro, nos termos da seguinte Ementa:

> PROCESSUAL CIVIL. TRIBUTÁRIO. AGRAVO INTERNO NO AGRAVO EM RECURSO ESPECIAL. ENUNCIADO ADMINISTRATIVO N. 3/STJ. ISSQN. IMUNIDADE TRIBUTÁRIA. EXPORTAÇÃO DE SERVIÇOS. NÃO-CARACTERIZAÇÃO. SERVIÇO EXECUTADO DENTRO DO TERRITÓRIO NACIONAL. APLICAÇÃO DO ART. 2º, PARÁGRAFO ÚNICO, DA LEI Nº LC 116/03. PRECEDENTES. AGRAVO INTERNO NÃO PROVIDO.
>
> 1. Trata-se da interpretação de norma infraconstitucional que defere imunidade ao contribuinte no imposto sobre serviço de qualquer natureza concernente à celebração de contrato internacional no transporte de bens para a sua utilização em eventos sediados no território brasileiro.
>
> 2. Conforme consignado pelo Tribunal de origem, a prestação dos serviços foram verificados (*sic*) em território brasileiro, cuja obrigação de fazer consistente no desembaraço aduaneiro, transporte até o local do evento, armazenagem, transporte de volta, etc., tiverem a execução e o resultado econômico e jurídico no Brasil.
>
> 3. Assim, nos termos dos precedentes desta Corte, a exegese do art. 2º, inciso I, p. ú., da LC 116/03, não se aplica quando os serviços são realizados em território brasileiro e o resultado aqui se verifique.
>
> 4. Com efeito, para que haja efetiva exportação do serviço desenvolvido no Brasil, ele não poderá aqui ter consequências ou produzir efeitos.
>
> 5. Logo, no caso em tela, verificando que as atividades desenvolvidas pelo recorrente não configuram exportação de serviço, resta inquestionável a incidência do ISSQN, consoante a incidência do disposto no parágrafo único, do art. 2º, da LC 116/03: "Não se enquadram no disposto no inciso I os serviços desenvolvidos no Brasil, cujo resultado aqui se verifique, ainda que o pagamento seja feito por residente no exterior".
>
> 6. Agravo interno não provido.
>
> (Agravo Interno no Agravo em Recurso Especial nº 1.446.639/SP. 2ª Turma. Relator Ministro Mauro Campbell Marques. j. 19.09.19. p. 24.09.19).

O Relator, Ministro Mauro Campbell Marques, após discorrer acerca das distintas correntes relativas ao conceito de "resultado do serviço" ("resultado-consumação" ou "resultado-fruição") e examinar os elementos fáticos dos autos, entendeu que o resultado da atividade de logística desenvolvida pelo contribuinte não se verificou integralmente no exterior, tendo havido a execução de serviços de logística em solo brasileiro.

De acordo com o conceito de "resultado-atividade", asseverou que a execução e a fruição dos serviços ocorreram "majoritariamente em solo brasileiro, pois a finalidade essencial da obrigação de fazer, consistia no transporte de equipamentos até os locais designados para a realização de eventos musicais", sendo que "a única etapa do serviço destinada ao exterior, consistia na entrega destes equipamentos" à pessoa jurídica tomadora dos serviços localizada no exterior, de forma que "a fruição e o gozo do contrato pelo tomador do serviço surtiu resultado prático em território brasileiro (...) a tomadora do serviço dependia destes equipamentos para a realização dos eventos pelos quais fora contratada".

O Relator, Ministro Mauro Campbell, asseverou, ainda, que "inegavelmente o interesse econômico, subjacente ao contrato, sobre o qual recaiu a obrigação de fazer, esteve localizado no Brasil e não no exterior, sendo que o envio dos equipamentos para o país de origem da tomadora do serviço foi mera etapa de exaurimento do contrato", de maneira que "resta inequívoco a produção de efeitos fiscais em território nacional", implicando a incidência do ISS no caso sob exame.

No entanto, com o devido respeito à referida postura jurídica, entendemos pela isenção do gravame municipal no caso sob exame, uma vez que restou caracterizada a exportação de serviços, pois, embora parcela das atividades tenha sido desenvolvida no território nacional e outra parcela desenvolvida no exterior, o resultado do serviço – fruição, proveito, benefício – ocorreu no exterior pela pessoa jurídica estrangeira tomadora do serviço.

A finalidade da contratação em comento não parece ter sido a mera execução de tarefas para que os equipamentos estivessem disponíveis para a realização de eventos no Brasil, mas, na verdade, a retirada dos equipamentos no exterior, disponibilização temporária no Brasil e posterior devolução ao País de origem no exterior, devendo considerar a prestação de serviço de transporte e de logística de forma ampla, abrangente e global, sem quaisquer fracionamentos e/ou mitigações.

Finalmente, o Superior Tribunal de Justiça (STJ) decidiu pela legalidade da incidência do ISS sobre a prestação de serviço de gestão de fundo de investimento localizado no exterior, na forma da Ementa, a saber:

> PROCESSUAL CIVIL E TRIBUTÁRIO. NEGATIVA DE PRESTAÇÃO JURISDICIONAL. INOCORRÊNCIA. ISS. GESTÃO DE FUNDO DE INVESTIMENTO ESTRANGEIRO. RESULTADO PRODUZIDO NO ÂMBITO DO TERRITÓRIO NACIONAL. EXPORTAÇÃO DE SERVIÇO. DESCARACTERIZAÇÃO.
>
> 1. O Plenário do STJ decidiu que "aos recursos interpostos com fundamento no CPC/1973 (relativos a decisões publicadas até 17 de março de 2016) devem ser exigidos os requisitos de admissibilidade na forma nele prevista, com as interpretações dadas até então pela jurisprudência do Superior Tribunal de Justiça" (Enunciado Administrativo n. 2, sessão de 09/03/2016).

2. O acolhimento de recurso especial por violação ao art. 535 do CPC/1973 pressupõe a demonstração de que a Corte de origem, mesmo depois de provocada mediante embargos de declaração, deixou de sanar vício de integração contido em seu julgado acerca de questão relevante para a solução do litígio, o que não ocorreu na espécie.

3. Não incide ISS sobre serviços exportados, assim considerados aqueles cujos resultados não ocorrem no âmbito do território nacional. Inteligência do art. 2º, I, e parágrafo único, da LC n. 116/2003.

4. O resultado do serviço prestado por empresa sediada no Brasil de gestão de carteira de fundo de investimento, ainda que constituído no exterior, realiza-se no lugar onde está situado seu estabelecimento prestador, pois é nele que são apurados os rendimentos (ou prejuízos) decorrentes das ordens de compra e venda de ativos tomadas pelo gestor e que, desde logo, refletem materialmente na variação patrimonial do fundo.

5. Hipótese em que deve ser mantida a conclusão adotada pela Corte estadual, de que, no caso concreto, a atividade exercida pela recorrente não caracteriza exportação de serviço, de modo que é exigível o ISS sobre os valores que recebe do fundo estrangeiro para gerir os seus ativos.

6. Agravo conhecido para negar provimento ao recurso especial.

(Agravo em Recurso Especial nº 1.150.353/SP. 1ª Turma. Relator Ministro Luiz Alberto Gurgel de Faria. j. 04.05.21).

3.3.3. Parecer Normativo SFM nº 04, de 2016

Em virtude da divergência relativa ao conteúdo semântico do termo "resultado" para fins de aplicação da isenção do ISS na exportação de serviço (inciso I do artigo 2º da Lei Complementar Federal nº 116, de 31.07.03), o Secretário Municipal de Finanças da Prefeitura do Município de São Paulo editou o Parecer Normativo nº 04, de 09.11.16.

Por intermédio do referido dispositivo normativo, de caráter interpretativo, impositivo e vinculante aos órgãos administrativos submetidos à Secretaria Municipal de Finanças, foram revogadas as Soluções de Consulta e demais disposições em contrário, proferidas antes da sua edição, especialmente o Parecer Normativo nº 02, de 26.04.16, do Secretário Municipal de Finanças e Desenvolvimento Econômico da Prefeitura do Município de São Paulo, definindo o critério adotado pelo Fisco paulistano, no sentido de que o serviço prestado por estabelecimento prestador localizado no Município de São Paulo se considerará exportado quando a pessoa, o elemento material, imaterial ou o interesse econômico sobre o qual recaia a prestação estiver localizado no exterior; o "resultado" independe da entrega do respectivo produto ao destinatário final ou de outras providências complementares; e na hipótese de serviços de duração continuada, considera-se proporcionalmente realizada a prestação dos serviços com o cumprimento da sua etapa mensal.

Adicionalmente, o Parecer Normativo firmou postura de que não configuram exportação de serviços, as seguintes hipóteses:

a) para os serviços de "informática e congêneres", se o sistema, programa de computador, base de dados ou equipamento estiver vinculado a pessoa localizada no Brasil;

b) para os serviços de "pesquisas e desenvolvimento de qualquer natureza", se a base pesquisada se encontrar em território nacional;

c) para os serviços de "intermediação e congêneres" e de "apoio técnico, administrativo, jurídico, contábil, comercial e congêneres", se uma das partes intermediadas, os respectivos bens ou os interesses econômicos estiverem localizados no Brasil; e

d) para o serviço de "administração de fundos quaisquer, de consórcio, de cartão de crédito ou débito e congêneres, de carteira de clientes, de cheques pré-datados e congêneres", se houver investimento ou aquisição no mercado nacional.

Por fim, restou consignado que compete ao prestador do serviço comprovar documentalmente (ônus da prova) o atendimento aos requisitos estipulados no Parecer Normativo, sob o risco de não se considerar a exportação de serviço e consequente incidência do imposto.

Ocorre, no entanto, que, a pretexto de dirimir divergências acerca do conceito de "resultado" para fins de isenção do ISS na exportação de serviço, ao estabelecer requisitos acerca (a) do sistema, programa, base de dados e equipamento se mostrar vinculado à pessoa (física e/ou jurídica) localizado no Brasil, (b) base pesquisada no âmbito do território brasileiro, (c) uma das partes intermediadas, bens ou interesses se encontrarem no País e (d) realização de investimento ou aquisição no mercado nacional, parece-nos que o Parecer Normativo, fundado exclusivamente em interesses econômicos, fazendários e desprovidos de incontestável fundamento jurídico, extrapolou os limites de sua competência normativa, configurando-se viciado por ilegalidade.

Observamos que o conteúdo do Parecer Normativo, supostamente editado para dirimir o acirrado conflito entre Fisco e contribuinte, contribuiu ainda mais ao panorama de insegurança jurídica preexistente, resultando, inclusive, no ínfimo horizonte fático que reconhecesse a real exportação de serviço e consequente legitimidade de aplicação da isenção do ISS.

Neste sentido, em raríssima manifestação acerca da temática, o Tribunal de Justiça de São Paulo (TJSP) se manifestou pela impossibilidade de examinar a ilegalidade do Parecer Normativo emitido pela Secretaria de Finanças do Município de São Paulo, em sede de Mandado de Segurança, sendo imperiosa a necessidade de produção de prova e realização de perícia, para fins de investigação de matéria relativa ao "resultado", a saber:

> Apelação Mandado de Segurança. ISS. Sentença que extinguiu o feito, sem resolução de mérito, em razão da inadequação da via eleita. Pretensão à reforma Inadmissibilidade. Discussão a respeito de suposta exportação de serviços referentes ao monitoramento de fundos de investimentos, cálculo de valor patrimonial líquido, tecnologia da informação e outros que enseja dilação probatória. Complexidade das operações desenvolvidas pela impetrante e que foram objeto dos autos de infração por ela questionados a demandar produção de prova pericial, incompatível com a via mandamental. Direito líquido e certo não demonstrado de plano. Impossibilidade de apreciação quanto à alegada decadência e eventual ilegalidade do Parecer Normativo nº 4/16, matérias dependentes de solução quanto ao mérito. Alegações que poderão ser eventualmente levantadas na via adequada – Sentença mantida Recurso desprovido.
>
> (Apelação nº 1001541-62.2018.8.26.0053. 18ª Câmara de Direito Público. Relator Desembargador Roberto Martins de Souza. j. 06.02.19. p. 11.02.19).

O Relator, Desembargador Roberto Martins de Souza, pontuou "que se faz necessário o aprofundamento da discussão por meio da produção de provas, até mesmo realização de perícia envolvendo conhecimentos técnicos específicos, não se tratando, como afirma a apelante, de mero enquadramento jurídico dos documentos apresentados. (...) Portanto, considerando-se a complexidade das operações que foram objeto dos autos de infração em discussão, bem como da relação contratual entre o prestador e o tomador e dos próprios serviços prestados, a via mandamental não se mostra adequada para a discussão pretendida pela impetrante". (Precedente: RMS 34.417/ES. Rel. Ministro Humberto Martins. Segunda Turma, DJe 18.9.2012).

3.3.4. Parecer COSIT RFB nº 01, de 2018

Em decorrência da premissa relativa ao incentivo das exportações brasileiras, inclusive por meio da não incidência tributária sobre as referidas operações, bem como da necessidade de uniformização da aplicação das decorrentes normas jurídicas, a Coordenação Geral da Tributação (COSIT) da Secretaria da Receita Federal do Brasil do Ministério da Economia, editou o Parecer Normativo nº 01, de 11.10.18, apresentando as conclusões, a saber:

a) considera-se exportação de serviços a operação realizada entre aquele que, enquanto prestador, atua a partir do mercado doméstico, com seus meios disponíveis em território nacional, para atender a uma demanda a ser satisfeita em um outro mercado, no exterior, em favor de um tomador que atua, enquanto tal, naquele outro mercado, ressalvada a existência de definição legal distinta aplicável ao caso concreto e os casos em que a legislação dispuser em contrário;

b) o prestador de serviços, enquanto tal, atua a partir do mercado doméstico quando inicia a prestação em território nacional por meio de atos preparatórios anteriores à realização material do serviço, relacionados com o planejamento, a identificação da expertise indispensável ou a mobilização de recursos materiais e intelectuais necessários ao fornecimento;

c) o tomador de serviços, enquanto tal, atua no mercado externo quando sua demanda pela prestação ocorre no exterior, devendo ser satisfeita fora do território nacional;

d) se o tomador de serviços, enquanto tal, atua no mercado externo e os serviços são executados em um imóvel ou em um bem incorporado a um imóvel, a demanda se considera atendida no território onde se situa o imóvel;

e) se o tomador de serviços, enquanto tal, atua no mercado externo e os serviços são executados em um bem móvel não incorporado a um imóvel, uma vez demonstrado que aquele bem será utilizado apenas no exterior, a demanda se considera atendida no território ou nos territórios onde esse bem deverá ser utilizado;

f) se o tomador de serviços, enquanto tal, atua no mercado externo e os serviços são executados em um bem móvel sem conexão necessária com determinado território ou são executados sem referimento a qualquer bem físico, a demanda: (i) quando uma parte relevante da prestação deva se realizar necessariamente em determinado local com a presença física do prestador, se considera atendida naquele local;

(ii) quando, embora dispensada a presença física do prestador, for necessária sua presença indireta (por subcontratação) ou virtual (pelo acesso compulsório a serviços eletrônicos locais sem os quais se tornaria obrigatória sua presença física direta ou indireta), se considera atendida onde sua presença indireta ou virtual for indispensável; e, (iii) não havendo qualquer elemento de conexão territorial relacionado com o resultado da prestação, se considera atendida no local onde o tomador tem sua residência ou domicílio.

Sob este prisma, embora o extenso e minucioso Parecer Normativo COSIT discipline o conceito de exportação de serviços, parece-nos que somente produza efeitos jurídicos para fins de interpretação da legislação na esfera das espécies tributárias federais, de forma que não tem o condão de alcançar a exportação de serviço no âmbito do ISS, o que se comprova, inclusive, ao ressalvar que referido conceito deve observar "disposição legal em contrário", bem como da abordagem, ilustrativa, do próprio conceito de exportação de serviço na esfera municipal (itens 18 a 22).

3.4. "Exterior do país". Pleonasmo aparente

Ao disciplinar o tratamento tributário relativo ao ISS, na importação de serviço e na exportação de serviço, a Lei Complementar nº 116, de 31.03.03, utilizou a expressão "exterior do País" (no § 1º, artigo 1º, e inciso I, artigo 2º, respectivamente).

A este respeito, Fábio Clasen de Moura[134] relata que, em artigo jurídico acerca da questão vertente, Alberto Xavier e Roberto Duque Estrada "sustentam ser impossível deixar de notar o pleonasmo, pois não existem exportações para o interior, sendo dispensável a explicitação do termo 'do país'".

Aludida observação decorreria do fato de que tanto a importação como a exportação consistiriam em operações realizadas no âmbito internacional, de forma que não haveria que se cogitar em "importar" e/ou "exportar" no âmbito interno do território brasileiro, de forma que ambas as expressões, adotadas pela legislação complementar, seriam absolutamente dispensáveis, configurando evidente "pleonasmo".

[134] MOURA, Fabio Clasen de. *Imposto sobre Serviços; Operações Intermunicipais e Internacionais. Importação e Exportação.* São Paulo: Quartier Latin, 2007, p. 156-157.

Ao examinar o emprego da linguagem nas normas jurídicas, Maria Rita Ferragut[135] observa que "a pragmática nos mostra que, às vezes, é imprescindível ser redundante, normatizar o óbvio, a fim de assegurar um ambiente jurídico minimamente seguro".

Neste contexto, embora a "importação" consista em negócio jurídico que tem por finalidade a aquisição de bens ou serviços originados ou procedentes de outros Países, a título oneroso ou gratuito, por pessoa física e/ou jurídica, com a finalidade de entrada temporária ou definitiva, em território nacional, e a "exportação" compreenda negócio jurídico pertinente à saída do território nacional, temporária ou definitiva, de bens ou serviços, onerosa ou gratuita, para outros Países, específicas situações fáticas e jurídicas poderiam justificar a utilização do termo "exterior do País" pelo legislador complementar, em razão de equiparações legais, extensão dos limites territoriais brasileiros, dentre outras.

3.4.1. Serviços e plataforma marítima

A Lei Federal nº 8.617, de 04.01.93 (artigos 1º e 6º), determina que o mar territorial brasileiro compreende uma faixa de 12 (doze) milhas marítimas de largura, medidas a partir da linha de baixa-mar do litoral continental e insular, tal como indicada nas cartas náuticas de grande escala, reconhecidas oficialmente no Brasil, sendo que a zona econômica exclusiva brasileira compreende uma faixa que se estende das 12 (doze) às 200 (duzentas) milhas marítimas, contadas a partir das linhas de base que servem para medir a largura do mar territorial.

A Convenção das Nações Unidas sobre o Direito do Mar (CNUDM), de 10.12.82, estabelece que a plataforma continental alcança o leito e o subsolo das áreas submarinas que se estendem além do seu mar territorial, em toda a extensão do prolongamento natural do seu território terrestre, até o bordo exterior da margem continental, ou até uma distância de 200 (duzentas) milhas marítimas das linhas de base a partir das quais se mede a largura do mar territorial, nos casos em que o bordo exterior da margem continental não atinja essa distância.

A Constituição Federal de 1988 estipula que o espaço marítimo constitui domínio exclusivo da União, pessoa política que de-

[135] FERRAGUT, Maria Rita. *Repercussões Tributárias da Lei da Liberdade Econômica*. Redundância, desnecessidade ou absoluta necessidade de normatização? JOTA. 18.10.19.

têm competência para legislar sobre direito marítimo, navegação marítima, defesa marítima e sobre os limites do território marítimo, ao passo que os poderes conferidos aos Municípios se encontram restritos aos assuntos de interesse local (artigos 20, inciso VI, 22, incisos I, X e XXVIII, 30, inciso I, e 48, inciso V).

Ives Gandra da Silva Martins[136] pontifica que a plataforma marítima se revela como território da União, de forma que não pertence às Municipalidades adjacentes, na medida em que "onde começa a plataforma, termina a área do Município (...) não havendo como qualquer Município possa exigir tributo sobre serviço não prestado em seu território".

Em sentido oposto, Heleno Tôrres[137] assevera que tanto a plataforma continental como o mar territorial se apresentam como áreas de projeção dos Municípios, integrando o seu respectivo território, pois "existindo o elemento de conexão (residência fiscal etc.), estará o Estado ou Município interessado plenamente legitimado para alcançar tais situações tributáveis. É o caso, por exemplo, da prestação de serviços em instalações artificiais, como plataformas marítimas ou em navios, que, nos termos do art. 12, "a", do Decreto-Lei nº 406/68, poderá ser tributada pelo Imposto Sobre Serviços municipal (ISS)".

No âmbito do ISS, a Lei Complementar nº 116, de 31.07.03, estabelece que "o serviço considera-se prestado, e o imposto, devido, no local do estabelecimento prestador ou, na falta do estabelecimento, no local do domicílio do prestador, exceto nas hipóteses previstas nos incisos I a XXV, quando o imposto será devido no local", determinando, ainda, que "considera-se ocorrido o fato gerador do imposto no local do estabelecimento prestador nos serviços executados em águas marítimas, excetuados os serviços descritos no subitem 20.01", os quais compreendem os serviços "portuários, ferroportuários, utilização de porto, movimentação de passageiros, reboque de embarcações, rebocador escoteiro, atracação, desatracação, serviços de praticagem, capatazia, armazenagem de qualquer natureza, serviços acessórios, movimentação de mercadorias, serviços de apoio marítimo, de movimentação ao largo, serviços de armadores, estiva, conferência, logística e congêneres".

---

136 MARTINS, Ives Gandra da Silva. Serviços de Construção Civil Prestados em Territórios da União ou dos Estados não estão Sujeitos ao ISS. *Revista Dialética de Direito Tributário* nº 53. São Paulo: 2000, pp. 126-127.

137 TÔRRES, Heleno. *Pluritributação Internacional sobre as Rendas de Empresas*. 2ª ed. São Paulo: RT, 2001, p. 79.

José Eduardo Soares de Melo,[138] de forma exemplificativa, observa que "positivando-se a incidência do ISS, sua instituição e exigência competem ao Município onde estiver localizado o estabelecimento prestador de serviços" de forma que, "mesmo que o serviço seja executado em plataforma marítima situada no Estado do Rio de Janeiro, por pessoa (prestador) estabelecida (legal e fisicamente) no Município de Vitória (Estado do Espírito Santo), o ISS terá que ser recolhido neste último Município".

A este respeito, no caso da prestação de serviço, por pessoa jurídica brasileira, no mar territorial, Fabio Clasen de Moura[139] afirma não se tratar de exportação de serviço, a qual somente se caracterizaria na hipótese em que fato tributário ocorresse "além dos limites do território brasileiro, ou seja, além dos limites do mar territorial", observando, ainda, que no caso da prestação de serviço, por pessoa jurídica estrangeira, no mar territorial, conclui que, "embora prestados em território brasileiro, não serão tributados por ausência de conexão real e, obviamente, pessoal com quaisquer de nossos Municípios".

Em face das considerações apontadas, entendemos que:

a) na hipótese da prestação de serviço, por pessoa jurídica brasileira, em determinada plataforma marítima, apresentam-se as seguintes alternativas: (i) se considerá-la localizada em parcela de extensão do Município, não se trataria de exportação, mas tão somente de serviço prestado entre Municípios brasileiros; ou (ii) se considerá-la como parte integrante do território da União, da mesma forma, não haveria que se cogitar de exportação de serviço, uma vez que se trataria de prestação de serviço no Brasil; e

b) na hipótese de prestação de serviço, por pessoa jurídica estrangeira, em determinada plataforma marítima, apresentam-se as seguintes alternativas: (i) se considerá-la localizada em parcela de extensão do Município, tratar-se-ia de importação de serviço (ainda que, em nosso sentir, somente seria passível de incidência do imposto, no caso de serviço "cuja prestação se tenha iniciado no exterior do País"), não se tratando, obviamente, de simples "atividade-meio" executada na plataforma marítima; e (ii) se considerá-la como

[138] MELO, José Eduardo Soares de. *ISS. Teoria e Prática.* 7ª ed. São Paulo: Malheiros e JusPodivm, 2023, p. 361.

[139] MOURA, Fabio Clasen de. *Imposto sobre Serviços: Operações Intermunicipais e Internacionais. Importação e Exportação.* São Paulo: Quartier Latin, 2007, p. 182-198.

parte integrante do território da União, revelar-se-ia, sob o ponto de vista jurídico, aparentemente descabida qualquer imposição relativa ao ISS, na medida em que ausente a figura do Município.

3.4.2. Serviços e Zona Franca de Manaus

Por intermédio da Lei Federal nº 3.173, de 06.06.57, foi criada a Zona Franca de Manaus, tendo por finalidade, em síntese, a implantação de polo industrial, comercial e agropecuário regional, mediante concessão de incentivos e benefícios fiscais, criando condições sociais e econômicas ao desenvolvimento regional local.

A Zona Franca de Manaus é uma área de livre comércio de importação e exportação e de incentivos fiscais especiais.

A entrada de mercadorias estrangeiras na Zona Franca de Manaus, destinadas a seu consumo interno, industrialização em qualquer grau, inclusive beneficiamento, agropecuária, pesca, instalação e operação de indústrias e serviços de qualquer natureza e a estocagem para reexportação, será isenta dos impostos de importação e sobre produtos industrializados.

A exportação de mercadorias de origem nacional para consumo ou industrialização na Zona Franca de Manaus, ou reexportação para o estrangeiro, será para todos os efeitos fiscais, constantes da legislação em vigor, equivalente a uma exportação brasileira para o estrangeiro.

A exportação de mercadorias da Zona Franca para o estrangeiro, qualquer que seja sua origem, está isenta do Imposto de Exportação.

Geraldo Ataliba e Cléber Giardino[140] observam que o efeito dessa equiparação "é atribuir ao ato equiparado o mesmo regime jurídico do equiparante. Assim, a operação da remessa de mercadorias à ZFM tem, desde então, para fins fiscais, os efeitos de uma exportação brasileira para o exterior".

Para as exportações, a Constituição Federal de 1988 estabelece que não incidem impostos sobre produtos destinados ao exterior, a título de IPI (artigo 153, § 3º, III) ou ICMS (artigo 155, § 2º, X, "a"), bem como contribuições sociais e de intervenção no domínio econô-

[140] ATALIBA, Geraldo; GIARDINO, Cléber. ICM – ZFM – Remessa de produtos in natura para a Zona Franca de Manaus – Equiparação a exportação. *Revista de Direito Tributário* nº 43. São Paulo: 1988, p. 84.

mico (artigo 149, § 2º, I, com as mudanças decorrentes da Emenda Constitucional 33, de 11 de dezembro de 2001); e, do mesmo modo, na hipótese dos serviços, não se aplicando o ISS (artigo 156, § 3º, II) e o ICMS (artigo 155, § 2º, X, "a"), nos casos em que este pode incidir, além da Contribuição ao PIS e da COFINS, quanto às receitas decorrentes de exportação.

O Superior Tribunal de Justiça (STJ) manifestou entendimento no sentido de que "a isenção da Contribuição para o Financiamento da Seguridade Social - COFINS, concedida pela Lei Complementar nº 70/91 à exportação de mercadorias, é também aplicável às operações relativas à Zona Franca de Manaus" (Recurso Especial nº 193.172/PE. 2ª Turma. Relatora Ministra Eliana Calmon Alves. j. 21.06.01).

O Supremo Tribunal Federal (STF), ao apreciar a Ação Direta de Inconstitucionalidade nº 2.348-9/DF (Plenário. Relator Ministro Marco Aurélio Mendes de Farias Mello. j. 07.12.00) relativa à eficácia da Zona Franca de Manaus à luz do artigo 40, do Ato das Disposições Constitucionais Transitórias (ADCT), aponta entendimento do Ministro Nelson Azevedo Jobim no sentido de que "a Zona Franca de Manaus, por força do referido Decreto, é tratada como área estrangeira. Isto significa que as vendas ou remessas de mercadorias, seja para consumo, seja para reexportação ou industrialização, enviadas para a Zona Franca de Manaus, são tratadas, repito, por força do Decreto-Lei nº 288, como exportação para o exterior".

No âmbito estadual, o Regulamento do ICMS do Estado de São Paulo (RICMS/SP), aprovado pelo Decreto Estadual nº 45.490, de 30.11.00 (anexo I do artigo 84), concede isenção ao imposto na "saída de produto industrializado de origem nacional para comercialização ou industrialização nos Municípios de Manaus, Rio Preto da Eva e Presidente Figueiredo, exceto de açúcar de cana, armas e munições, perfume, fumo, bebida alcoólica, automóvel de passageiros ou de produto semi-elaborado (...) desde que o estabelecimento destinatário esteja situado nos referidos municípios; haja comprovação da entrada efetiva do produto no estabelecimento destinatário; seja abatido do preço da mercadoria o valor equivalente ao imposto que seria devido se não houvesse a isenção; e o abatimento previsto no inciso anterior seja indicado, de forma detalhada, no documento fiscal".

Em face das referidas considerações, entendemos juridicamente pertinente a discussão relativa à isenção do ISS na exportação de serviço por prestador localizado nos Municípios brasileiros para tomador localizado nos Municípios albergados pela Zona Franca de Manaus, bem como à não incidência do imposto na importação por tomador localizado nos Municípios brasileiros de prestador localizado nos Municípios compreendidos na Zona Franca de Manaus.

3.4.3. Serviços, aeronaves e embarcações

3.4.3.1. Esfera do Direito Penal

O território nacional compreende a área relativa ao espaço terrestre, fluvial, marítimo e aéreo, no qual, obviamente, o Estado brasileiro exerce a sua soberania. Em outras palavras, o território nacional contempla o espaço em que o Brasil exerce sua soberania, qual seja, os limites compreendidos pelas fronteiras nacionais; o mar territorial brasileiro; e o espaço aéreo subjacente ao nosso território físico e ao mar territorial nacional, em observância ao princípio da absoluta soberania do País subjacente.

No entanto, nos termos do Código Penal brasileiro (artigo 5°, §§ 1° e 2°, e artigo 2° do Decreto-Lei n° 2.848, de 07.12.40), o território brasileiro não compreende apenas os limites fronteiriços do País, na medida em que poderá ser estendido quando se tratar de embarcações ou aeronaves, "públicas" ou "a serviço do governo brasileiro", onde quer que se encontrem, bem como as embarcações ou aeronaves "estrangeiras privadas" quando em território nacional, os quais são considerados como "território brasileiro por extensão legal", a saber:

> Art. 5º Aplica-se a lei brasileira, sem prejuízo de convenções, tratados e regras de direito internacional, ao crime cometido no território nacional.
>
> § 1º Para os efeitos penais, consideram-se como extensão do território nacional as embarcações e aeronaves brasileiras, de natureza pública ou a serviço do governo brasileiro onde quer que se encontrem, bem como as aeronaves e as embarcações brasileiras, mercantes ou de propriedade privada, que se achem, respectivamente, no espaço aéreo correspondente ou em alto-mar.
>
> § 2º É também aplicável a lei brasileira aos crimes praticados a bordo de aeronaves ou embarcações estrangeiras de propriedade privada, achando-se aquelas em pouso no território nacional ou em voo no espaço aéreo correspondente, e estas em porto ou mar territorial do Brasil.

Desta forma, observa-se que o Código Penal brasileiro acolheu o princípio da territorialidade da lei penal, isto é, a lei penal brasileira aplica-se a todos os fatos ocorridos dentro do território brasileiro, indicando que o Estado em cujo território foi cometido o crime se mostra competente para julgar o delinquente e aplicar a respectiva sanção.

Adicionalmente, as aeronaves e embarcações brasileiras de natureza privada apenas são consideradas território brasileiro por extensão quando estiverem em alto-mar ou no respectivo espaço aéreo, não o sendo quando estiverem em mar territorial e/ou espaço aéreo estrangeiro.

Ressalte-se, por oportuno, que uma aeronave comercial não é parte do território do País no qual está registrada, usualmente chamada de "País de sua Bandeira". Embora pertença a País estrangeiro, não faz parte do território daquele País.

Entretanto, o fato de a aeronave ou embarcação brasileira se encontrar em mar territorial estrangeiro não elimina por completo a possibilidade de aplicação da Lei Penal brasileira, nos termos do artigo 7°, inciso II, alínea "c", do Código Penal brasileiro, a saber: "ficam sujeitos à lei brasileira, embora cometidos no estrangeiro: (...) os crimes: (...) (c) praticados em aeronaves ou embarcações brasileiras, mercantes ou de propriedade privada, quando em território estrangeiro e aí não sejam julgados".

Portanto, embora se permita a aplicação da legislação penal brasileira, deve-se observar uma condição, qual seja, não ter o crime sido julgado no País em que ocorreu situação que consubstancia o "princípio da representação", também conhecido por "Princípio de sua Bandeira".

Por sua vez, na hipótese de a embarcação e/ou aeronave se encontrar localizada no mar territorial brasileiro, aplica-se a legislação penal brasileira, na medida em que o mar territorial faz parte do território nacional, não sendo relevante em qual País a embarcação e/ou aeronave esteja registrada.

Em face do exposto, descabida discussão relativa à incidência do ISS na exportação de serviço por prestador brasileiro nas aeronaves e embarcações caracterizadas como extensão do território brasileiro, exclusivamente para fins de aplicação da legislação penal brasileira, não produzindo efeitos jurídicos no âmbito do ISS.

3.4.3.2. Esfera do Direito Aeronáutico

No entanto, observamos que, nos termos da Lei Federal n° 7.565, de 19.12.86 (Código Brasileiro da Aeronáutica), configura-se a prestação de serviços para companhias aéreas internacionais que, em observância à legislação brasileira, operam no Brasil por intermédio de autorização, sendo determinado que a empresa estrangeira possua estabelecimento físico e de natureza administrativa em território nacional.

No tocante às pessoas jurídicas estrangeiras, considerando não possuírem operações no Brasil, mantêm representantes no País, exclusivamente para fins de representação e tão somente para operacionalizar o pagamento relativo às prestações de serviços contratadas e executadas em solo brasileiro, sendo que os contratos são celebrados pela prestadora de serviços brasileira diretamente com as pessoas jurídicas estrangeiras para quem o serviço é prestado.

A prestação de serviços para pessoas estrangeiras, concernente aos serviços auxiliares de transporte aéreo, para companhias internacionais de transporte aéreo localizadas no exterior, para fins de fruição da isenção do ISS na exportação de serviço, deve observar:

a) existência de relação contratual estabelecida entre o prestador do serviço (beneficiário do favor fiscal) e tomador do serviço (pessoa localizada no exterior), conjugada, em regra, ao fato de a contraprestação representar ingresso de divisas no Brasil, nos termos da legislação cambial do Banco Central do Brasil (BACEN);

b) a existência de terceira pessoa na relação negocial entre o tomador do serviço (pessoa jurídica localizada no exterior) e a prestadora do serviço não afeta o reconhecimento da isenção das aludidas contribuições, desde que a terceira pessoa atue na condição de mero "mandatário", ou seja, "em nome" e "por conta e ordem" do mandante localizado no exterior;

c) considerando a flexibilização da legislação monetária e cambial acerca das operações disponibilizadas aos exportadores brasileiros para recebimento de suas exportações, considera-se cumprido o requisito de ingresso de divisas em qualquer modalidade de pagamento autorizada pela referida legislação que enseje conversão de moedas internacionais em momento anterior, concomitante ou posterior à operação de pagamento pela exportação, ainda que em valores líquidos, restando como matéria de prova a verificação da ocorrência da conversão de moedas no momento preconizado pela legislação;

d) considera-se ingresso de divisas o pagamento feito pela empresa tomadora estrangeira: (i) por meio de seus agentes ou representantes no Brasil ou (ii) mediante dedução das receitas auferidas por ela no Brasil, suscetíveis de remessa ao exterior; e

e) ainda que sejam utilizadas quaisquer formas de pagamento válidas para fins de fruição da isenção em questão, persistirá a necessidade de comprovação do "nexo causal" entre o pagamento recebido por uma pessoa jurídica domiciliada no País (prestador do serviço) e a efetiva prestação dos serviços para a pessoa jurídica localizada no exterior (tomador do serviço).

Ainda que a empresa prestadora de serviços brasileira promova o faturamento do valor dos serviços contratados para a representante da pessoa jurídica tomadora dos serviços domiciliada no exterior, mantém-se o vínculo contratual constituído com a tomadora dos serviços domiciliada no exterior, responsável, direta ou indiretamente, pelas obrigações financeiras firmadas na contratação da prestação dos serviços.

Ressalte-se que o estabelecimento mandatário não atua em nome próprio, mas, sim, "em favor" e "por conta e ordem" da mandante (pessoa jurídica residente ou domiciliada no exterior), especialmente pela circunstância de configurar-se na condição de "estabelecimento no Brasil de sociedade estrangeira".

Dessa forma, resta claro que há possibilidade de fruição da isenção do ISS, na medida em que a pessoa jurídica tomadora do serviço se caracteriza como residente ou domiciliada no exterior, sendo que a prestação dos serviços pela prestadora de serviços brasileira é tomada por pessoa jurídica localizada no exterior, revelando-se indubitável que a participação de representante (no Brasil), da pessoa jurídica tomadora dos serviços no exterior, não descaracteriza a exportação de serviço.

3.4.4. Serviços, Embaixadas e Consulados.

O Código Penal brasileiro não trouxe qualquer regra específica atinente às embaixadas e/ou consulados.

Os consulados e as embaixadas não são território de outro País, tratando-se tão somente de circunstância denominada "inviolabilidade diplomática", que nada tem a ver com a propriedade territorial, ou seja, embora invioláveis, não constituem extensão do território do País que representam.

Desta forma, exemplificativamente, a embaixada francesa no Brasil é território brasileiro e ao crime nela praticado será aplicada a lei penal brasileira, salvo a incidência de convenção, tratado ou regra de direito internacional.

Em face do exposto, não há que se falar na incidência do ISS na exportação de serviço por prestador brasileiro nas embaixadas e consulados de outros países no Brasil, na medida em que compõem o território brasileiro.

3.4.5. Serviços e Antártida

A Antártida, também denominada no Brasil por "Antártica", se encontra sujeita ao "Tratado da Antártida", de 1959, por meio do qual alguns Países que reivindicavam territórios neste continente (Argentina, Austrália, Chile, França, Noruega, Nova Zelândia e Reino Unido) concordaram em tratá-la como "território neutro", suspendendo aludidas reivindicações até o ano de 2040 e convergindo à finalidade de pesquisa científica, proibindo a instalação de bases militares, exploração de recursos naturais, o teste de armas, dentre outras.

No ano de 1982, o Brasil inaugurou a estação "Antártica Comandante Ferraz", iniciando a realização continuada de substanciais atividades científicas naquele continente.

Em face do exposto, na eventual prestação de serviço por pessoa (física ou jurídica) brasileira para tomador localizado na Antártida, considerando tratar-se de "território neutro", não há que se falar em exportação de serviço para fins de incidência do ISS.

Capítulo 4

Não incidência na importação de serviço e isenção na exportação de serviço

4.1. Imprescindível comprovação fática e documental

Em decorrência dos elementos apresentados no decorrer do presente trabalho, procuramos demonstrar argumentação jurídica sustentável, especialmente relativa aos nossos entendimentos acerca da **(a)** não incidência do imposto nas hipóteses de importação de serviços, tanto na prestação de "serviço proveniente do exterior" como na prestação de serviço "cuja prestação se tenha iniciado no exterior" (§ 1° do artigo 1° da Lei Complementar n. 116/03), bem como da **(b)** isenção do imposto nos casos de exportação de serviço, relativa aos "serviços integralmente prestados no exterior do País", "serviços integralmente prestados no País" e "serviços parcialmente desenvolvidos no País e parcialmente desenvolvido no exterior", nos quais o termo "resultado" do serviço nos pareça dever ser entendido como a "fruição, benefício e/ou utilidade" auferido pelo tomador do serviço localizado no exterior do País (parágrafo único, inciso I, artigo 2°, da Lei Complementar n° 116/03).

Nesta oportunidade, apresentaremos "proposta de procedimento de verificação" dos elementos imprescindíveis à efetiva comprovação fática, jurídica e documental, nesta oportunidade denominada por "Teste de Aderência", o qual poderá implicar a aplicação da isenção do imposto na "exportação de serviço", bem como da não incidência do imposto sobre a "importação de serviço", em observância à relevância da investigação concreta do objeto alvo da tributação e imperiosa necessidade de comprovação documental, reconhecida, inclusive, em entendimentos doutrinários e expressas manifestações jurisprudenciais.

A respeito das provas no âmbito tributário, Susy Gomes Hoffmann[141] observa que "o direito posto nos dá o caminho da constitucionalidade e da legitimidade do processo tributário e do meio de produção das provas", especialmente pela circunstância de haver "perfeita condição da teoria e da prática partilharem da mesma origem: o texto constitucional".

Simone Rodrigues Duarte Costa[142] assevera que, "para se afirmar se há, ou não, incidência do ISS num caso concreto, forçosa a identificação do fato, no tempo e no espaço, o que se faz mediante as provas em direito admitidas (...)", sendo evidente que a prova compreende "(...) o elemento imprescindível para se afirmar ter ocorrido o fato jurídico, e ainda a sua subsunção a classe de eventos descrita na hipótese de incidência".

Nesta trilha de entendimento, Fernanda Ramos Pazello[143] conclui que "(...) a única forma de se verificar se houve a exportação de um serviço é verificando se o benefício gerado pela prática daquela obrigação de fazer foi auferida por um tomador estrangeiro".

Por sua vez, mostra-se imprescindível a transcrição de relevantes manifestações jurisprudenciais que ratificaram a imperiosa necessidade do exame das questões fáticas e comprobatórias nas hipóteses de importação de serviço e de exportação de serviço.

Na esfera administrativa, especificamente no âmbito do Conselho Municipal de Tributos (CMT), da Secretaria de Fazenda da Prefeitura da Cidade de São Paulo, observamos, de forma exemplificativa, os seguintes Acórdãos, *verbis*:

> Deve-se levar em consideração que o gozo da isenção demanda o estrito cumprimento das obrigações acessórias pelo sujeito passivo, de modo a não restar dúvidas a respeito do cumprimento de seus requisitos. Essas exigências são ainda maiores quando se trata de isenção objetiva decorrente diretamente do texto legal em que não há um controle prévio pela fiscalização. (...) Considerando todos esses elementos, entendo ser possível considerar os serviços (...) como sendo oriundos de "exportação de serviços", pois não há dúvidas de que o contrato (...) buscava o desenvolvimento e implantação de software nos estabelecimentos dessa empresa em diversos países da América Latina. (...) há provas suficientes de que tomadores de serviços localizados no exterior usufruíram dos serviços prestados (...) pela

[141] HOFFMANN, Susy Gomes. *Teoria da Prova no Direito Tributário*. Campinas: Copola, 1999, p. 236.

[142] COSTA, Simone Rodrigues Duarte. *ISS. A Lei Complementar 116/03 e a Incidência na Importação*. São Paulo: Quartier Latin, 2007, p. 181.

[143] PAZELLO, Fernanda Ramos. O ISS e a Exportação de Serviços: Conceito de Resultado e o Princípio do Destino nas Atividades Voltadas à Economia Digital. In: Renato Vilela; MONTEIRO, Alexandre Luiz Moraes do Rêgo; SILVEIRA, Ricardo Maitto da. (Coords.). *Tributação da Economia Digital*. São Paulo: Saraiva, 2018 e p. 419.

documentação apresentada não há como afirmar que os resultados desses serviços se deram efetivamente no exterior (...).

(Processo Administrativo nº 2014-0.275.515-1, 2ª Câmara Julgadora, Relator Conselheiro Marcelo Muratori, j. 26.02.16).

Analisando tais documentos, em conjunto com os documentos já juntados anteriormente aos autos, não vislumbro prova suficiente para embasar a alegação de que o serviço objeto da autuação efetivamente foi exportado. (...) não julgo tais documentos, isoladamente, sejam capazes de provar a exportação do serviço (...) em diligência, foi franqueada à RECORRENTE oportunidade para juntar todos os documentos que entendia capazes de comprovar a exportação dos serviços, tendo sido, inclusive, solicitada a elaboração de uma planilha (...). Mas esta tarefa não foi realizada. Neste passo, não tendo trazido aos autos contrato de prestação de serviços capaz de corroborar suas alegações e indicar qual o serviço efetivamente prestado para tomadores no exterior e, ademais, não tendo sido sequer relacionadas as receitas advindas do exterior com a autuação, não vejo como acolher a argumentação da RECORRENTE. (...).

(Processo Administrativo nº 2014-0.171.603-9, 3ª Câmara Julgadora, Relatora Conselheira Shirley Fernandes Marcon Chalita, j. 10.12.15).

Com base nos referidos documentos, e a par das explicações trazidas, sob censura de meus pares, entendo que a RECORRENTE tem razão.

(Processo Administrativo SEI 6017.2015/0000841-8, 3ª Câmara Julgadora, Relatora Conselheira Shirley Fernandes Marcon Chalita, j. 04.03.16).

Na esfera judicial, especialmente no âmbito do Tribunal de Justiça de São Paulo (TJSP), transcrevemos, de forma exemplificativa, os seguintes Acórdãos, *verbis*:

(...) a autora solicitou prova pericial para determinar qual a localidade de gozo do serviço, que deferida e realizada por perito contador judicial e contando com a colaboração de especialista da área de tecnologia da informação, concluiu que os resultados dos serviços prestados e constantes das notas fiscais (...) ora tributadas, ocorreram nos Estados Unidos.

(Apelação nº 00212939-53.2008.8.26.0000, 15ª Câmara de Direito Público. Relator Desembargador Antonio Teixeira da Silva Russo. j. 01.03.12, p. 03.03.12).

(...) como se percebe dos documentos juntados, os serviços prestados pela autora, ora apelada, referem-se a transmissão de informações, objeto de consultoria, para a empresa contratante (...) que possui sede em Sea Meadow House, Ilhas Virgens Britânicas (...), que decidirá como utilizará as informações da consultoria realizada. Ou seja, o serviço é desenvolvido no Brasil, mas seu resultado se verifica apenas no exterior.

(Apelação nº 0015497-75.2012.8.26.0053. 15ª Câmara de Direito Público. Relator Desembargador Aloízio Sérgio Rezende Silveira. j. 14.05.15, p. 22.05.15).

> (...) diante do conjunto probatório dos autos, de rigor a reforma da r. sentença, com o consequente afastamento da cobrança do ISS, com supedâneo no art. 2º, inciso I, da Lei Complementar nº 116/03. (...).
>
> (TJSP. Apelação nº 1043405-22.2014.8.26.0053. 14ª Câmara de Direito Público. Relator Desembargador Cláudio Antonio Marques da Silva. j. 26.08.16, p. 29.08.16).

> (...) pode-se extrair das conclusões do Sr. Perito que as atividades desempenhas caracterizam-se por serem serviços de gestão de carteira de títulos prestados no Brasil para fundos registrados nos Estados Unidos, bem como que o resultado de todos os negócios realizados pela autora corre por conta e risco exclusivo dos quotistas dos fundos de investimentos estrangeiros e que somente no exterior terão acesso aos lucros e prejuízos decorrentes dos resultados dos serviços de gestão realizados. Assim, restou comprovado nos autos que, apesar das atividades prestadas pela autora, para os clientes estrangeiros, sejam executadas através do estabelecimento situado no Município de Barueri, o seu resultado se verifica no exterior, ficando caracterizada a exportação de serviços, sob a qual não deve incidir o ISS.
>
> (Apelação nº 0026961-22.2010.8.26.0068. 14ª Câmara de Direito Público. Relator Desembargador Cláudio Antonio Marques da Silva. j. 15.09.16, p. 16.09.16).

> (...) para se verificar se houve exportação deve ser aferido se a fruição do serviço se deu no exterior, e não se ele foi concluído fora do país: (...) Sendo assim, resta a análise de como se deu a prestação no caso concreto para aferir se houve, de fato, exportação de serviço. Observa-se que foi produzido laudo pericial (...) que assim se manifesta sobre os aspectos gerais da prestação: (...).
>
> (Apelação nº 1013085-18.2016.8.26.0053. 18ª Câmara de Direito Público. Relator Desembargador Roberto Martins de Sousa. j. 25.04.19, p. 24.06.19).

No âmbito do Superior Tribunal de Justiça (STJ), ressaltamos o entendimento jurídico compreendido no seguinte Acórdão, *verbis*:

> Debruçando-se sobre o aporte fático trazido nestes autos, se verifica de antemão que o resultado da atividade desenvolvida pela recorrente não se verificou integralmente no exterior, tendo havido a execução de serviços de logística em solo brasileiro.
>
> (Agravo Interno no Agravo em Recurso Especial nº 1.446.639/SP. 2ª Turma. Relator Ministro Mauro Campbell Marques. j. 19.09.19. p. 24.09.19).

Em virtude da análise das manifestações jurisprudenciais (administrativas e judiciais) acima transcritas, observa-se a imprescindível necessidade de análise dos elementos fáticos e documentais para fins de aplicação do adequado tratamento tributário relativo ao Imposto sobre Serviços de Qualquer Natureza (ISS) (incidência, não incidência ou isenção).

4.2. Teste de aderência e elementos comprobatórios

Desta forma, para fins de verificação da não incidência do ISS na "importação de serviço" e da isenção do imposto na "exportação de serviço", entendemos pela evidente necessidade de investigação individual e pormenorizada de cada situação concreta, razão pela qual nos parece de extrema relevância proceder à aplicação de "teste de aderência", objetivando identificar os elementos imprescindíveis à efetiva comprovação fática, jurídica e documental, a saber:

a) Instrumentos societários de constituição e respectivas alterações contratuais, de forma que seja permitida a verificação, no âmbito do pertinente objeto social, a possibilidade de prestação de serviços pela pessoa jurídica, a natureza dos serviços compreendidos nas suas finalidades sociais, bem como da possibilidade da realização de "exportação de serviço" e da "importação de serviço";

b) Registros e inscrições legalmente exigidos da pessoa jurídica nos competentes órgãos públicos administrativos, nas esferas federal, estadual, municipal e/ou distrital, dentre os quais, essencialmente, no Cadastro Nacional da Pessoa Jurídica do Ministério da Economia (CNPJ/ME), no Cadastro de Contribuintes Mobiliários (CCM) da Secretaria Municipal de Fazenda e/ou de Finanças, Inscrição Estadual na Secretaria de Fazenda Estadual, dentre outros;

c) Instrumentos particulares relativos à contratação da prestação de serviço celebrado entre as partes contratantes (tomador do serviço, prestador do serviço, subcontratados, anuentes, testemunhas, etc.), por meio de "tradução simples" dos respectivos idiomas ou, se possível, de "tradução juramentada" mediante tradutor público (aprovado em concurso público, nomeado e matriculado) e demais procedimentos de praxe (impressão em papel timbrado, firma reconhecida, etc.); observamos, neste sentido, que nos pareça necessário que referidos documentos sejam "consularizados", por meio de atestado de sua autenticidade e legitimidade em repartição consular por autoridade diplomática competente, como "espécie de endosso";

d) Correspondências e/ou declarações (físicas e/ou eletrônicas), enviadas e/ou recebidas pelas partes contratantes (tomador do serviço e prestador do serviço), por intermédio da comprovação de sua legitimidade para fins de representação empresarial (legal, contratual, comercial, técnica etc.) dos respectivos emitentes e/ou destinatários das pessoas jurídicas;

e) Escrituração fiscal e tratamento contábil relativo ao reconhecimento da "receita" decorrente da "exportação de serviço", bem como da "despesa" atinente à "importação de serviço", especialmente no contexto do Sistema Público de Escrituração Digital (SPEAD), Demonstrativo do Resultado do Exercício (DRE), Declaração do Imposto de Renda da Pessoa Jurídica (DIPJ), dentre outros;

f) Instrumentos pertinentes à realização de operações de câmbio, nas modalidades de "remessa" de recursos financeiros (no caso de "importação de serviço") ou de "ingresso" de recursos financeiros (no caso de "exportação de serviço"), em razão dos valores pactuados entre tomador do serviço e prestador do serviço (preço do serviço, adiantamentos de valores, reembolso de despesas etc.);

g) Sistemática de comprovação de adiantamentos, despesas incorridas e respectivo procedimento para fins de ressarcimento, inclusive mediante a comprovação documental relativa às passagens aéreas, transportes em geral, diárias de hospedagem, alimentação, órgãos administrativos, dentre outras;

h) Identificação de cláusula contratual de exclusividade, no sentido de que o objeto especificamente contratado somente poderia ser prestado em favor do específico tomador de serviço, de forma que sua utilidade seja unicamente aproveitada pelo tomador do serviço, sob aplicação de penalidade contratual em razão do eventual descumprimento; e

i) Laudo Técnico elaborado por terceiro, idôneo e especializado, ou documento elaborado por um dos contratantes (prestador do serviço ou tomador do serviço), que ateste e descreva, de forma clara, precisa e pormenorizada, o escopo da "importação do serviço" ou da "exportação do serviço", a essência do serviço contratado, as etapas e os procedimentos operacionais envolvidos, o ambiente da respectiva realização, eventual descrição da relação "homem/hora", as tarefas a serem eventualmente desenvolvidas de forma conexa e compartilhada entre prestador do serviço e tomador do serviço (presencial e/ou virtualmente) e, em alguns casos, de "exportação de serviços", a serventia do serviço exclusivamente ao tomador do serviço localizado no exterior (em razão de específica parametrização, localização, observância às eventuais normas impositivas e reguladoras no exterior, dentre outras).

Embora o exame dos elementos em referência compreenda subjetividade do aplicador, parece-nos que, quanto maior sua a conjugação, maior será a possibilidade de identificação do adequado tratamento relativo ao ISS, tanto na importação de serviço como na exportação de serviço (incidência, não incidência ou isenção).

Capítulo 5

Temas de Repercussão Geral

5.1. Considerações introdutórias

A Emenda Constitucional nº 45, de 30.12.04, dentre outras providências, introduziu no ordenamento jurídico a relevância da repercussão geral de questão pertinente à matéria constitucional, para apreciação do Supremo Tribunal Federal (STF) nos Recursos Extraordinários, a saber:

> Art. 102. Compete ao Supremo Tribunal Federal, precipuamente, a guarda da Constituição, cabendo-lhe:
>
> (...)
>
> III – julgar, mediante recurso extraordinário, as causas decididas em única ou última instância, quando a decisão recorrida:
>
> a) contrariar dispositivo desta Constituição;
>
> b) declarar a inconstitucionalidade de tratado ou lei federal;
>
> c) julgar válida lei ou ato de governo local contestado em face desta Constituição.
>
> d) julgar válida lei local contestada em face de lei federal.
>
> (...)
>
> § 3º No recurso extraordinário o recorrente deverá demonstrar a repercussão geral das questões constitucionais discutidas no caso, nos termos da lei, a fim de que o Tribunal examine a admissão do recurso, somente podendo recusá-lo pela manifestação de dois terços de seus membros.

O instituto foi regulamentado pela Lei Federal nº 11.418, de 19.12.06, por intermédio da inclusão de comandos normativos na vigência da Lei Federal nº 5.869, de 11.01.73 (artigos 543-A e 543-B, ambos do antigo Código de Processo Civil – CPC/73).

A Emenda Regimental nº 19, de 16.08.06, alterou o Regimento Interno do Supremo Tribunal Federal (STF), disciplinando a questão relativa à matéria da repercussão geral.

A Lei Federal nº 13.105, de 16.03.15 (artigos 1.030, 1.035 e seguintes),[144] regulamentou a matéria no atual Código de Processo

[144] Art. 1.030. Recebida a petição do recurso pela secretaria do tribunal, o recorrido será intimado para apresentar contrarrazões no prazo de 15 (quinze) dias, findo o qual os autos serão conclusos ao presidente ou ao vice-presidente do tribunal recorrido, que deverá: I – negar seguimento: a) a recurso extraordinário que discuta questão constitucional à qual o Supremo Tribunal Federal não tenha reconhecido a existência de repercussão geral ou a recurso extraordinário interposto contra acórdão que esteja em conformidade com entendimento do Supremo Tribunal Federal exarado no regime de repercussão geral; b) a recurso extraordinário ou a recurso especial interposto contra acórdão que esteja em conformidade com entendimento do Supremo Tribunal Federal ou do Superior Tribunal de Justiça, respectivamente, exarado no regime de julgamento de recursos repetitivos; II – encaminhar o processo ao órgão julgador para realização do juízo de retratação, se o acórdão recorrido divergir do entendimento do Supremo Tribunal Federal ou do Superior Tribunal de Justiça exarado, conforme o caso, nos regimes de repercussão geral ou de recursos repetitivos; III – sobrestar o recurso que versar sobre controvérsia de caráter repetitivo ainda não decidida pelo Supremo Tribunal Federal ou pelo Superior Tribunal de Justiça, conforme se trate de matéria constitucional ou infraconstitucional; IV – selecionar o recurso como representativo de controvérsia constitucional ou infraconstitucional, nos termos do § 6º do art. 1.036; V – realizar o juízo de admissibilidade e, se positivo, remeter o feito ao Supremo Tribunal Federal ou ao Superior Tribunal de Justiça, desde que: a) o recurso ainda não tenha sido submetido ao regime de repercussão geral ou de julgamento de recursos repetitivos; b) o recurso tenha sido selecionado como representativo da controvérsia; ou c) o tribunal recorrido tenha refutado o juízo de retratação. § 1º Da decisão de inadmissibilidade proferida com fundamento no inciso V caberá agravo ao tribunal superior, nos termos do art. 1.042. § 2º Da decisão proferida com fundamento nos incisos I e III caberá agravo interno, nos termos do art. 1.021. (...) Art. 1.035. O Supremo Tribunal Federal, em decisão irrecorrível, não conhecerá do recurso extraordinário quando a questão constitucional nele versada não tiver repercussão geral, nos termos deste artigo. § 1º Para efeito de repercussão geral, será considerada a existência ou não de questões relevantes do ponto de vista econômico, político, social ou jurídico que ultrapassem os interesses subjetivos do processo. § 2º O recorrente deverá demonstrar a existência de repercussão geral para apreciação exclusiva pelo Supremo Tribunal Federal. § 3º Haverá repercussão geral sempre que o recurso impugnar acórdão que: I – contrarie súmula ou jurisprudência dominante do Supremo Tribunal Federal; II – tenha sido proferido em julgamento de casos repetitivos; II – (Revogado); III – tenha reconhecido a inconstitucionalidade de tratado ou de lei federal, nos termos do art. 97 da Constituição Federal. § 4º O relator poderá admitir, na análise da repercussão geral, a manifestação de terceiros, subscrita por procurador habilitado, nos termos do Regimento Interno do Supremo Tribunal Federal. § 5º Reconhecida a repercussão geral, o relator no Supremo Tribunal Federal determinará a suspensão do processamento de todos os processos pendentes, individuais ou coletivos, que versem sobre a questão e tramitem no território nacional. § 6º O interessado pode requerer, ao presidente ou ao vice-presidente do tribunal de origem, que exclua da decisão de sobrestamento e inadmita o recurso extraordinário que tenha sido interposto intempestivamente, tendo o recorrente o prazo de 5 (cinco) dias para manifestar-se sobre esse requerimento. § 7º Da decisão que indeferir o requerimento referido no § 6º caberá agravo, nos termos do art. 1.042. § 7o Da decisão que indeferir o requerimento referido no § 6o caberá agravo, nos termos do art. 1.042. § 8º Negada a repercussão geral, o presidente ou o vice-presidente do tribunal de origem negará seguimento aos recursos extraordinários sobrestados na origem que versem sobre matéria idêntica. § 9º O recurso que tiver a repercussão geral reconhecida deverá ser julgado no prazo de 1 (um) ano e terá preferência sobre os demais feitos, ressalvados os que envolvam réu preso e os pedidos de habeas corpus. § 10. Não ocorrendo o julgamento no prazo de 1 (um) ano a contar do reconhecimento da repercussão geral, cessa, em todo o território nacional, a suspensão dos processos, que retomarão seu curso normal. § 10. (Revogado). § 11. A súmula da decisão sobre a repercussão geral constará de ata, que será publicada no diário oficial e valerá como acórdão.

Civil (CPC/15), assim como o Regimento Interno do Supremo Tribunal Federal (STF) sofreu alterações normativas complementares.[145]

A sistematização de procedimentos no Supremo Tribunal Federal (STF) e demais órgãos do Poder Judiciário tem por finalidade: **(a)** garantir racionalidade e segurança aos jurisdicionados; **(b)** conferir maior efetividade e uniformização às decisões; **(c)** delimitar a atuação da Corte Suprema no julgamento de Recursos Extraordinários e Agravos às questões constitucionais que tenham relevância social, política, econômica ou jurídica que transcendam os interesses subjetivos do processo; e **(d)** uniformizar a interpretação da Constituição Federal sem que a Corte Constitucional tenha que decidir inúmeros processos acerca da mesma questão, em prestígio aos princípios da economia, celeridade e eficiência processual.

5.2. Modulação de efeitos

A decisão do Supremo Tribunal Federal (STF) de inconstitucionalidade de lei ou ato normativo federal ou estadual em controle concentrado de constitucionalidade, como regra geral, terá eficácia *erga omnes* (em face de todos) e efeitos *ex tunc* (relativos desde a edição da norma impugnada).

Determinada norma jurídica produz efeitos a partir do momento da sua aprovação e como a norma jurídica não tivesse existido (efeitos *ex tunc*).

No intuito de evitar eventuais efeitos negativos no ordenamento jurídico, revela-se a possibilidade de modulação dos efeitos da decisão do Supremo Tribunal Federal (STF), para que a decisão de inconstitucionalidade tenha efeitos *ex nunc* (a partir do trânsito em julgado da decisão) ou *pro futuro* (qualquer outro momento que venha a ser escolhido), nos termos da Lei Federal nº 9.868, de 10.11.99, a saber:

> Art. 27. Ao declarar a inconstitucionalidade de lei ou ato normativo, e tendo em vista razões de segurança jurídica ou de excepcional interesse social, poderá o Supremo Tribunal Federal, por maioria de dois terços de seus membros, restringir os efeitos daquela declaração ou decidir que ela só tenha eficácia a partir de seu trânsito em julgado ou de outro momento que venha a ser fixado.

---

[145] Emendas Regimentais nº 21, de 30.04.07, nº 23, de 11.03.08, nº 24, de 20.05.08, nº 27, de 28.11.08, nº 29, de 18.02.09, nº 31, de 29.05.09, nº 41, de 16.09.10, nº 42, de 02.12.10, nº 46, de 06.07.11, nº 47, de 24.02.12, nº 52, de 14.06.19, nº 53, de 18.03.20 e nº 54, de 01.07.20.

Desta forma, os requisitos à modulação dos efeitos da decisão consistiam no quórum qualificado do Supremo Tribunal Federal (STF), razões de segurança jurídica e/ou de excepcional interesse social.

O Código de Processo Civil (CPC), aprovado pela Lei Federal nº 13.105, de 13.03.15, estabelece que:

> Art. 927. (...)
>
> (...)
>
> § 3º Na hipótese de alteração de jurisprudência dominante do Supremo Tribunal Federal e dos tribunais superiores ou daquela oriunda de julgamento de casos repetitivos, pode haver modulação dos efeitos da alteração no interesse social e no da segurança jurídica.
>
> (...).

Neste caso, não há exigência de quórum qualificado, sendo necessário apenas o interesse social (independente de se mostrar excepcional), desde que presente a modificação da jurisprudência dominante (deve haver jurisprudência dominante, com a nova decisão em sentido oposto).

A modulação de efeitos impõe a adoção de um momento a partir do qual a decisão do Supremo Tribunal Federal (STF) pela inconstitucionalidade da norma jurídica produzirá efeitos. O artigo 27 da Lei Federal nº 9.868/99 estipula que os efeitos poderiam ocorrer a partir do trânsito em julgado da decisão ou de distinto momento a ser fixado pela Corte Constitucional.

Pontuamos que o Supremo Tribunal Federal (STF) não tem adotado o trânsito em julgado de sua decisão como marco temporal para produção de efeitos, pinçando marcos temporais distintos em razão das especificidades de cada questão (momento da concessão de medida cautelar; data do início do julgamento relativo ao mérito; data do julgamento pertinente ao mérito; publicação da ata de julgamento; publicação do acórdão; dentre outros) nem sempre explicitando o motivo pelo qual adotou determinado marco temporal em detrimento de outros.

5.3. Apontamentos aos Temas de Repercussão Geral

Ressalte-se, por oportuno, que as questões pertinentes aos Temas de Repercussão Geral também foram abordadas no contexto de tópicos específicos do presente estudo jurídico, inclusive por meio da apresentação de argumentação jurídica em sentido diverso dos julgamentos proferidos pelo Supremo Tribunal Federal (STF).

5.3.1. *Tema 125. Incidência do ISS sobre Operações de Arrendamento Mercantil (leasing financeiro)*

A lista de serviços anexa à Lei Complementar nº 56, de 15.12.87, previa a incidência do imposto, na forma seguinte: "79. Locação de bens móveis, inclusive arrendamento mercantil".

O Superior Tribunal de Justiça (STJ), por meio da Súmula nº 138, firmou postura no sentido de que "o ISS incide na operação de arrendamento mercantil".

A Lei Complementar nº 87, de 13.09.96, estabeleceu a incidência do ICMS sobre as operações de arrendamento mercantil (*leasing*), a saber: "Art. 3º. O imposto não incide sobre: (...) VIII – operações de arrendamento mercantil, não compreendida a venda do bem arrendado ao arrendatário (...)."

O Supremo Tribunal Federal (STF) apreciou a incidência do ICMS sobre as operações de arrendamento mercantil (*leasing*). Confira-se:

> Recurso Extraordinário. ICMS. Não Incidência. Entrada de mercadoria importada do exterior. Art. 155, II da CB. "Leasing" de aeronaves e/ou peças ou equipamentos de aeronaves. Operação de arrendamento mercantil.
>
> 1. A importação de aeronaves e/ou peças ou equipamentos que as acompanham em regime de *leasing* não admite posterior transferência ao domínio do arrendatário.
>
> 2. A circulação de mercadoria é pressuposto de incidência do ICMS. O imposto – diz o art. 155, II, da Constituição do Brasil – é sobre "operações relativas à circulação de mercadorias e sobre prestações de serviços de transporte interestadual e intermunicipal e de comunicação, ainda que as operações e as prestações se iniciem no exterior".
>
> 3. Não há operação relativa à circulação de mercadoria sujeita à incidência do ICMS em operação de arrendamento mercantil contratado pela indústria aeronáutica de grande porte para viabilizar o uso, pelas companhias de navegação aérea, de aeronaves por ela construídas.
>
> 4. Recuso Extraordinário do Estado de São Paulo a que se nega provimento e Recurso Extraordinário da TAM.
>
> (Recurso Extraordinário nº 461.968-7/SP. Plenário. Relator Ministro Eros Roberto Grau. j. 30.05.07 p. 24.08.07).

O Supremo Tribunal de Justiça (STJ), por meio da Súmula nº 263, fixou posicionamento no sentido de que "a cobrança antecipada do valor residual (VRG) descaracteriza o contrato de arrendamento mercantil, transformando-o em venda a prestação".

Posteriormente, o Superior Tribunal de Justiça (STJ) cancelou a Súmula nº 263 (Recurso Especial nº 443.143/GO. Relator Ministro António de Pádua Ribeiro. j. 10.09.03. p. 29.09.03 e Recurso Especial nº 470.632/SP. Relator Ministro António de Pádua Ribeiro j. 10.09.03 p. 29.09.03), em razão do entendimento de que o valor residual poderia ser pago em qualquer momento na vigência do instrumento contratual, sem que o arrendamento mercantil (*leasing*) fosse caracterizado como operação de compra, na medida em que a Resolução do Conselho Monetário Nacional (CMN) nº 2.309, de 28.08.96 permite a cobrança do valor residual sem que o arrendatário perca o direito, ao final do prazo fixado, da desistência da compra do bem.

A Lei Complementar nº 116, de 31.07.03, reiterou a incidência do ISS sobre o arrendamento mercantil (*leasing*) sem qualquer ressalva relativa à incidência do ICMS, permitindo o entendimento de que a previsão de incidência do ICMS compreendida na Lei Complementar nº 87, de 13.09.96, restaria prejudicada (artigo 3º, inciso VIII).

O Superior Tribunal de Justiça (STJ) firmou posicionamento jurídico de que "incide ISSQN sobre operações de arrendamento mercantil financeiro" (Tema 354 de Recurso Repetitivo. Recurso Especial nº 1.060.210/SC. Relator Ministro Napoleão Nunes Maia Filho; e Recurso Especial nº 841.577/SC. Relator Ministro Mauro Campbell Marques).

Conforme apontado em tópico anterior do presente trabalho, reiteramos entendimento no sentido de que, embora o arrendamento mercantil (*leasing*) esteja previsto na "lista de serviços", não configuraria materialidade do ISS, pois mostra-se evidente que de "serviço" não se trata. Parece-nos que o arrendamento mercantil (*leasing*) estaria sujeito à materialidade do Imposto sobre Operações de Crédito (IO/Crédito), nos termos do artigo 153, inciso V, da Constituição Federal de 1988,[146] na medida em que, apesar da característica híbrida (locação, venda e compra etc.), a sua essência compreenderia a concessão de um financiamento, inclusive na forma como abordado pelo Superior Tribunal de Justiça (STJ) ao examinar o Município competente para fins de recolhimento do imposto mu-

[146] Art. 153. Compete à União instituir impostos sobre (...) V – operações de crédito, câmbio e seguro, ou relativas a títulos ou valores mobiliários (...).

nicipal (Recurso Especial nº 1.060.210/SC. 1ª Turma. Relator Ministro Napoleão Nunes Maia Filho. j. 13.08.14).

O Supremo Tribunal Federal (STF), por intermédio do Tema 125 de Repercussão Geral, pretendeu consolidar postura jurídica, a saber:

> RECURSO EXTRAORDINÁRIO. DIREITO TRIBUTÁRIO. ISS. ARRENDAMENTO MERCANTIL. OPERAÇÃO DE LEASING FINANCEIRO. ARTIGO 156, III, DA CONSTITUIÇÃO DO BRASIL.
>
> O arrendamento mercantil compreende três modalidades, (i) o leasing operacional, (ii) o leasing financeiro e (iii) o chamado *leaseback*. No primeiro caso há locação, nos outros dois, serviço.
>
> A lei complementar não define o que é serviço, apenas o declara, para os fins do inciso III do artigo 156 da Constituição. Não o inventa, simplesmente descobre o que é serviço para os efeitos do inciso III do artigo 156 da Constituição. No arrendamento mercantil (leasing financeiro), contrato autônomo que não é misto, o núcleo é o financiamento, não uma prestação de dar. E, financiamento é serviço, sobre o qual o ISS pode incidir, resultando irrelevante a existência de uma compra nas hipóteses do *leasing* financeiro e do *lease-back*.
>
> (Recurso Extraordinário nº 592.905/SC. Plenário. Relator Ministro Eros Roberto Grau. j. 02.12.09. p. 05.03.10. Tema 125 de Repercussão Geral).

5.3.2. Tema 247. Incidência do ISS sobre Materiais Empregados na Construção Civil

O Decreto-Lei nº 406, de 31.12.68, estabeleceu que: "Art. 9º. A base de cálculo do imposto é o preço do serviço (...). § 2º. "Na prestação dos serviços a que se referem os itens 19 e 20 da lista anexa o imposto será calculado sobre o preço deduzido das parcelas correspondentes: a) ao valor dos materiais fornecidos pelo prestador dos serviços; b) ao valor das subempreitadas já tributadas pelo imposto. (...)."

O Superior Tribunal de Justiça (STJ) manifestou entendimento jurídico, a saber:

> Tributário. ISS. Processual Civil. Embargos de Declaração. Dedução do valor dos materiais de construção empregados pelas subempreiteiras.
>
> 1. Da base de cálculo do ISS não deve ser deduzido o valor dos materiais de construção utilizados pela prestadora do serviço.
>
> 2. A base de cálculo para apuração do total do tributo devido é o custo do serviço em sua totalidade.
>
> (Embargos de Declaração no Recurso Especial nº 123.528/SP. 1ª Turma. Relator Ministro José Augusto Delgado. j. 04.12.97. p. 16.03.98).

O Supremo Tribunal Federal (STF) fixou postura jurídica, na forma seguinte:

Tributário. Imposto sobre Serviços – ISS. Empresas de construção civil. Dedução do valor de subempreitadas tributadas. Art. 9º, § 2º, alínea "b", do Decreto-Lei nº 406/1968.

1. O Decreto-Lei n. 406/1968 foi recepcionado como lei complementar pela Constituição da República. Precedentes: Recursos Extraordinários ns. 236.604 e 220.323.

2. O disposto no art. 9º, § 2º, alínea "b", do Decreto-Lei n. 406/1968 não contraria a Constituição da República."

(Recurso Extraordinário nº 262.598/PR. 1ª Turma. Relator Ministro Ilmar Nascimento Galvão. j. 14.08.07. p. 28.09.07).

Em determinadas situações, o prestador de serviço acaba por contratar terceiros para a realização de tarefas contratadas pelo tomador, em razão de critério de sua conveniência e oportunidade (questões operacionais, financeiras etc.). A este respeito, o Superior Tribunal de Justiça (STJ) manifestou entendimento, a saber:

Tributário. ISS. Base de cálculo. Agenciamento de mão-de-obra. Inclusão do valor dos salários dos trabalhadores. IPC de janeiro de 1989.

A base de cálculo do Imposto sobre Serviços é o preço do serviço.

O preço do serviço é considerado como receita bruta, incluídos os rendimentos auferidos pelos trabalhadores, os tributos e encargos no recrutamento, agenciamento, seleção, colocação e fomento de mão de obra. (...)

Recurso parcialmente provido.

(Recurso Especial nº 209.005/SP. 1ª Turma. Relator Ministro Garcia Vieira. j. 17.06.99. p. 16.08.99).

A Lei Complementar nº 116, de 31.07.03, estabeleceu que na construção civil não se inclui na base de cálculo o valor dos materiais fornecidos pelo prestador dos serviços compreendidos nos itens 7.02 e 7.05, da lista de serviços (artigo 7º, § 2º, inciso I):

7.02 – Execução, por administração, empreitada ou subempreitada, de obras de construção civil, hidráulica ou elétrica e de outras obras semelhantes, inclusive sondagem, perfuração de poços, escavação, drenagem e irrigação, terraplanagem, pavimentação, concretagem e a instalação e montagem de produtos, peças e equipamentos (exceto o fornecimento de mercadorias produzidas pelo prestador de serviços fora do local da prestação dos serviços, que fica sujeito ao ICMS).

(...)

7.05 – Reparação, conservação e reforma de edifícios, estradas, pontes, portos e congêneres (exceto o fornecimento de mercadorias produzidas pelo prestador dos serviços, fora do local da prestação dos serviços, que fica sujeito ao ICMS).

A este respeito, a dedução pode contemplar os materiais fornecidos pelo próprio prestador de serviço e aqueles adquiridos de terceiros, conforme orientações do Supremo Tribunal Federal (STF) e do Superior Tribunal de Justiça (STJ). Confira-se:

> Tributário. Imposto sobre Serviços – ISS. Definição da base de cálculo. Dedução dos gastos com materiais empregados na construção civil. Recepção do art. 9º, § 2º, "b", do Decreto-Lei 406/1968 pela Constituição de 1988. Ratificação da jurisprudência firmada por esta Corte. Existência de repercussão geral.
>
> (STF. Recurso Extraordinário nº 603.497/MG. Plenário. Relatora Ministra Ellen Gracie Northfleet. j. 04.02.10. p. 06.05.10).

> Tributário. Agravo Regimental no Agravo em Recurso Especial. ISSQN. Base de cálculo. Dedução do valor dos materiais empregados na construção civil. Desinfluência da distinção entre materiais fornecidos pelo próprio prestador do serviço e materiais adquiridos de terceiros. Precedentes. Agravo Regimental Improvido.
>
> I. A dedução do valor dos materiais, utilizados na construção civil, da base de cálculo do ISSQN, conforme previsão do Decreto-Lei 406/1968 e da Lei Complementar 116/2003, abrange tanto os materiais fornecidos pelo próprio prestador do serviço, como aqueles adquiridos de terceiros. O que importa, segundo o entendimento pretoriano atual, é que os materiais sejam empregados na construção civil.
>
> II. Na forma da jurisprudência, "Após o julgamento do RE n. 603.497-MG, a jurisprudência do Tribunal passou a seguir o entendimento do Supremo Tribunal Federal quanto à legalidade da dedução do custo dos materiais empregados na construção civil da base de cálculo do imposto sobre serviços, incluído o serviço de concretagem. Agravo regimental desprovido.
>
> (STJ. Agravo Regimental no Agravo em Recurso Especial nº 664.012/RJ. 2ª Turma. Relatora Ministra Assusete Dumont Reis Magalhães. j. 10.03.16 p. 17.03.16).

O Supremo Tribunal Federal (STF) firmou o seguinte entendimento jurídico:

> DIREITO TRIBUTÁRIO. IMPOSTO SOBRE SERVIÇOS DE QUALQUER NATUREZA. CONSTRUÇÃO CIVIL. BASE DE CÁLCULO. MATERIAL EMPREGADO. DEDUÇÃO, RECEPÇÃO DO ART. 9º, § 2º, "A", DO DL 406/68. ACÓRDÃO DO SUPERIOR TRIBUNAL DE JUSTIÇA QUE NÃO DESTOA DA JURISPRUDÊNCIA DO SUPREMO TRIBUNAL FEDERAL.
>
> 1. A jurisprudência deste Supremo Tribunal Federal, reafirmada na decisão agravada, circunscreve-se a asseverar recepcionado, pela Carta de 1988, o art. 9º, § 2º, do DL 406/68, sem, contudo, estabelecer interpretação sobe o seu alcance nem analisar sua subsistência frente à legislação que lhe sucedeu – em especial, a LC 116/2003 – tarefas de competência do Superior Tribunal de Justiça.
>
> 2. No caso, o acórdão do Superior Tribunal de Justiça, objeto do recurso extraordinário, não destoou da jurisprudência desta Suprema Corte, porque, sem contrariar a premissa de que o art. 9º, § 2º, "a", do DL 406/1968 foi recepcionado pela atual ordem constitucional, e considerada, ainda, a superveniência do art. 7º, § 2º, I, da LC 116/2003, restringiu-se a delimitar a interpretação dos referidos preceitos infraconstitucionais, para concluir pela ausência, na espécie, dos requisitos para dedução, da base de cálculo do Imposto sobre Serviços de Qualquer Natureza

(ISSQN), de materiais utilizados no fornecimento de concreto, por empreitada para construção civil.

3. Agravo interno conhecido e parcialmente provido, para, reafirmada a tese da recepção do art. 9º, § 2º, do DL 406/1968 pela Carta de 1988, assentar que sua aplicação ao caso concreto não enseja reforma do acórdão do STJ, uma vez que aquela Corte Superior, á luz do estatuído no art. 105, III, da Constituição da República, limitou-se a fixar-lhe o respectivo alcance.

(Agravo Regimental no Recurso Extraordinário nº 603.497/MG. Plenário. Relatora Ministra Rosa Maria Pires Weber. j. 29.06.20. p. 13.08.20. Tema 247 de Repercussão Geral).

5.3.3. Tema 212. Inconstitucionalidade da Incidência do ISS sobre Operações de Locação de Bens Móveis Dissociada da Prestação de Serviço

Ao apreciar circunstância relativa à mera locação de guindaste desacompanhada da prestação de serviços, o Supremo Tribunal Federal (STF) declarou a inconstitucionalidade da expressão "locação de bens móveis" (item 79, da lista de serviços, do Decreto-Lei nº 406, de 31.12.68, na redação da Lei Complementar nº 56, de 15.12.87), a saber:

Tributo. Figurino constitucional. A supremacia da Carta Federal é conducente a glosar-se a cobrança de tributo discrepante daqueles nela previstos. Imposto sobre Serviços. Contrato de locação.

A terminologia constitucional do Imposto sobre Serviços revela o objeto da tributação. Conflita com a Lei Maior dispositivo que imponha o tributo considerado contrato de locação de bem móvel. Em Direito, os institutos, as expressões e os vocábulos têm sentido próprio, descabendo confundir a locação de serviços com a de móveis, práticas diversas regidas pelo Código Civil, cujas definições são de observância inafastável – art. 110 do Código Tributário Nacional.

(Recurso Extraordinário nº 116.121-3/SP. Relator Ministro Luiz Octavio Pires de Albuquerque Gallotti. Relator para Acórdão Ministro Marco Aurélio Mendes Faria de Mello. j. 11.10.00. p. 25.05.01).

O Supremo Tribunal Federal, por intermédio da Súmula Vinculante nº 31, firmou entendimento de que: "É inconstitucional a incidência do Imposto sobre Serviços de Qualquer Natureza – ISS sobre operações de locação de bens móveis". No entanto, foram ressalvadas situações nas quais aludida Súmula poderia ser considerada. Confira-se:

Direito tributário e processual civil. Imposto sobre Serviços de Qualquer Natureza. Incidência em contratos mistos. Locação de maquinário com operadores. Reclamação. Alegação de descumprimento da Súmula Vinculante 31. Descabimento.

A Súmula Vinculante 31, que assenta a inconstitucionalidade da incidência do Imposto sobre Serviços de Qualquer Natureza – ISS nas operações de locação de bens móveis, somente pode ser aplicada em relações contratuais complexas se a locação de bens móveis estiver claramente segmentada da prestação de serviços, seja no que diz com o seu objeto, seja no que concerne ao valor específico da contrapartida financeira.

Hipótese em que contratada a locação de maquinário e equipamentos conjuntamente com a disponibilização de mão de obra especializada para operá-los, sem haver, contudo, previsão de remuneração específica da mão de obra disponibilizada à contratante. Baralhadas as atividades de locação de bens e de prestação de serviços, não há como acolher a presente reclamação constitucional.

(Agravo Regimental na Reclamação nº 14.290/DF. Plenário. Relatora Ministra Rosa Maria Pires Weber. j. 22.05.14. p. 20.06.14).

Ressalte-se que, apesar do item 3.01 ("locação de bens móveis") ter sido excluído da lista de serviços passíveis de tributação pelo ISS em conformidade à jurisprudência do Supremo Tribunal Federal (STF), se encontra plenamente em vigor o item 3.04, relativo à "locação e sublocação de ferrovia, rodovia, postes, cabos, dutos e condutos de qualquer natureza", em absoluto descompasso à postura da Corte Superior, conforme se observa do julgamento do Recurso Extraordinário nº 626.706/SP. Plenário. Relator Ministro Gilmar Ferreira Mendes. j. 08.09.10. p. 24.09.10. Tema 212 de Repercussão Geral.

5.3.4. Tema 296. Interpretação da Lista de Serviços do ISS. Caráter taxativo e/ou extensivo

A Constituição Federal de 1988 estabelece que o imposto incide sobre serviços de qualquer natureza, não compreendidos os serviços de transporte interestadual, intermunicipal e de comunicação (ICMS/Serviços), "definidos em lei complementar" (artigo 156, inciso III), determinando que compete à referida espécie legislativa, dentre outras atribuições, "estabelecer normas gerais em matéria de legislação tributária, especialmente sobre (...) definição de tributos e de suas espécies, bem como, em relação aos impostos discriminados nesta Constituição, a dos respectivos fatos geradores, bases de cálculo e contribuintes" (artigo 146, inciso III, alínea "a"). Observa-se, que a própria Constituição Federal de 1988 (artigo 30, inciso III) estipula que *"compete aos Municípios instituir e arrecadar os tributos de sua competência"*.

A definição de serviço nas "listas" anexas às leis complementares implica em acirrada controvérsia, pois, se, de um lado, se encontra a autonomia municipal para instituir o imposto, de outro lado, confere competência ao legislador nacional para determinar os serviços passíveis de incidência do imposto municipal. Não há dúvida de que a discriminação das competências tributárias às pessoas jurídicas de direito público constitui princípio constitucional. Desta forma, considerando que os Municípios se encontram subordinados ao Congresso Nacional quanto à edição de lei complementar estabelecendo os serviços que possam prever em suas respectivas legislações, mostra-se evidente desrespeito à autonomia municipal relativa à instituição e cobrança do ISS.

A questão relativa à abrangência da "lista de serviços" foi apreciada pelo Supremo Tribunal Federal (STF), firmando diretriz no sentido de ser *"taxativa"* (Recurso Extraordinário nº 77.183/SP. Plenário. Relator Ministro Aliomar de Andrade Baleeiro. j. 19.04.74), embora admita interpretação *"ampla e analógica"* (Recurso Extraordinário nº 75.952/SP. 2ª Turma. Relator Ministro Carlos Thompson Flores. j. 29.10.73).

O Superior Tribunal de Justiça (STJ) adotou idêntica postura no Acórdão proferido no Recurso Especial nº 834.060/PR, a saber:

> Tributário. Recurso Especial. ISS. Lista de Serviços. Taxatividade. Interpretação Extensiva. Possibilidade.
>
> 1. Embora taxativa, em sua enumeração, a lista de serviços admite interpretação extensiva, dentro de cada item, para permitir a incidência do ISS sobre serviços correlatos àqueles previstos expressamente. Precedentes do STF e desta Corte.
>
> 2. Esse entendimento não ofende a regra do art. 108, § 1º, do CTN, que veda o emprego da analogia para a cobrança de tributo não previsto em lei. Na hipótese, não se cuida de analogia, mas de recurso à interpretação extensiva, de resto autorizada pela própria norma de tributação, já que muitos dos itens da lista de serviços apresentam expressões do tipo "congêneres", "semelhantes", "qualquer natureza", "qualquer espécie", dentre outras tantas.
>
> 3. Não se pode confundir analogia com interpretação analógica ou extensiva. A analogia é técnica de integração, vale dizer, recurso de que se vale o operador do direito diante de uma lacuna do ordenamento jurídico. Já a interpretação, seja ela extensiva ou analógica, objetiva desvendar o sentido e o alcance da norma, para então definir-lhe, com certeza, a sua extensão. A norma existe, sendo o método interpretativo necessário, apenas, para precisar-lhe os contornos (...).
>
> (Recurso Especial nº 834.060/PR, 2ª Turma. Relator Ministro José de Castro Meira, j. 15.08.06. p. 25.08.06).

O Tema nº 296 de Repercussão Geral, o Supremo Tribunal Federal (STF) firmou tese no sentido de que: "É taxativa a lista de serviços sujeitos ao ISS a que se refere o art. 156, III, da Constituição Federal, admitindo-se, contudo, a incidência do tributo sobre as atividades inerentes aos serviços elencados em lei em razão da interpretação extensiva" (Recurso Extraordinário nº 784.439/DF. Plenário. Relatora Ministra Rosa Maria Pires Weber. j. 29.06.20. p. 15.09.20).

Conforme apontado em item específico deste estudo jurídico, a expressão constitucional *"serviços de qualquer natureza"* não configura "cheque em branco", para que o legislador infraconstitucional, de forma irrestrita e incondicional, possa impor a tributação pelo ISS sobre circunstância fática que não configure a verdadeira materialidade do referido imposto. A adoção da expressão "serviço de qualquer natureza" pressupõe, evidentemente, competência para se tributar "qualquer natureza" (espécie) de "serviço" (gênero), de forma que referida exigência ("qualquer natureza") guarde total e absoluta pertinência a determinado "serviço", não sendo juridicamente possível conferir amplitude ilimitada a tal expressão, distinta da Constituição Federal de 1988, não sendo permitido tributar fato que não configure materialidade constitucional do imposto: ou seja, serviço de "qualquer natureza", mas desde que se trate, por óbvio, de "serviço".

O exame acerca da materialidade do ISS decorre da Constituição Federal de 1988 para a legislação infraconstitucional, jamais em sentido inverso, na medida em que a lei complementar não tem o condão de legitimar a incidência do imposto sobre fato que não se amolde aos parâmetros constitucionais de competência atribuída aos Municípios.

A circunstância de determinada atividade se encontrar compreendida em item específico da "lista de serviços" passível de tributação pelo ISS não implica, obrigatoriamente, na sua indubitável incidência, na medida em que deve configurar a materialidade do imposto em observância aos contornos constitucionais. Em outras palavras, nem todos os itens previstos nas "listas de serviços" são passíveis de tributação pelo ISS, da mesma forma que nem todos os serviços possíveis de tributação pelo imposto se encontram hipoteticamente descritos nas "listas de serviços" das respectivas Municipalidades.

O fato de a "lista de serviços" anexa à legislação complementar descrever elenco exaustivo de fatos passíveis de incidência pelo ISS não tem o condão de legitimar a exigência sobre todas as referidas hipóteses, pressupondo, para tanto, se tratar efetivamente de serviço tributável em conformidade ao modelo constitucional compreendido na esfera de competência municipal (artigo 156, inciso), parecendo-nos juridicamente inaceitável a incidência do imposto sobre: (a) negócios jurídicos que não constituem autênticos serviços (arrendamento mercantil, cessão de direito de uso, licença de uso, etc.); (b) itens que se utilizam das expressões "congêneres", "auxiliares" e "semelhantes", que não se justificam na tipicidade cerrada; (c) itens que adotam os termos "quaisquer", "qualquer natureza", "qualquer espécie" conferem amplitude a específicos serviços e demandam a utilização de método analógico, remanescendo tão somente a eventual inclusão de esdrúxulo item que preveja e assegure a incidência do ISS sobre "demais serviços não indicados nos itens anteriores".

5.3.5. Tema 300. Incidência do ISS sobre Contratos de Franquia ("Franchising")

Observa-se que o Superior Tribunal de Justiça (STJ) entendida que a franquia (*franchising*) não se encontrava submetida à incidência do ISS. Confira-se:

Tributário. ISS. *Franchising.*

1. Franquia empresarial está conceituada no art. 2º, da Lei 8.955/94.

2. O referido contrato é formado pelos seguintes elementos: distribuição, colaboração recíproca, preço, concessão de autorizações e licenças, independência, métodos e assistência técnica permanente, exclusividade e contrato mercantil (Adalberto Simão Filho. *Franchising.* SP. 3ª ed. Atlas. 1988, pp. 33-55).

3. Compreende-se dos elementos supra que o referido contrato é formado por três tipos de relações jurídicas: licença para uso da marca do franqueador pelo franqueado; assistência técnica a ser prestada pelo franqueador ao franqueado; as promessas e as condições de fornecimento dos bens que serão comercializados, assim como, se feitas pelo franqueador ou por terceiros indicados ou credenciados, por este (Glória Cardoso de Almeida Cruz. *Franchising*, Forense, 2ª ed.).

4. É, portanto, contrato de natureza complexa, afastando-se da caracterização da prestação de serviço.

5. ISS não devido em contrato de franquia.
Ausência de previsão legal.

(Recurso Especial nº 221.577/MG. Relator Ministro Jacy Garcia Vieira. Relator para Acórdão Ministro José Augusto Delgado. 1ª Turma. j. 23.09.99. p. 03.04.00).

Recurso Especial. Contrato de *Franchising.* Não-Incidência de ISS. Precedentes.

O contrato de franquia não se confunde com nenhum outro contrato, porquanto possui delineamentos próprios que lhe concederam autonomia. Ainda que híbrido, não pode ser configurado como a fusão de vários contratos específicos (voto-vista proferido por este signatário no julgamento do REsp 189.225-RJ, in *DJU* de 3.6.2002).

Dessa forma, o contrato de franquia não pode ser qualificado como uma espécie de contrato de locação de bem móveis (sic), consoante entendeu a Corte de origem, pois que configura um contrato complexo, autônomo, e não subordinado a nenhuma outra figura contratual.

Assim, "em obediência ao princípio tributário que proíbe a determinação de qualquer tipo de fato gerador sem apoio em lei, não incide o ISS sobre as atividades específicas do contrato de franquia" (Recurso Especial nº 189.255/RJ. Relator Ministro Peçanha Martins. p. 03.06.02).

Recurso especial provido.

(Recurso Especial nº 403.799/MG. 2ª Turma. Relator Ministro Domingos Franciulli Netto. j. 19.02.04. p. 26.04.04).

Ao reapreciar a matéria, o Superior Tribunal de Justiça (STJ) entendeu pela incidência do imposto sobre referida atividade, a saber:

Processual civil e tributário. Agravo em Recurso Especial. ISS. Contrato de franquia. Incidência. Repercussão geral reconhecida pelo STF. Sobrestamento. Descabimento.

1. Encontra-se pacificada nesta Corte a orientação de que com a edição da Lei Complementar 116/2003 da lista de serviços anexa à norma, ficando, portanto, sujeita à incidência tributária. Precedentes: (...).

2. O reconhecimento da repercussão geral pela Suprema Corte não enseja o sobrestamento do julgamento dos recursos especiais que tramitam neste Superior Tribunal de Justiça. Precedentes (...).

3. Agravo regimental não provido.

(Agravo Regimental no Agravo em Recurso Especial nº 348.521/SP. 1ª Turma. Relator Ministro Benedito Gonçalves. j. 05.04.16. p. 11.04.16).

Ato subsequente, o Supremo Tribunal Federal (STF) fixou postura jurídica nos termos do Tema 300 de Repercussão Geral, a saber:

Recurso extraordinário com repercussão geral. Tema 300. 2. Tributário. Imposto Sobre Serviços de Qualquer Natureza. 3. Incidência sobre contrato de franquia. Possibilidade. Natureza híbrida do contrato de franquia. Reafirmação da jurisprudência. 4. Recurso extraordinário improvido.

(...)

Recurso extraordinário. Tributário. ISS. Franquia. Fato gerador. Lei Complementar 116/2003. Repercussão geral reconhecida.

(Recurso Extraordinário nº 603.136/RJ. Plenário. Relator Ministro Gilmar Ferreira Mendes. j. 29.05.20. p. 16.06.20. Tema 300 de Repercussão Geral).

No entanto, com o devido respeito ao entendimento jurídico divergente, quer nos parecer que a atividade relativa à franquia (*franchising*), pela complexidade e impossibilidade de segregação dos seus diversos elementos (instrumento contratual misto e complexo), não poderia se submeter à incidência do ISS, uma vez que contempla a disponibilização de uso da marca e/ou de patente, especialização técnica, conhecimento comercial, treinamento etc., não configurando prestação de serviço pela incompatibilidade material prevista no artigo 156, inciso III, da Constituição Federal de 1988.

5.3.6. Tema 379. Incidência do ISS sobre Medicamentos Preparados por Farmácias de Manipulação sob Encomenda

O Superior Tribunal de Justiça apreciou questão relativa ao tratamento tributário incidente sobre os serviços farmacêuticos, manifestando o posicionamento jurídico, a saber:

> Constitucional. Tributário. Delimitação da competência tributária entre Estados e Municípios. ICMS e ISSQN. Critérios. Serviços farmacêuticos. Manipulação de medicamentos. Serviços incluídos na Lista Anexa à LC 116/2003. Incidência de ISSQN.
>
> 1. Segundo decorre do sistema normativo específico (art. 155, II, § 2º, IX, "b", e 156, III da CF, art. 2º, IV da LC 87/96 e art. 1º, § 2º da LC 116/2003), a delimitação dos campos de incidência tributária entre Estados e Municípios, relativamente à incidência de ICMS e de ISSQN, está submetida aos seguintes critérios: (a) sobre operações de circulação de mercadorias e sobre serviços de transporte interestadual e internacional (sic) e de comunicações incide ICMS; (b) sobre operações de prestação de serviços compreendidos na lista de que trata a LC 116/2003, incide ISSQN; e (c) sobre operações mistas, assim entendidas as que agregam mercadorias e serviços, incide ISSQN sempre que o serviço agregado estiver compreendido na lista de que trata a LC 116/2003 e incide ICMS sempre que o serviço agregado não estiver previsto na referida lista. Precedentes de ambas as Turmas do STF.
>
> 2. Os serviços farmacêuticos constam do item 4.07 da lista anexa à LC 116/2003 como serviços sujeitos à incidência do ISSQN. Assim, a partir da vigência dessa Lei, o fornecimento de medicamentos manipulados por farmácias, por constituir operação mista que agrega necessária e substancialmente a prestação de um típico serviço farmacêutico, não está sujeita a ICMS, mas a ISSQN.
>
> 3. Recurso provido.
>
> (Recurso Especial nº 881.035/SP. 1ª Turma Relator Ministro Teori Albino Zavascki. j. 06.03.08 p. 25.03.08).

O Supremo Tribunal Federal (STF), por intermédio do Tema 379 de Repercussão Geral firmou entendimento acerca da matéria. Confira-se:

> Recurso Extraordinário. Repercussão geral. Direito Tributário. Incidência do ICMS ou do ISS. Operações Mistas. Critério objetivo. Definição de serviço em lei complementar. Medicamentos produzidos por manipulação de fórmulas, sob encomenda, para entrega posterior ao adquirente, em caráter pessoal. Subitem 4.07 da lista anexa à LC nº 116/03. Sujeição ao ISS. Distinção em relação aos medicamentos de prateleira, ofertados ao público consumidor, os quais estão sujeitos ao ICMS.
>
> 1. A Corte tradicionalmente resolve as ambiguidades entre o ISS e o ICMS com base em critério objetivo: incide apenas o primeiro se o serviço está definido por lei complementar como tributável por tal imposto, ainda que sua prestação envolva a utilização ou o fornecimento de bens, ressalvadas as exceções previstas na lei; ou incide apenas o segundo se a operação de circulação de mercadorias envolver serviço não definido por aquela lei complementar.
>
> 2. O critério objetivo pode ser afastado se o legislador complementar definir como serviços tributáveis pelo ISS serviços que, ontologicamente, não são serviços ou sempre que o fornecimento de mercadorias seja de vulto significativo e com efeito cumulativo.
>
> 3. À luz dessas diretrizes, incide o ISS (subitem 4.07 da Lista anexa à LC nº 116/06) sobre as operações realizadas por farmácias de manipulação envolvendo o preparo e o fornecimento de medicamentos encomendados para posterior entrega aos fregueses, em caráter pessoal, para consumo; incide o ICMS sobre os medicamentos de prateleira ofertados ao público consumidor e produzidos por farmácias de manipulação.
>
> 4. Fixação da seguinte tese para o Tema nº 379 da Gestão por temas de repercussão geral: "Incide ISS sobre as operações de venda de medicamentos preparados por farmácias de manipulação sob encomenda. Incide ICMS sobre as operações de venda de medicamentos por elas ofertados aos consumidores em prateleira.
>
> (Recurso Extraordinário nº 605.552/RS. Plenário. Relator Ministro José Antonio Dias Toffoli. j. 05.08.20. p. 06.10.20. Tema 379 de Repercussão Geral).

5.3.7. Tema 581. Incidência do ISS sobre Operadoras de Planos de Saúde

O Supremo Tribunal Federal (STF), por intermédio do Tema nº 581 de Repercussão Geral (Recurso Extraordinário nº 651.703/PR. Plenário. Ministro Relator Luiz Fux. j. 29.09.16. p. 26.04.17), entendeu pela constitucionalidade da incidência do ISS sobre as atividades de planos de assistência de saúde, afastando a "obrigação de fazer" como elemento exclusivo à definição da materialidade possível do imposto, nos termos da Ementa reduzida nos seguintes termos:

RECURSO EXTRAORDINÁRIO. CONSTITUCIONAL. TRIBUTÁRIO. ISSQN. ART. 156, III, CRFB/88. CONCEITO CONSTITUCIONAL DE SERVIÇOS DE QUALQUER NATUREZA. ARTIGOS 109 E 110 DO CTN. AS OPERADORAS DE PLANOS PRIVADOS DE ASSISTÊNCIA À SAÚDE (PLANO DE SAÚDE E SEGURO SAÚDE) REALIZAM PRESTAÇÃO DE SERVIÇOS SUJEITA AO IMPOSTO SOBRE SERVIÇOS DE QUALQUER NATUREZA – ISSQN, PREVISTO NO ART. 156, III, DA CRFB/88.

(...).

(Recurso Extraordinário nº 651.703/PR. Plenário. Ministro Relator Luiz Fux. j. 29.09.16. p. 26.04.17).

Em virtude do exame minucioso deste Acórdão, parece-nos que o Ministro Luiz Fux tenha adotado, em síntese, entendimento jurídico-processual consubstanciado nos seguintes aspectos:

a) A interpretação da questão sob análise não compreende nem a aplicação da interpretação econômica na esfera tributária, nem a observância do Direito Privado;

b) A Constituição Federal de 1988 se mostra carecedora de conceitos efetivamente constitucionais, mostrando-se necessário exercício de interpretação em consonância ao "pluralismo metodológico", que admite considerar inúmeros métodos, desde o literal até o método sistemático e teleológico, inclusive utilizando-se da Ciência das Finanças, Economia e Contabilidade, pois os conceitos constitucionais em matéria tributária não seriam fechados e unívocos;

c) Não se admite a interpretação isolada dos artigos 109 e 110, da Lei Federal nº 5.172, de 25.10.66 (Código Tributário Nacional – CTN), afastando a possibilidade de que a interpretação literal não seria exclusiva;

d) O emprego do critério econômico como decorrência do aspecto teleológico deriva da apreciação axiológica, baseada nos valores da igualdade e da solidariedade, sendo que a interpretação se mostra de forma jurídico-econômica, "ainda que para a formação dos conceitos tributários passem pelo filtro jurídico";

e) A Constituição Federal de 1988, ao atribuir competências tributárias, se utilizou de "tipos" em vez de "conceitos", pois seria irrelevante a utilização da legislação complementar para fins de dirimir conflitos de competência;

f) A classificação das obrigações em "obrigação de dar", de "fazer" e "não fazer" não se mostra adequada à caracterização dos produtos e serviços resultantes da atividade econômica; e

g) A expressão "de qualquer natureza", para conferir maior amplitude semântica a termo a qual leve a ampliação de competência tributária, não é novidade, tendo sido utilizada pelo legislador constituinte para alargar a competência tributária do imposto de renda ao incluir o termo "proventos".

Por sua vez, o Ministro Marco Aurélio Medes de Farias Mello apresentou divergência ao aludido entendimento, por entender, basicamente, que: (i) a necessidade de demonstração de "um fazer" para fins de incidência tributária não foi superado; (ii) identificando no núcleo da prestação de serviço, um "ato humano, um fazer", encontra-se legitimada a incidência do ISS; e (iii) a Súmula Vinculante nº 31 permanece eficaz, mesmo posteriormente ao julgamento do Recurso Extraordinário nº 547.245/SC (Plenário. Relator Ministro Eros Roberto Grau. j. 02.12.09) e do Recurso Extraordinário nº 592.905/SC (Plenário. Relator Ministro Eros Roberto Grau. j. 02.12.09. Tema 125 de Repercussão Geral).

No entanto, com o devido respeito, entendemos pela impossibilidade jurídica da exigência do ISS sobre as operadoras de planos de saúde, na medida em que, em síntese, as pessoas jurídicas dedicadas às atividades de planos de saúde não se caracterizam como prestadoras de serviços, se encontram imitadas à cobertura dos gastos incorridos e contratados, o negócio jurídico pactuado consiste essencialmente em seguro-saúde em razão do pagamento mensal do prêmio e o fato de que a assistência médico-hospitalar é executada pelos médicos e pelos hospitais.

5.3.8. Tema 590. Incidência do ISS sobre o Licenciamento e/ou Cessão de Direito de Uso de Programas de Computador (Software) Personalizados

O Supremo Tribunal Federal (STF), o examinar questão relativa ao tratamento tributário aplicável às operações com programa de computador (*software*), entendeu que:

> Ação direta de inconstitucionalidade. Direito Tributário. Lei nº 6.763/75 e Lei Complementar Federal nº 87/96. Operações com programa de computador (*software*). Critério objetivo. Subitem 1.05 da lista anexa à LC nº 116/03. Incidência de ISS. Aquisição por meio físico ou por meio eletrônico (*download*, *streaming*, etc.). Distinção entre *software* sob encomenda ou padronizado. Irrelevância. Contrato de li-

cenciamento de uso de programas de computador. Relevância do trabalho humano desenvolvido. Contrato complexo ou híbrido. Dicotomia entre obrigação de dar e obrigação de fazer. Insuficiência. Modulação dos efeitos da decisão.

1. A tradicional distinção entre *software* de prateleira (padronizado), e por encomenda (personalizado), não é mais suficiente para a definição da competência para a tributação dos negócios jurídicos que envolvam programa de computador em suas diversas modalidades. Diversos precedentes da Corte têm superado a velha dicotomia entre obrigação de fazer e obrigação de dar, notadamente nos contratos tidos por complexos (v.g. *leasing* financeiro, contratos de franquia).

2. A Corte tem tradicionalmente resolvido as indefinições entre ISS e do ICMS com base em critério objetivo: incide apenas o primeiro se o serviço está definido por lei complementar como tributável por tal imposto, ainda que sua prestação envolva a utilização ou o fornecimento de bens, ressalvadas as exceções previstas na lei; ou incide apenas o segundo se a operação de circulação de mercadorias envolver serviço não definido por aquela lei complementar.

3. O legislador complementar, amparado especialmente nos arts. 146, I, e 156, III, da Constituição Federal, buscou dirimir conflitos de competência em matéria tributária envolvendo *softwares*. E o fez não se valendo daquele critério que a Corte vinha adotando. Ele elencou, no subitem 1.05 da lista de serviços tributáveis pelo ISS anexa à LC nº 16/03, o licenciamento e a cessão de direito de uso de programas de computação. É certo, ademais, que, conforme a Lei nº 9.609/98, o uso de programa de computador no País é objeto de contrato de licença.

4. Associa-se a esse critério objetivo a noção de que *software* é produto do engenho humano, é criação intelectual. Ou seja, faz-se imprescindível a existência de esforço humano direcionado para a construção de um programa de computador (obrigação de fazer), não podendo isso ser desconsiderado em qualquer tipo de *software*. A obrigação de fazer também se encontra presente nos demais serviços prestados ao usuário, como v.g., o *help desk* e a disponibilização de manuais, atualizações e outras funcionalidades previstas no contrato de licenciamento.

5. Igualmente há prestação de serviço no modelo denominado *Software-as-a-Service* (SaaS), o qual se caracteriza pelo acesso do consumidor a aplicativos disponibilizados pelo fornecedor na rede mundial de computadores, ou seja, o aplicativo utilizado pelo consumidor não é armazenado no disco rígido do computador do usuário, permanecendo on line em tempo integral, daí por que se diz que o aplicativo está localizado na nuvem, circunstância atrativa da incidência do ISS.

6. Ação direta julgada parcialmente prejudicada, nos termos da fundamentação, e, quanto à parte subsistente, julgada procedente, dando-se ao art. 5º, da Lei nº 6.763/75 e ao art. 1º, I e II, do Decreto nº 43.080/02, ambos do Estado de Minas Gerais, bem como ao art. 2º da Lei Complementar nº 87/96, interpretação conforme à Constituição Federal, excluindo-se das hipóteses de incidência do ICMS o licenciamento ou a cessão do direito de uso de programas de computador, tal como previsto no subitem 1.05 da lista de serviços anexa à Lei Complementar nº 116/03".

<u>Modulação</u> dos efeitos da decisão, atribuindo a ela eficácia ex nunc, a contar da publicação da ata de julgamento do mérito em questão, para a) impossibilitar a repetição de indébito do ICMS incidente sobre operações com *softwares* em favor

de quem recolheu esse imposto até a véspera da data da publicação da ata de julgamento do mérito, vedando, nesse caso, que os municípios cobrem o ISS em relação aos mesmos fatos geradores; b) impedir que os estados cobrem o ICMS em relação aos fatos geradores ocorridos até a véspera da data da publicação da ata de julgamento do mérito. Ficam ressalvadas (i) as ações judiciais em curso, inclusive de repetição de indébito e execuções fiscais em que se discutam a incidência do ICMS, e (ii) as hipóteses de comprovada bitributação, caso em que o contribuinte terá direito à repetição do indébito do ICMS. Por sua vez, incide o ISS no caso de não recolhimento do ICMS ou do ISS, em relação aos fatos geradores ocorridos até a véspera da data da publicação da ata de julgamento do mérito."

(Ação Direta de Inconstitucionalidade nº 5.659/MG. Plenário. Relator Ministro José Antonio Dias Toffoli. j. 24.02.21. p. 20.05.21).

Ação direta de inconstitucionalidade. Direito Tributário. Lei nº 7.098, de 30 de dezembro de 1998, do Estado do Mato Grosso. ICMS-comunicação. Atividades-meio. Não incidência. Critério para definição de margem de valor agregado. Necessidade de lei. Operações com programa de computador (*software*). Critério objetivo. Subitem 1.05 da lista anexa à LC nº 116/03. Incidência do ISS. Aquisição por meio físico ou por meio eletrônico (download, streaming etc.). Distinção entre software sob encomenda e padronizado. Irrelevância. Contrato de licenciamento de uso de programas de computador. Relevância do trabalho humano desenvolvido. Contrato complexo ou híbrido. Dicotomia entre obrigação de dar e obrigação de fazer. Insuficiência. Modulação dos efeitos da decisão.

1. Consoante a jurisprudência da Corte, o ICMS-comunicação "apenas pode incidir sobre a atividade-fim, que é o serviço de comunicação, e não sobre a atividade-meio ou intermediária como são aquelas constantes na Cláusula Primeira do Convênio ICMS nº 69/98" (RE nº 570.020/DF, Tribunal Pleno, Rel. Min. Luiz Fux).

2. Os critérios para fixação da margem de valor agregado para efeito de cálculo do ICMS, em regime de substituição tributária, progressiva devem ser disciplinados por lei estadual, em sentido formal e material, não sendo possível a delegação em branco dessa matéria a ato normativo infralegal, sob pena de ofensa ao princípio da legalidade tributária.

3. A tradicional distinção entre *software* de prateleira (padronizado) e por encomenda (personalizado) não é mais suficiente para a definição da competência para tributação dos negócios jurídicos que envolvam programas de computador em suas diversas modalidades. Diversos precedentes da Corte têm superado a velha dicotomia entre obrigação de fazer e obrigação de dar, notadamente nos contratos tidos por complexos.

4. O legislador complementar, amparado especialmente nos arts. 146, I, e 156, III, da Constituição Federal, buscou dirimir conflitos de competência em matéria tributária envolvendo *softwares* elencando, no subitem 1.05 da lista de serviços tributáveis pelo ISS anexa à LC nº 116/03, o licenciamento e a cessão de direito de uso de programas de computação. É certo, ademais, que, conforme a Lei nº 9.609/98, o uso de programa de computador no País é objeto de contrato de licença.

5. Associa-se a isso a noção de que software é produto do engenho humano, é criação intelectual. Ou seja, é imprescindível a existência de esforço humano dire-

cionado para a construção de um programa de computador (obrigação de fazer), não podendo isso ser desconsiderado quando se trata de qualquer tipo de *software*. A obrigação de fazer também se encontra presente nos demais serviços prestados ao usuário, como, v.g., o *help desk* e a disponibilização de manuais, atualizações e outras funcionalidades previstas no contrato de licenciamento.

6. Igualmente há prestação de serviço no modelo denominado *software-as-a-service* (SaaS), o qual se caracteriza pelo acesso do consumidor a aplicativos disponibilizados pelo fornecedor na rede mundial de computadores, ou seja, o aplicativo utilizado pelo consumidor não é armazenado no disco rígido do computador do usuário, permanecendo *on line* em tempo integral, daí por que se diz que o aplicativo está localizado na nuvem, circunstância atrativa da incidência do ISS.

7. Ação direta não conhecida no tocante aos arts. 2º, § 3º, 16, § 2º; e 22, parágrafo único, da Lei nº 7.098/98 do Estado de Mato Grosso; julgada prejudicada em relação ao art. 3º, § 3º, da mesma lei; e, no mérito, julgada parcialmente procedente, declarando-se a inconstitucionalidade (i) das expressões "adesão, acesso, disponibilização, ativação, habilitação, assinatura" e "ainda que preparatórios", constantes do art. 2º, § 2º, I, da Lei nº 7.098/98, com a redação dada pela Lei nº 9.226/09; (ii) da expressão "observados os demais critérios determinados pelo regulamento", presente no art. 13, § 4º, da Lei nº 7.098/98; (iii) dos arts. 2º, § 1º, VI; e 6º, § 6º, da mesma lei".

Modulação: Atribuição de eficácia *ex nunc*, a contar da publicação da ata de julgamento do mérito em questão, para (a) impossibilitar a repetição de indébito do ICMS incidente sobre operações com softwares em favor de quem recolheu esse imposto, até a véspera da data da publicação da ata de julgamento do mérito, vedando, nesse caso, que os municípios cobrem o ISS em relação aos mesmos fatos geradores; b) impedir que os estados cobrem o ICMS em relação aos fatos geradores ocorrido até a véspera da data da publicação da ata de julgamento do mérito. Ficam ressalvadas (i) as ações judiciais em curso, inclusive de repetição de indébito e execuções fiscais em que se discuta a incidência do ICMS; e (ii) as hipóteses de comprovada bitributação, caso em que o contribuinte terá direito à repetição do indébito do ICMS. Por sua vez, incide o ISS no caso de não recolhimento do ICMS ou do ISS, em relação aos fatos geradores ocorridos até a véspera da data da publicação da ata de julgamento do mérito. Atribuição de eficácia ex nunc, a partir da data da publicação da ata de julgamento do mérito, à declaração de inconstitucionalidade das expressões "adesão, acesso, disponibilização, ativação, habilitação, assinatura", e "ainda que preparatórios", constantes do art. 2º, § 2º, I, da Lei nº 7.098/98, com a redação data pela Lei nº 9.226/09."

(Ação Direta de Inconstitucionalidade nº 1.945/MT. Plenário. Relatora Ministra Cármen Lúcia Antunes Rocha. Relator para Acórdão Ministro José Antonio Dias Toffoli. j. 24.02.21).

O Supremo Tribunal Federal (STF), por meio do Tema 590 de Repercussão Geral, firmou entendimento sobre "a incidência, ou não, de ISS em contrato a envolver cessão ou licenciamento de programas de computador (*software*) desenvolvidos para clientes de forma personalizada" (Recurso Extraordinário nº 688.223/PR. Tribunal Pleno. Relator Ministro José Antonio Dias Toffoli. j. 06.12.21. p. 03.03.22. Tema 590 de Repercussão Geral).

No entanto, com o devido respeito, em consonância às considerações apontadas em tópico anterior do presente trabalho, entendemos pela impossibilidade de incidência do ISS sobre a cessão e o licenciamento de uso de programa de computador (*software*) em razão da inequívoca ausência de materialidade (referidas atividades não configuram prestação de serviço).

5.3.9. Tema 688. Incidência do ISS sobre Serviços de Registros Públicos, Cartorários e Notariais

A Constituição Federal estabelece:

Art. 236. Os serviços notariais e de registro são exercidos em caráter privado, por delegação do Poder Público.

§ 1º Lei regulará as atividades, disciplinará a responsabilidade civil e criminal dos notários, dos oficiais de registro e de seus prepostos, e definirá a fiscalização de seus atos pelo Poder Judiciário.

§ 2º Lei federal estabelecerá normas gerais para fixação de emolumentos relativos aos atos praticados pelos serviços notariais e de registro.

§ 3º O ingresso na atividade notarial e de registro depende de concurso público de provas e títulos, não se permitindo que qualquer serventia fique vaga, sem abertura de concurso de provimento ou de remoção, por mais de seis meses.

A Lei Federal nº 8.935, de 18.11.94 (alterada pela Lei Federal nº 13.286, de 10.05.16) e a Lei Federal nº 10.169, de 29.12.00, regularam os serviços sob exame.

Os Estados e o Distrito Federal detêm competência para fixar o valor dos emolumentos pertinentes aos atos praticados pelos serviços notariais e de registro, devendo corresponder ao efetivo custo e à adequada remuneração dos serviços prestados.

O Supremo Tribunal Federal (STF) manifestou entendimento, a saber:

Direito Constitucional e Tributário. Custas e emolumentos: serventias judiciais e extrajudiciais. Ação Direta de Inconstitucionalidade da Resolução nº 7, de 30.6.1995, do Tribunal de Justiça do Estado do Paraná: Ato Normativo.

1. Já ao tempo da Emenda Constitucional n. 1/69, julgando a Representação n. 1.094-SP, o Plenário do Supremo Tribunal Federal firmou o entendimento no sentido de que "as custas e os emolumentos judiciais ou extrajudiciais", por não serem preços públicos, "mas, sim, taxas, não podem ter seus valores fixados por decretos, sujeitos que estão ao princípio constitucional da legalidade (§ 29 do art. 153 da

Emenda Constitucional n. 1/69), garantia essa que não pode ser ladeada mediante delegação legislativa" (RTJ 141/430, julgamento ocorrido a 8.8.1994).

2. Orientação que reiterou, a 20.4.1990, no julgamento do RE 116.208-MG.

3. Esse entendimento persiste, sob a vigência da Constituição atual (de 1988), cujo art. 24 estabelece a competência concorrente da União, dos Estados e do Distrito Federal, para legislar sobre custas dos serviços forenses (inc. IV) e cujo art. 150, no inc. I, veda à União, aos Estados, ao Distrito Federal e aos Municípios, a exigência ou aumento de tributos, sem lei que o estabeleça.

4. O art. 145 admite a cobrança de "taxas, em razão do poder de polícia ou pela utilização, efetiva ou potencial, de serviços públicos específicos e divisíveis, prestados ao contribuinte ou postos a sua disposição.

Tal conceito abrange não só as custas judiciais, mas, também, as extrajudiciais (emolumentos), pois estas resultam, igualmente, de serviço público, ainda que prestado em caráter particular (art. 236).

Mas sempre fixadas por lei.

(Ação Direta de Inconstitucionalidade nº 1.444-7/PR. Plenário. Relator Ministro Sydney Sanches. j. 12.02.03. p. 29.04.03).

O Superior Tribunal de Justiça (STJ) apreciou a questão, concluindo que:

Tributário. Mandado de Segurança. ISS. Serviços cartorários, notariais e de registro público. Natureza pública. Art. 236 da CF/88. Imunidade recíproca. Emolumentos. Caráter de taxa. Não incidência. Art. 105, inc. III, alínea "c", da Carta Magna. Falta de menção ao repositório oficial e de juntada de cópias autenticadas dos acórdãos paradigmas.

(...)

II. Os serviços cartorários, notariais e de registro público não sofrem a incidência do ISS, porquanto são essencialmente serviços públicos, prestados sob delegação de poder, a teor do art. 236 da CF/88, sendo que a referida tributação fere o princípio da imunidade recíproca, contemplada no art. 150, inc. VI, da Carta Magna.

III. Ademais, incabível a cobrança do aludido tributo, sob pena de ocorrência de bitributação, eis que os emolumentos exigidos pelos cartórios servem como contraprestação dos serviços públicos prestados, caracterizando-se como taxa. Precedentes do STF, ADC 5 MC-DF, rel. Min. Nelson Jobim, DJU de 19.9.2003 e ADI 1.444-PR, rel. Min. Sidney Sanches, DJU de 11.04.03.

(Recurso Especial nº 612.780/RO. 1ª Turma. Relator Ministro Francisco Cândido de Melo Falcão Neto. j. 09.08.05. p. 17.10.05).

O Supremo Tribunal Federal (STF), por meio do Tema 688 de Repercussão Geral, firmou posicionamento jurídico, na forma seguinte:

Ação Direta de Inconstitucionalidade. Constitucional. Tributário. Itens 21 e 21.1 da Lista anexa à Lei Complementar 116/2003. Incidência do Imposto sobre Serviços de Qualquer Natureza – ISSQN sobre Serviços de Registros Públicos, Cartorários e notariais. Constitucionalidade.

Ação Direta de Inconstitucionalidade ajuizada contra os itens 21 e 21.1 da Lista Anexa à Lei Complementar 116/2003, que permitem a tributação dos serviços de registros públicos, cartorários e notariais pelo Imposto sobre Serviços de Qualquer Natureza – ISSQN.

Alegada violação dos arts. 145, II, 156, III, e 236, *caput*, da Constituição, porquanto a matriz constitucional do Imposto sobre Serviços de Qualquer Natureza permitiria a incidência do tributo tão somente sobre a prestação dos serviços de índole privada. Ademais, a tributação da prestação dos serviços notariais também ofenderia o art. 150, VI, *a*, e §§ 2º e 3º da Constituição, na medida em que tais serviços públicos são imunes à tributação recíproca pelos entes federados.

As pessoas que exercem atividade notarial não são imunes à tributação, porquanto a circunstância de desenvolverem os respectivos serviços com intuito lucrativo invoca a exceção prevista no art. 150, § 3º, da Constituição. O recebimento de remuneração pela prestação dos serviços confirma, ainda, capacidade contributiva.

A imunidade recíproca é uma garantia ou prerrogativa imediata de entidades políticas federativas, e não de particulares que executem, com inequívoco intuito lucrativo, serviços públicos mediante concessão ou delegação, devidamente remunerados.

Não há diferenciação que justifique a tributação dos serviços públicos concedidos e a não tributação das atividades delegadas.

Ação Direta de Inconstitucionalidade conhecida, mas julgada improcedente.

Diretriz do STF:

É constitucional a incidência do ISS sobre a prestação de serviços de registros públicos, cartorários e notariais, devidamente previstos em legislação tributária municipal.

(Recurso Extraordinário nº 756.915/RS. Plenário. Relator Ministro Gilmar Ferreira Mendes. j. 18.10.13. p. 12.11.13. Tema 688 de Repercussão Geral).

5.3.10. Tema 700. Incidência do ISS sobre Atividade de Exploração de Jogos e Apostas (Bilhetes, Pules e Cupons de Apostas) e Base de Cálculo

O item 61, da lista de serviços anexa à Lei Complementar nº 56, de 15.12.87, previa como passível de tributação pelo ISS a "distribuição e venda de bilhete de loteria, cartões, pules ou cupões de apostas, sorteios ou prêmios", atualizada e acrescida pela Lei Complementar nº 116, de 31.07.03 na redação "serviços de distribuição e venda de bilhetes e demais produtos de loteria, bingos, cartões, pules ou cupons de apostas, sorteios, prêmios, inclusive os decorrentes de títulos de capitalização e congêneres".

Ao examinar as atividades em referência, o Supremo Tribunal Federal (STF) firmou o entendimento consubstanciado no Tema 700 de Repercussão Geral, a saber:

> Recurso Extraordinário com repercussão geral. Tema 700.
>
> 2. Tributário. Imposto Sobre Serviços de Qualquer Natureza.
>
> 3. Incidência sobre exploração de atividade de apostas. Possibilidade.
>
> 4. Base de cálculo. Valor a ser remunerado pela prestação do serviço. Inconstitucionalidade da tributação do valor total da aposta.
>
> 5. Recurso extraordinário parcialmente provido.
>
> (Recurso Extraordinário nº 634.764/RJ. Plenário. Relator Ministro Gilmar Ferreira Mendes. j. 08.06.20. Tema 700 de Repercussão Geral).

5.3.11. Tema 918. Alíquota Adequada às Sociedades Profissionais de Advogados

Em consonância com o Decreto-Lei nº 406, de 31.12.68, a base de cálculo do ISS é o preço do serviço. No entanto, nos termos do § 1º do artigo 9º do referido diploma, quando se trata da prestação de serviços sob a forma de trabalho pessoal do próprio contribuinte, o valor do imposto é estabelecido em determinada quantia fixa, considerando outros fatos que não o preço do serviço.

Nos termos do § 3º do artigo 9º do Decreto-Lei nº 406, de 31.12.68, alterado pela Lei Complementar nº 56, de 15.12.87, quando referidos serviços profissionais são prestados por intermédio de sociedades, estas ficam sujeitas ao ISS pela própria pessoa jurídica, que é fixado por critério idêntico ao adotado ao profissional autônomo, apurado em virtude de cada profissional habilitado que preste serviço em nome da sociedade, em que pese assumindo responsabilidade pessoal nos termos da legislação que regula o exercício da respectiva profissão.

Em consonância à legislação complementar do ISS, o regime de apuração diferenciado do imposto compreenderia os itens da "lista de serviços", a saber: médicos, inclusive análises clínicas, eletricidade médica, radioterapia, ultrassonografia, radiologia, tomografia e congêneres; enfermeiros, obstetras, ortópticos, fonoaudiólogos, protéticos (prótese dentária); médicos veterinários; contabilidade, auditoria, guarda-livros, técnicos em contabilidade e congêneres; agentes da propriedade industrial; advogados; engenheiros, arquitetos, urbanistas, agrônomos; dentistas; economistas; e psicólogos.

Referidos preceitos estabelecem verdadeira diferenciação de ônus tributário para determinados serviços prestados por profissionais liberais (individualmente ou em sociedades civis), onde se considera um valor tributário determinado independentemente do valor das receitas auferidas em virtude de suas atividades.

Nestas atividades profissionais, identifica-se a individualidade e a habilitação técnica específica, que requerem a circunstância de que sejam exercidas por pessoas físicas e que se responsabilizem de forma pessoal: compreendem a reunião de esforços em trabalho pessoal, mediante a conjugação das atividades que cada sócio poderia desenvolver de forma isolada e individual.

A exigência do ISS em virtude de determinado valor estipulado previamente não guardaria relação de pertinência e adequação às normas estruturais de sua incidência, na medida em que a base de cálculo do imposto se condiciona aos princípios da capacidade contributiva, da isonomia e da vedação ao confisco, esculpidos na Constituição Federal de 1988.

O Supremo Tribunal Federal (STF) editou a Súmula nº 663, no sentido de que "os §§ 1º e 3º do DL 406/68 foram recebidos pela Constituição", entendimento calcado nos argumentos contidos no Acórdão proferido nos autos do Recurso Extraordinário nº 236.604-7/PR, Relator Ministro Carlos Velloso, Pleno, julgado em 26.05.99, publicado no DJU 1 de 06.08.99, página 52, cuja Ementa transcrevemos a seguir: "Constitucional. Tributário. ISS. Sociedades Prestadoras de Serviços Profissionais. Advocacia. DL 406/68, art. 9º, §§ 1º e 3º. CF, art. 151, III, art. 150, II, art. 145, § 1º. O art. 9º, §§ 1º e 3º, do DL 406/68, que cuidam da base de cálculo do ISS, foram recebidos pela CF/88: CF/88, art. 146, III, "a". Inocorrência de ofensa ao art. 151, III, art. 34, ADCT/88, art. 150, II, e art. 145, § 1º, CF/88. RE não conhecido".

O próprio Supremo Tribunal Federal (STF) havia se manifestado anteriormente no sentido de que, se o § 3º, combinado com o § 1º do artigo 9º do Decreto-Lei nº 406, de 31.12.68, como salientado pelo Plenário no julgamento acima transcrito (Recurso Extraordinário nº 236.604-7/PR. Plenário. Relator Ministro Carlos Mário da Silva Velloso. j. 26.05.99), se limitou no âmbito de sua competência como lei complementar de normas gerais em matéria de legislação tributária, a definir a base de cálculo do ISS para as sociedades de profissionais liberais, não determinou redução de base de cálculo desse tributo, o que pressupõe a preexistência de uma base de cálculo maior, não entrando, dessa forma, em conflito com o disposto no § 6º do artigo 150 da Constituição Federal de 1988, na redação atribuída pela Emenda Constitucional nº 3/93. (Recurso Extraordinário nº 228.052-9/MG. 1ª Turma. Relator Ministro José Carlos Moreira Alves. j. em 24.08.99. p. 01.10.99).

Com o advento da Lei Complementar nº 116, de 31.07.03, passou a ser questionado se o diferenciado tratamento tributário aplicável às sociedades profissionais estaria comprometido e prejudicado, sob o argumento de que o inciso V do artigo 3º do Decreto-Lei nº 834, de 08.09.69, que dispunha sobre o assunto teria sido revogado. A questão que ora se coloca é de difícil solução, na medida em que o artigo 10 da Lei Complementar nº 116, de 31.07.03, não teria revogado de forma expressa o artigo 9º do Decreto-Lei nº 406, de 31.12.68, mas tão somente os comandos normativos contidos nos artigos 8º, 10, 11 e 12 do referido diploma legal.

O Plenário do Supremo Tribunal Federal (STF) assentou o Tema 918 de Repercussão Geral, no sentido de que é inconstitucional lei municipal que estabelece impeditivos à submissão de sociedades profissionais de advogados ao regime de tributação fixa em bases anuais na forma estabelecida por lei nacional, nos termos da seguinte Ementa, *verbis*:

> RECURSO EXTRAORDINÁRIO. REPERCUSSÃO GERAL. DIREITO TRIBUTÁRIO. IMPOSTO SOBRE SERVIÇOS DE QUALQUER NATUREZA – ISSQN. BASE DE CÁLCULO. LEI COMPLEMENTAR NACIONAL. SOCIEDADE DE PROFISSIONAIS. ADVOGADOS. COMPETÊNCIA TRIBUTÁRIA DE MUNICÍPIO. REGIME DE TRIBUTAÇÃO FIXA. NATUREZA DO SERVIÇO. REMUNERAÇÃO DO LABOR. DECRETO-LEI 406/1968. RECEPÇÃO. LEI COMPLEMENTAR 7/1973 DO MUNICÍPIO DE PORTO ALEGRE. CONFLITO LEGISLATIVO. ISONOMIA TRIBUTÁRIA.
>
> 1. A jurisprudência do STF se firmou no sentido da recepção do Decreto-Lei 406/1968 pela ordem constitucional vigente com status de lei complementar nacional, assim como pela compatibilidade material da prevalência do cálculo do imposto por meio de alíquotas fixas, com base na natureza do serviço, não compreendendo a importância paga a título de remuneração do próprio labor. Precedente: RE 220.323, de relatoria do Ministro Carlos Velloso, Tribunal Pleno, DJ 18.05.2001.
>
> 2. É inconstitucional lei municipal que disponha de modo divergente ao DL 406/1968 sobre base de cálculo do ISSQN, por ofensa direta ao art. 146, III, "a", da Constituição da República.
>
> 3. Reduziu-se o âmbito de incidência e contrariou-se o comando da norma prevista no art. 9º, §§ 1º e 3º, do Decreto-Lei 406/1968, por meio do código tributário porto-alegrense. Logo, há inconstitucionalidade formal em razão da inadequação de instrumento legislativo editado por ente federativo incompetente, nos termos do art. 146, III, "a", do Texto Constitucional.

> 4. Fixação de Tese jurídica ao Tema 918 da sistemática da repercussão geral: "É inconstitucional lei municipal que estabelece impeditivos à submissão de sociedades profissionais de advogados ao regime de tributação fixa em bases anuais na forma estabelecida por lei nacional."
>
> 5. Recurso extraordinário a que dá provimento, com a declaração incidental de inconstitucionalidade dos arts. 20, § 4º, II, da Lei Complementar 7/73, e 49, IV, §§ 3º e 4º, do Decreto 15.416/2006, ambos editados pelo Município de Porto Alegre.
>
> (Recurso Extraordinário nº 940.769/RS. Plenário. Relator Ministro Edson Fachin. j. 24.04.19. p. 12.09.19).

O Relator Ministro Edson Fachin votou no sentido de restaurar a decisão da primeira instância e determinar que a administração tributária de Porto Alegre se abstenha de exigir o ISS de sociedades profissionais de advogados que atuem no município fora das hipóteses do artigo 9°, §§ 1° e 3°, do Decreto-Lei n° 406, de 31.12.68, observando que a jurisprudência do Supremo Tribunal Federal (STF) se firmou no sentido da recepção do Decreto-Lei n° 406, de 31.12.68, pela ordem constitucional vigente e, assim, pela prevalência do cálculo de imposto por meio de alíquotas fixas com base na natureza do serviço, não compreendendo a importância paga a título de remuneração do trabalho, nos seguintes termos:

> À luz da jurisprudência do Supremo, a única consequência lógica é a necessidade de diploma legal com mesmo status de lei complementar de índole nacional para fins de revogar ou dispor de maneira diversa sobre tributação dos serviços desenvolvidos pelas sociedades de profissionais em pauta. É incabível lei municipal que institui ISSQN dispor de modo divergente sobre base de cálculo do tributo por ofensa direta à alínea "a", inciso III, do artigo 146, da Constituição Federal.

O Ministro Marco Aurélio Mendes de Farias Mello divergiu por avaliar que as normas municipais não violaram o Decreto-Lei n° 406, de 31.12.68, uma vez que o artigo 156 da Constituição Federal de 1988 estabelece que compete aos municípios instituir impostos sobre serviços de qualquer natureza, não compreendidos no artigo 155, inciso II, definidos em lei complementar, sendo que esse último dispositivo prevê que compete aos Estados e ao Distrito Federal instituir impostos sobre operações relativas à circulação de mercadorias e sobre prestações de serviços de transporte interestadual e intermunicipal e de comunicação, ainda que as operações e as prestações se iniciem no exterior.

Finalmente, o Superior Tribunal de Justiça (STJ) manifestou entendimento no sentido de não ser relevante para a concessão do regime tributário diferenciado o modelo empresarial adotado pela pessoa jurídica, uma vez que pode haver sociedades limitadas que não são empresárias, nos seguintes termos:

DIREITO TRIBUTÁRIO E PROCESSUAL CIVIL. EMBARGOS DE DIVERGÊNCIA EM AGRAVO EM RECURSO ESPECIAL. ISSQN. SOCIEDADES SIMPLES NO REGIME LIMITADO. QUADRO SOCIETÁRIO COMPOSTO POR MÉDICOS. RECOLHIMENTO DO ISSQN PELA ALÍQUOTA FIXA. REGIME DO ARTIGO 9º, § 3º, DO DECRETO-LEI 406/1968. SERVIÇO PRESTADO EM CARÁTER PESSOAL E EM NOME DA SOCIEDADE. EMBARGOS DE DIVERGÊNCIA PROVIDO.

1. O cerne da questão reside na caracterização da embargante como sociedade civil de profissionais, o que lhe permitiria gozar da alíquota fixa do ISSQN, nos moldes do artigo 9º, § 3º, do Decreto-Lei 406/1968.

2. No caso em tela, trata-se de sociedade simples limitada, em que o objeto social é a prestação de serviços médicos desenvolvidos diretamente pelos sócios que compõem o quadro societário (fls. 347/348, e-STJ), cuja responsabilidade pessoal é regida pelo Código de Ética Médica.

3. Circunscrito a estes parâmetros fáticos sobreditos, assevera-se que a fruição do direito a tributação privilegiada do ISSQN depende, basicamente, da análise da atividade efetivamente exercida pela sociedade, para saber se ela se enquadra dentre aquelas elencadas no § 3º do art. 9º do Decreto-Lei n. 406/1968 (itens 1, 4, 8, 25, 52, 88, 89, 90, 92 da lista anexa à LC n. 56/1987), bem como se perquirir se a atividade intelectual, científica, literária ou artística desempenhada pela pessoa jurídica não constitua elemento de empresa, ou melhor, nos termos do artigo 966 do Código Civil, que os fatores de produção, circulação e de organização empresarial não se sobreponham à atuação profissional e direta dos sócios na condução do objeto social da empresa, sendo irrelevante para essa finalidade o fato de a pessoa jurídica ter se constituído sob a forma de responsabilidade limitada.

4. Desta forma, ressalvado os modelos puramente empresariais, como ocorre com as espécies de sociedades anônimas e comandita por ações, não é relevante para a concessão do regime tributário diferenciado a espécie empresarial adotada pela pessoa jurídica, pois como no caso concreto ora analisado, pode haver sociedades limitadas que não são empresárias, conforme preveem expressamente os artigos 982 e 983 do Código Civil.

5. Embargos de Divergência providos.

(Embargos de Divergência em Agravo em Recurso Especial nº 31.084/MS. Primeira Seção. Relator Ministro Napoleão Nunes Maia Filho. p. 08.04.21).

5.3.12. *Injuridicidade do Cadastro Municipal de Prestador de Serviços de Município Distinto*

A Lei Complementar nº 116, de 31.12.03, e Lei Complementar nº 157, de 29.12.16) não dirimiram as controvérsias acerca do Município competente para fins de tributação pelo ISS, nem sequer conseguiu evitar a suposta prática de operações dolosas, fraudulentas ou simuladas que tenham por objetivo recolher ISS sob a aplicação de alíquota minorada em distinto Município, inclusive, em alguns casos, caracterizadora de crime contra a ordem tributária, nos termos da Lei Federal nº 8.137, de 27.12.90, o Município de São Paulo instituiu o denominado Cadastro de Prestadores de Serviços de Fora do Município (CPOM), por meio do qual o prestador do serviço localizado em distinta municipalidade, para tomador estabelecido no Município de São Paulo, se encontra obrigado a efetuar sua inscrição na Secretaria de Fazenda do Município de São Paulo.[147]

Desta forma, o tomador do serviço paulistano deveria verificar em que condição se encontra o prestador do serviço localizado em distinta municipalidade, para fins de efetuar (ou não) a retenção e recolhimento do imposto em favor do Município de São Paulo.

Em razão da inexistência de Convênio firmado entre as Municipalidades, reconhecendo a extraterritorialidade (artigo 102 do Código Tributário Nacional – CTN), entendemos que a legislação paulistana não poderia estipular exceções aos comandos compreendidos na legislação complementar. Sob este prisma, resta claro que o Município de São Paulo não possui competência para promover diligência nas demais municipalidades e fora dos seus limites territoriais, entendimento, inclusive, objeto de manifestação pelo Superior Tribunal de Justiça (STJ): "a fiscalização municipal deve restringir-se à sua área de competência e jurisdição" restando evidente que, "ao permitir que o Município de São Paulo exija a apresentação de livros fiscais e documentos de estabelecimentos situados em outros municípios, estar-se-á concedendo poderes à municipalidade de fiscalizar fatos ocorridos no território de outros entes federados (...)" (Recurso Especial nº 73.086/SP. 2ª Turma. Relator Ministro João Otávio de Noronha. j. 17.06.03. p. 30.06.03).

O Supremo Tribunal Federal (STF), ao apreciar o Recurso Extraordinário nº 1.167.509/SP (Plenário. Relator Ministro Marco Aurélio Mendes de Farias Mello. p. 16.03.21), reconhecido como Tema nº 1.020 de Repercussão Geral, firmou postura no sentido da incompatibilidade do cadastramento com a Constituição Federal, a saber:

> ISS. PRESTAÇÃO DE SERVIÇOS. SUJEITO ATIVO. OBRIGAÇÕES ACESSÓRIAS. CADASTRAMENTO. RETENÇÃO. TOMADOR DOS SERVIÇOS DE MUNICÍPIO DIVERSO. INCONSTITUCIONALIDADE. É incompatível com a Constituição Federal disposição normativa a prever a obrigatoriedade de cadastro, em órgão da Administração municipal, de prestadores de serviços não estabelecidos no território

[147] Lei Municipal nº 13.701, de 24.12.03 (alterada pela Lei Municipal nº 14.042, de 30.08.05), Lei Municipal nº 14.256, de 29.12.06, Decreto Municipal nº 57.516, de 08.12.16, e posteriores alterações.

do Município, impondo-se ao tomador o recolhimento do Imposto Sobre Serviços – ISS quando descumprida a obrigação.

(...)

A pretexto de afastar evasão fiscal, o Município de São Paulo estabeleceu obrigação – cadastramento – a contribuinte submetido a imposição tributária de outra municipalidade. Tem-se regência de fatos geradores ocorridos fora do respectivo território. Mais do que isso, impôs, uma vez descumprida a obrigação de fazer, ônus tributário. Não havendo o cadastramento, o tomador dos serviços fica compelido a reter o valor do tributo. É dizer, o contribuinte, situado em outro Município, tem subtraído do valor dos serviços, mediante retenção, o quantitativo referente ao tributo que, imagina-se, foi recolhido no Município em que estabelecido. Descabe potencializar a finalidade fiscalizatória do cadastro, permitindo-se, à margem da Constituição Federal, à margem da Lei Complementar disciplinadora – nº 116/2003 –, a criação de encargos por quem não integra a relação jurídica tributária. Se não há competência para instituição do tributo, como é possível o fisco municipal criar obrigação acessória? O sistema não fecha!

(...).

(Recurso Extraordinário nº 1.167.509/SP. Plenário. Relator Ministro Marco Aurélio Mendes de Farias Mello. j. 01.03.21. p. 16.03.21).

Ato subsequente, o Conselho Municipal de Tributos da Secretaria da Fazenda de São Paulo, contemplou o entendimento jurídico compreendido no Tema nº 1.020 de Repercussão Geral do Supremo Tribunal Federal (STF), por meio da edição da Súmula nº 08, a saber:

Nos termos fixados pela Tese n° 1020 de repercussão geral, é vedada a obrigatoriedade da inscrição no Cadastro de Prestadores de Outros Municípios – CPOM, de prestador de serviço não estabelecido no Município, bem como a decorrente retenção na fonte do ISS pelo tomador no caso de descumprimento da obrigação acessória, que são indevidas (artigo 9º-A, *caput* e § 2º da Lei nº 13.701/2003).

(Processo nº 6017.2021/0069124-0. Relatora Conselheira Regina Vitoria Soares. j. 08.02.02. p. 09.02.22).

Síntese conclusiva

Em face das considerações apontadas, apresentamos as seguintes conclusões:

No que concerne à importação de serviço, a legislação complementar estabelece duas hipóteses de incidência do Imposto sobre Serviços de Qualquer Natureza (ISS), a saber: incidência sobre o serviço "proveniente do exterior do País" e incidência sobre o serviço "cuja prestação se tenha iniciado no exterior do País".

A incidência do ISS sobre referidas situações nos parece juridicamente descabida, pelos seguintes aspectos: pela ausência de previsão específica no âmbito constitucional; por compreender matéria reservada à União; pelo desrespeito ao princípio da territorialidade; pela inaplicabilidade dos tratados internacionais ao regime jurídico do imposto municipal; pelo fato de o critério da extrafiscalidade não alcançar o ISS; pela circunstância de o conceito de "resultado" do serviço se aplicar exclusivamente à hipótese de "exportação de serviço"; pela inaceitável exigência do imposto do tomador do serviço; e pela aparente inexistência de apreciação da questão, até o momento, pelo Superior Tribunal de Justiça (STJ) e pelo Supremo Tribunal Federal (STF).

Na hipótese relativa à importação de serviço "cuja prestação se tenha iniciado no exterior do País", em complemento aos argumentos jurídicos apresentados, no sentido de se afastar a incidência do ISS, entendemos juridicamente relevante aplicar a "Teoria da Preponderância", que contempla tanto as "atividades-meio" como o "serviço-fim", sendo certo que, se a "etapa" desenvolvida no País pelo prestador estrangeiro se caracterizar como mera "tarefa-complementar", "tarefa-preparatória", "tarefa-periférica", "tarefa-acessória", dentre outras, configurando simples "atividade-meio", não poderá se cogitar da incidência do ISS, na medida em que não compreende sua matriz constitucional, a qual consiste, evidentemente, na "prestação de serviço" ("serviço-fim").

No que concerne à exportação de serviço, a legislação complementar estipula que o ISS "não incide sobre as exportações de serviços para o exterior do País", exceto em relação aos "serviços desenvolvidos no Brasil, cujo resultado aqui se verifique, ainda que o pagamento seja feito por residente no exterior".

Para fins de verificação da isenção do ISS na exportação de serviço, entendemos que o conteúdo semântico do vocábulo "resultado" compreende a "fruição", "benefício", "proveito" e/ou "utilidade" pelo tomador do serviço localizado no exterior, tanto na hipótese da exportação de serviço desenvolvido no País como na exportação de serviço parcialmente desenvolvido no País e parcialmente no exterior.

Objetivando identificar o adequado tratamento relativo ao ISS, tanto na importação de serviço como na exportação de serviço (incidência, não incidência ou isenção, respectivamente), entendemos pela relevância da investigação, individual e pormenorizada, dos imprescindíveis elementos fáticos e documentais, relativos a cada situação concreta, em consonância à doutrina especializada e jurisprudência específica acerca do tema, sendo imperioso observar a sistematização que intitulamos por "Teste de Aderência", a qual compreenderia:

a) Instrumentos societários de constituição e respectivas alterações contratuais, de forma que seja permitida a verificação, no âmbito do pertinente objeto social, a possibilidade de prestação de serviços pela pessoa jurídica, a natureza jurídica dos serviços compreendidos nas suas finalidades sociais, bem como da possibilidade da realização de "exportação de serviço" e da "importação de serviço";

b) Registros e inscrições legalmente exigidos da pessoa jurídica nos competentes órgãos públicos administrativos, nas esferas federal, estadual, municipal e/ou distrital, dentre os quais, essencialmente, no Cadastro Nacional da Pessoa Jurídica do Ministério da Economia (CNPJ/ME), no Cadastro de Contribuintes Mobiliários (CCM) da Secretaria Municipal de Fazenda e/ou de Finanças, Inscrição Estadual na Secretaria de Fazenda Estadual, dentre outros;

c) Instrumentos particulares relativos à contratação da prestação de serviço celebrado entre as partes contratantes (tomador do serviço, prestador do serviço, subcontratados, anuentes, testemunhas, etc.), por meio de "tradução simples" dos respectivos idiomas ou, se possível, de "tradução juramentada" mediante tradutor público (aprovado em concurso público, nomeado e matriculado) e demais procedimentos de praxe (impressão em papel timbrado, firma reconhecida, etc.); observamos, neste sentido, nos parece necessário que referidos documentos sejam "consularizados", por meio de atestado de sua autenticidade e legitimidade em repartição consular por autoridade diplomática competente, como "espécie de endosso";

d) Correspondências e/ou declarações (físicas e/ou eletrônicas), enviadas e/ou recebidas pelas partes contratantes (tomador do serviço e prestador do serviço), por intermédio da comprovação de sua legitimidade para fins de representação empresarial (legal, contratual, comercial, técnica etc.) dos respectivos emitentes e/ou destinatários das pessoas jurídicas;

e) Escrituração fiscal e tratamento contábil relativo ao reconhecimento da receita decorrente da exportação de serviço, bem como da despesa atinente à importação de serviço, especialmente no contexto do Sistema Público de Escrituração Digital (SPEAD), Demonstrativo do Resultado do Exercício (DRE), no âmbito da Declaração do Imposto de Renda da Pessoa Jurídica (DIPJ), dentre outros;

f) Instrumentos pertinentes à realização de operações de câmbio, nas modalidades de "remessa" de recursos financeiros (no caso de "importação de serviço") ou de "ingresso" de recursos financeiros (no caso de "exportação de serviço"), em razão dos valores pactuados entre tomador do serviço e prestador do serviço (preço do serviço, adiantamentos de valores, reembolso de despesas etc.);

g) Sistemática de comprovação de adiantamentos, despesas incorridas e respectivo procedimento para fins de ressarcimento, inclusive mediante a comprovação documental relativa às passagens aéreas, transportes em geral, diárias de hospedagem, alimentação, órgãos administrativos, dentre outras;

h) Identificação de cláusula contratual de exclusividade, no sentido de que o objeto especificamente contratado somente poderia ser prestado em favor do específico tomador de serviço, de forma que sua utilidade seja unicamente aproveitada pelo tomador do serviço, sob aplicação de penalidade contratual em razão do eventual descumprimento; e

i) Laudo Técnico elaborado por terceiro, idôneo e especializado, ou documento produzido por um dos contratantes (prestador do serviço ou tomador do serviço), que ateste e descreva, de forma clara, precisa e pormenorizada, o escopo da "importação do serviço" ou da "exportação do serviço", a essência do serviço contratado, as etapas e os procedimentos operacionais envolvidos, o ambiente da respectiva realização, eventual descrição da relação "homem/hora", as tarefas a serem eventualmente desenvolvidas de forma conexa e compartilhada entre prestador do serviço e tomador do serviço (presencialmente e/ou virtualmente) e, em alguns casos de "exportação de serviços", a serventia do serviço exclusivamente ao tomador do serviço localizado no exterior (em razão de específica parametrização, localização, observância às eventuais normas impositivas e reguladoras no exterior, dentre outras).

Embora o exame dos referidos elementos compreenda relativa subjetividade pelo aplicador, entendemos que, quanto maior sua conjugação, maior será a possibilidade de identificação do adequado tratamento tributário relativo ao imposto: não incidência do ISS na importação de serviço e isenção do ISS na exportação de serviço.

Referências

ABREU, Anselmo Zilet. *Imposto sobre Serviços*. ISS na Exportação e na Importação de Serviços. São Paulo: Quartier Latin, 2019.

ALVES, Anna Emília Cordelli. ISS – Aspectos Relevantes Decorrentes da Análise do Artigo 1º da Lei Complementar nº 116, de 31 de julho de 2003. *Revista Dialética de Direito Tributário* nº 99. São Paulo: 2003.

ATALIBA, Geraldo. *Hipótese de Incidência Tributária*. 6ª ed. São Paulo: Malheiros Editores, 2000.

——. *Sistema Constitucional Tributário Brasileiro*. São Paulo: Revista dos Tribunais, 1968.

——. *Conflito entre ICM, ISS e IPI*. Aula de Encerramento do Curso de Direito Tributário III. Revista de Direito Tributário nº 7/8. São Paulo: 1979.

——; BARRETO, Aires Fernandino. *ISS na Constituição. Pressupostos Positivos. Arquétipo do ISS*. Revista de Direito Tributário nº 37. São Paulo: 1986.

——; GIARDINO, Cléber. ICM - ZFM - Remessa de produtos in natura para a Zona Franca de Manaus – Equiparação a exportação. *Revista de Direito Tributário* nº 43. São Paulo: 1988.

ÁVILA, Humberto. Imposto sobre a Prestação de Serviços de Qualquer Natureza. Exportação de Serviços. Lei Complementar nº 116/2003. Isenção: Requisitos e Alcance. Conceitos de Desenvolvimento de Serviço e "Verificação do seu Resultado". *Revista Dialética de Direito Tributário* nº 134. São Paulo: 2006.

BAPTISTA, Marcelo Caron. *ISS do Texto à Norma*. São Paulo: Quartier Latin, 2005.

BARRETO, Aires Fernandino. *ISS na Constituição e na Lei*. 4ª ed. BARRETO, Paulo Aires (Atualizador). São Paulo: Editora Noeses, 2018.

——. Atividade-Meio e Serviço-Fim. *Revista Dialética de Direito Tributário* nº 5. São Paulo: 1996.

——. Base de Cálculo, Alíquota e Princípios Constitucionais. São Paulo: RT, 1987.

——. Curso de Direito Tributário Municipal. São Paulo: Saraiva, 2009.

——; ATALIBA, Geraldo. ISS na Constituição. Pressupostos Positivos. Arquétipo do ISS. *Revista de Direito Tributário* nº 37. São Paulo: 1986.

BARRETO, Paulo Ayres (Atualizador); BARRETO, Aires Fernandino. *ISS na Constituição e na Lei.* 4ª ed. BARRETO. São Paulo: Editora Noeses, 2018.

BARRETO, Simone Rodrigues Costa. Conceito Constitucional de Serviços de Qualquer Natureza. In CARVALHO, Paulo de Barros; SOUZA, Priscila de. (Orgs.). *Racionalização do Sistema Tributário.* São Paulo: Editora Noeses; IBET, 2017.

BECHO, Renato Lopes. *Lições de Direito Tributário.* Teoria Geral e Constitucional. São Paulo: Editora Saraiva, 2011.

BECKER, Alfredo Augusto. *Teoria Geral do Direito Tributário.* 4ª ed. São Paulo: Noeses, 2007.

BORGES, Eduardo de Carvalho. O ISS, os Serviços Provenientes do Exterior e a Jurisprudência. In MACHADO, Rodrigo Brunelli (Coord.). *ISS na Lei Complementar nº 116/2003.* São Paulo: Quartier Latin e IPT, 2004.

BORGES, José Souto Maior. *Lei Complementar Tributária.* São Paulo: Revista dos Tribunais, 1975.

BOSSA, Gisele Barra; PISCITELLI, Tathiane (Coords.). *Tributação da Nuvem.* São Paulo: Thomson Reuters Brasil, 2018.

BRANCO, Leonardo Ogazzawara de Araújo; NETO, Carlos Augusto Daniel. O Paradigma da Economia Digital e os Novos Conceitos de Serviço e Mercadoria. Reflexões na Tributação. In FARIA, Renato Vilela; MONTEIRO, Alexandre Luiz Moraes do Rêgo; SILVEIRA, Ricardo Maitto da. (Coordenadores). *Tributação e Economia Digital.* São Paulo: Saraiva, 2018.

CALCINI, Fábio Pallaretti e PRATA, Gabriel Magalhães Borges. A Crise do Conceito de "Serviço" e o Conflito de Competência na Tributação do Contrato de Licença de *Software.* In: MELO, Eduardo Soares de; NETO, Henares Halley (Coords.). *ICMS e ISS.* Tributação Digital e Novos Contornos dos Conflitos de Competência. São Paulo: Intelecto Editora, 2018.

CARRAZZA, Elizabeth Nazar. *O Imposto sobre Serviços na Constituição.* Dissertação de Mestrado. Pontifícia Universidade Católica de São Paulo. São Paulo: 1976.

——. Prefácio. In ABREU, Anselmo Zilet. *Imposto sobre Serviços.* ISS na Exportação e na Importação de Serviços. São Paulo: Quartier Latin, 2019.

CARRAZZA, Roque Antonio. *Curso de Direito Constitucional Tributário.* 32ª ed. São Paulo: Malheiros Editores, 2019.

CARVALHO, Aurora Tomazini de. *Curso de Teoria Geral do Direito.* O Constructivismo Lógico-Semântico. 6ª ed. São Paulo: Editora Noeses, 2019.

CARVALHO, Cristiano Rosa. Responsabilidade Tributária do Tomador do Serviço. In MARTINS, Ives Gandra da Silva; PEIXOTO, Marcelo Magalhães. (Orgs.). *ISS - LC 116/2003.* Curitiba e São Paulo: Juruá e APET, 2004.

CARVALHO, Paulo de Barros. *Curso de Direito Tributário*. 30ª ed. São Paulo: Saraiva, 2019.

——. *Direito Tributário*. Fundamentos Jurídicos da Incidência. 9ª ed. São Paulo: Saraiva, 2012.

——. O Conceito de Exportação de Serviços para Fins de Não-Incidência do Imposto sobre Serviços de Qualquer Natureza. *Revista de Direito Tributário* nº 100. São Paulo: 2008.

——; SOUZA, Priscila (Orgs.). *Racionalização do Sistema Jurídico*. São Paulo: Noeses e IBET, 2017.

——. *Texto e Contexto no Direito Tributário*. Coordenador. São Paulo: IBET, 2020.

CASQUET, Pedro. O Conceito de Serviço e a Constituição Brasileira. São Paulo: Almedina, 2014.

CATÃO, Marcos André Vinhas; REDENSCHI, Ronaldo. Conflito Espacial de Competências: Conceito de Estabelecimento e Possibilidade de Atribuição de Responsabilidade Tributária no ISS. In TORRES, Heleno Taveira (Coord.). *Imposto sobre Serviços* - ISS na Lei Complementar n. 116/03 e na Constituição. Barueri: Manole, 2004.

COELHO, Fabio Ulhoa. *Curso de Direito Comercial. Direito de Empresa*. vol. 3. 17ª ed. São Paulo: Revista dos Tribunais, 2016.

COSTA, Alcides Jorge. *Estudos sobre IPI, ICMS e ISS*. São Paulo: Dialética, 2009.

COSTA, Regina Helena. *Curso de Direito Tributário*. Constituição e Código Tributário Nacional. 9ª ed. São Paulo: Saraiva, 2019.

COSTA, Simone Rodrigues Duarte. *ISS. A LC 116/03 e a Incidência na Importação*. São Paulo: Quartier Latin, 2007.

DACOMO, Natalia de Nardi; MACEDO, Alberto (Coords.). *ISS pelos Conselheiros Julgadores*. São Paulo: Quartier Latin, 2012.

FARIA, Vilela Renato; SILVEIRA, Ricardo Maitto da; MONTEIRO, Alexandre Luiz Morares do Rêgo (Coordenadores). *Tributação da Economia Digital*. São Paulo: Saraiva, 2018.

FERNANDES, Edison Carlos; PEIXOTO, Marcelo Magalhães (Coords.). *Tributação, Justiça e Liberdade*. Curitiba: Juruá, 2005.

FERRAGUT, Maria Rita. Responsabilidade Tributária e o Código Civil de 2002. São Paulo: Noeses, 2005.

——. Repercussões Tributárias da Lei da Liberdade Econômica. Redundância, desnecessidade ou absoluta necessidade de normatização?. *JOTA*. São Paulo: 18.10.19.

FORTES, Maurício Cezar Araújo. *A Regra-Matriz do Imposto sobre Serviços de Qualquer Natureza*. Dissertação de Mestrado. Faculdade de Direito da Universidade de São Paulo. São Paulo, 2009. Inédita.

FRANCO, Francisco Manoel de Mello; HOUAISS, Antonio; VILLAR, Mauro de Salles. *Dicionário Houaiss da Língua Portuguesa*. Rio de Janeiro: Objetiva, 2001.

GALDINO, Guilherme; SCHOUERI, Luís Eduardo. Aspectos Relacionados à Tributação sobre o Consumo. In FARIA, Renato Vilela; MONTEIRO, Alexandre Luiz Moraes do Rêgo; SILVEIRA, Ricardo Maitto da. (Coordenadores). *Tributação e Economia Digital*. São Paulo: Saraiva, 2018.

GASSEN, Valcir. *Tributação na Origem e Destino*. 2ª ed. São Paulo: Saraiva, 2013.

GIARDINO, Cleber. Conflitos entre Imposto sobre Produtos Industrializados e Imposto sobre Operações Relativas à Circulação de Mercadorias. *Revista de Direito Tributário* nº 13/14. São Paulo: 1980.

——; ATALIBA, Geraldo. ICM – ZFM – Remessa de Produtos In Natura para a Zona Franca de Manaus – Equiparação a exportação. *Revista de Direito Tributário* nº 43. São Paulo: 1988.

GONÇALVES, Carla de Lourdes; PINHEIRO, Hendrick. *O Aparente "Overrulig" da Súmula Vinculante Número 31 pelas Recentes Decisões do STF sobre ISS*. Texto e Contexto no Direito Tributário. CARVALHO, Paulo de (Coord.). São Paulo: IBET, 2020.

GRECO, Marco Aurélio. ISS. Fato Gerador. Tarifa Interbancária em Serviços de Compensação de Cheques e Outros Papéis. São Paulo: *Revista de Direito Tributário da APET*, vol. 15. 2007.

GRUPENMACHER, Betina Treiger. *Sociedades Profissionais e Tributação Fixa Frente à Lei Complementar nº 116/2003*. In ROCHA, Valdir de Oliveira (Coord.). *O ISS e a LC 116*. São Paulo: Dialética, 2003.

GUEIROS, Juliana; TROIANELLI, Gabriel Lacerda. *O ISS e exportação e importação de serviços. ISS – LC 116/2003*. Curitiba: Juruá; São Paulo: Apet, 2004.

HOFFMANN, Susy Gomes. A Competência dos Municípios para a Instituição e Cobrança do ISSQN e a Responsabilidade Tributária do Tomador de Serviços no Pagamento do ISSQN. *Revista Dialética de Direito Tributário* nº 105. São Paulo, 2004.

——. *Teoria da Prova no Direito Tributário*. Campinas: Copola Editora, 1999.

HORVATH, Estevão. *Não Confisco e Limites à Tributação*. In PARISI, Fernanda Drummond; TÔRRES, Heleno Taveira; MELO, José Eduardo Soares de (Coordenadores). *Estudos de Direito Tributário em Homenagem ao Professor Roque Antonio Carrazza*. São Paulo: Malheiros Editores, 2014.

HOUAISS, Antonio; VILLAR, Mauro de Salles; FRANCO, Francisco Manoel de Mello. *Dicionário Houaiss da Língua Portuguesa*. Rio de Janeiro: Objetiva, 2001.

JUSTEN FILHO, Marçal. *O Imposto sobre Serviços na Constituição*. São Paulo: RT, 1985.

——. ISS no Tempo e no Espaço. *Revista Dialética de Direito Tributário* nº 2. São Paulo: 1995.

——. O ISS, a Constituição de 1988 e o Decreto-Lei nº 406. *Revista Dialética de Direito Tributário* nº 3. São Paulo: 1995.

JESUS, Fernando Bonfá de; JESUS, Isabela Bonfá de; JESUS, Ricardo Bonfá de. *Manual de Direito e de Processo Tributário.* 4ª ed. São Paulo: Revista dos Tribunais, 2017.

LINS, Robson Maia. *Curso de Direito Tributário Brasileiro.* São Paulo: Editora Noeses, 2019.

MACEDO, José Alberto de Oliveira. *Conflitos de Competência na Tributação do Consumo.* Tese de Doutorado. Universidade de São Paulo. São Paulo: 2013. Inédita.

——; DACOMO, Natalia de Nardi (Coords.). *ISS pelos Conselheiros Julgadores.* São Paulo: Quartier Latin, 2012.

MACHADO, Rodrigo Brunelli (Coord.). *ISS na Lei Complementar nº 116/2003.* São Paulo: Quartier Latin e IPT, 2004.

MARTINS, Ives Gandra da Silva; PEIXOTO, Marcelo Magalhães (Orgs.). *ISS - LC 116/03.* Curitiba e São Paulo: Juruá e APET, 2004.

——. Serviços de Construção Civil Prestados em Territórios da União ou dos Estados não estão Sujeitos ao ISS. *Revista Dialética de Direito Tributário* nº 53. São Paulo: 2000.

MELO, Eduardo Soares de; NETO, Henares Halley (Coords.). *ICMS e ISS. Tributação Digital e Novos Contornos dos Conflitos de Competência.* São Paulo: Intelecto, 2018.

MELO, Fábio Soares de. ISS. Arrendamento Mercantil (Leasing). Critérios para Definição do Município Competente. Lei Complementar nº 116/03. *Revista Dialética de Direito Tributário* nº 102. São Paulo, 2004.

——. Tributação e Desenvolvimento. Conflitos de Competência e Segurança Jurídica. In DE SANTI, Eurico Marcos Diniz (Coord.). *Tributação e Desenvolvimento.* Homenagem ao Professor Aires Barreto. São Paulo: Quartier Latin, 2011.

——. ISS. Materialidade versus Espacialidade. Linhas de Transmissão de Energia Elétrica. Instalação e Montagem *versus* Construção Civil. PARISI, Fernanda Drummond; Tôrres, Heleno; MELO, José Eduardo Soares de. (Orgs.). *Estudos de Direito Tributário em Homenagem ao Professor Roque Antonio Carrazza.* São Paulo: Malheiros, 2014.

MELO, José Eduardo Soares de. *ISS. Aspectos Teóricos e Práticos.* 6ª ed. São Paulo: Malheiros Editores, 2017.

——. Inconstitucionalidades da LC nº 116/2003. In TORRES, Heleno Taveira (Coordenador). *ISS na Lei Complementar nº 116/2003 e na Constituição.* São Paulo: Editora Manole, 2004.

——. PARISI, Fernanda Drummond; TÔRRES, Heleno Taveira; (Coords.). *Estudos de Direito Tributário em Homenagem ao Professor Roque Antonio Carrazza.* São Paulo: Malheiros, 2014.

——. O ISS e os 20 Anos da Lei Complementar nº 116/2003. Controvérsias Jurídicas. In: *Direito Tributário. Estudos em Homenagem a Ricardo Mariz de Oliveira*. OLIVEIRA, José André W. Dantas de; SANT'ANNA, Carlos; e ROSENBLATT, Paulo (Orgs.). Recife: Ordem dos Advogados do Brasil, 2023.

MELO, Omar Augusto Leite; PAULSEN, Leandro. *ISS CF e LC 116 Comentadas*. São Paulo: Saraiva, 2021.

MICHAELIS. *Moderno Dicionário da Língua Portuguesa*. São Paulo: Melhoramentos, 1998.

MINATEL, José Antonio. ISS. Requisitos e Impedimentos para o Manejo Legislativo da Técnica de Substituição Tributária. In MARTINS, Ives Gandra da Silva; PEIXOTO, Marcelo Magalhães (Organizadores). ISS - LC 116/2003. Curitiba e São Paulo: Juruá e APET, 2004.

MONTEIRO, Alexandre Luiz Moraes do Rêgo; FARIA, Renato Vilela; SILVEIRA, Ricardo Maitto da. (Coordenadores). *Tributação e Economia Digital*. São Paulo: Saraiva, 2018.

MORAES, Bernardo Ribeiro de. *Doutrina e Prática do Imposto sobre Serviços*. São Paulo: Revista dos Tribunais, 1975.

MOSQUERA, Roberto Quiroga. *Renda e Proventos de Qualquer Natureza*. O Imposto e o Conceito Constitucional. São Paulo: Dialética, 1996.

MOURA, Fábio Clasen de. *Imposto sobre Serviços*: Operações Intermunicipais e Internacionais. Importação e Exportação. São Paulo: Quartier Latin, 2007.

NETO, Carlos Augusto Daniel; BRANCO, Leonardo Ogazzawara de Araújo. O Paradigma da Economia Digital e os Novos Conceitos de Serviço e Mercadoria. Reflexões na Tributação. In FARIA, Renato Vilela; MONTEIRO, Alexandre Luiz Moraes do Rêgo; SILVEIRA, Ricardo Maitto da. (Coords.). Tributação e Economia Digital. São Paulo: Saraiva, 2018.

NETO, Henares Halley; MELO, Eduardo Soares de (Coords.). *ICMS e ISS. Tributação Digital e Novos Contornos dos Conflitos de Competência*. São Paulo: Intelecto Editora, 2018.

OLIVEIRA, José André W. Dantas de; SANT'ANNA, Carlos; ROSENBLATT, Paulo (Orgs.). *Estudos em Homenagem a Ricardo Mariz de Oliveira*. Recife: Ordem dos Advogados do Brasil, 2023.

PACHECO, Ângela Maria da Motta. O ISS sobre a Chamada "Importação de Serviços". In FERNANDES, Edison Carlos; PEIXOTO, Marcelo Magalhães (Coords.). *Tributação, Justiça e Liberdade*. Curitiba: Juruá, 2005.

PARISI, Fernanda Drummond; TÔRRES, Heleno Taveira; MELO, José Eduardo Soares de (Coords.). *Estudos de Direito Tributário em Homenagem ao Professor Roque Antonio Carrazza*. São Paulo: Malheiros Editores, 2014.

PAULSEN, Leandro. *Curso de Direito Tributário Completo*. 10ª ed. São Paulo: Saraiva, 2019.

——. *Constituição e Código Tributário Comentados*. 18ª ed. São Paulo: Saraiva, 2017.

——; MELO, Omar Augusto Leite. *ISS CF e LC 116 Comentadas*. São Paulo: Saraiva, 2021.

PAZELLO, Fernanda Ramos. O ISS e a Exportação de Serviços: Conceito de Resultado e o Princípio do Destino nas Atividades Voltadas à Economia Digital. In: FARIA, Renato Vilela; MONTEIRO, Alexandre Luiz Moraes do Rêgo; SILVEIRA, Ricardo Maitto da. (Coords.). *Tributação da Economia Digital*. São Paulo: Saraiva, 2018.

PEIXOTO, Marcelo Magalhães; MARTINS, Ives Gandra da Silva (Orgs.). *ISS - LC 116/03*. Curitiba e São Paulo: Juruá e APET, 2004.

——; FERNANDES, Edison Carlos (Coords.). *Tributação, Justiça e Liberdade*. Curitiba: Juruá, 2005.

PINHEIRO, Hendrick; e GONÇALVES, Carla de Lourdes. *O Aparente "Overrulig" da Súmula Vinculante Número 31 pelas Recentes Decisões do STF sobre ISS*. Texto e Contexto no Direito Tributário. CARVALHO, Paulo de (Coord.). São Paulo: IBET, 2020.

PISCITELLI, Tathiane. Limites Interpretativos dos Conceitos e Institutos de Direito Privado. In BOSSA, Gisele Barra; PISCITELLI, Tathiane (Coords.). *Tributação da Nuvem*. São Paulo: Thomson Reuters Brasil, 2018.

PRATA, Gabriel Magalhães Borges; CALCINI, Fábio Pallaretti. A Crise do Conceito de "Serviço" e o Conflito de Competência na Tributação do Contrato de Licença de Software. In NETO, Henares Halley; MELO, Eduardo Soares de (Coords.). *ICMS e ISS. Tributação Digital e Novos Contornos dos Conflitos de Competência*. São Paulo: Intelecto, 2018.

QUEIROZ, Mary Elbe. Imposto sobre a Renda e Proventos de Qualquer Natureza. Barueri: Manole, 2003.

RAMALHO, Mariana Oiticica. ISS – Serviços de Importação e Exportação. In Vários Autores. *Imposto sobre Serviço de Acordo com a Lei Complementar nº 116/2003*. São Paulo: Quartier Latin, 2004.

REDENSCHI, Ronaldo; CATÃO, Marcos André Vinhas. Conflito Espacial de Competências: Conceito de Estabelecimento e Possibilidade de Atribuição de Responsabilidade Tributária no ISS. In TORRES, Heleno Taveira (Coord.). *Imposto sobre Serviços* - ISS na Lei Complementar n. 116/03 e na Constituição. Barueri: Manole, 2004.

RODRIGUES, Silvio. *Direito Civil. Parte Geral das Obrigações*. vol. 2. 24ª ed. São Paulo: Saraiva. 1996.

RONCAGLIA, Marcelo Marques. O ISS e a Importação e Exportação de Serviços. *Revista Dialética de Direito Tributário* nº 129. São Paulo: 2006.

ROSENBLATT, Paulo; OLIVEIRA, José André W. Dantas de; e SANT'ANNA, Carlos (Orgs.). *Estudos em Homenagem a Ricardo Mariz de Oliveira*. Recife: Ordem dos Advogados do Brasil, 2023.

SANT'ANNA, Carlos Soares. A Lei Complementar 116/03, e a Tributação da Construção Civil. In MARTINS, Ives Gandra da Silva; PEIXOTO, Marcelo Magalhães (Orgs.). *ISS - LC 116/03*. Curitiba e São Paulo: Juruá e APET, 2004.

——. OLIVEIRA, José André W. Dantas de; ROSENBLATT, Paulo (Orgs.). *Estudos em Homenagem a Ricardo Mariz de Oliveira*. Recife: Ordem dos Advogados do Brasil, 2023.

SANTOS, Ailton; VALE, Angelita de Almeida. *ISS – Comentários e Jurisprudência*. 2ª ed. São Paulo: Instituto Brasileiro de Direito Tributário (IBDT) e Livraria Legislação Brasileira, 1988.

SCHOUERI, Luís Eduardo. ISS sobre a Importação de Serviços do Exterior. São Paulo: *Revista Dialética de Direito Tributário* nº 100. São Paulo: 2004.

——; GALDINO, Guilherme. Aspectos Relacionados à Tributação sobre o Consumo. In FARIA, Renato Vilela; MONTEIRO, Alexandre Luiz Moraes do Rêgo; SILVEIRA, Ricardo Maitto da. (Coords.). *Tributação e Economia Digital*. São Paulo: Saraiva, 2018.

SILVA, Renata Elaine. Impossibilidade de Incidência nas Importações de Serviços. In MACEDO, Alberto; DACOMO, Natalia de Nardi (Coords.). *ISS pelos Conselheiros Julgadores*. São Paulo: Quartier Latin, 2012.

SILVEIRA, Ricardo Maitto da; FARIA, Renato Vilela; MONTEIRO, Alexandre Luiz Moraes do Rêgo. (Coords.). *Tributação e Economia Digital*. São Paulo: Saraiva, 2018.

SOUZA, Priscila; CARVALHO, Paulo de Barros (Orgs.). *Racionalização do Sistema Jurídico*. São Paulo: Editora Noeses e IBET, 2017.

TÔRRES, Heleno Taveira (Coord.). *ISS na Lei Complementar nº 116/2003 e na Constituição*. São Paulo: Manole, 2004.

——. Pluritributação Internacional sobre as Rendas de Empresas. 2ª ed. São Paulo: Revista dos Tribunais, 2001.

——; PARISI, Fernanda Drummond; MELO, José Eduardo Soares de (Coords.). *Estudos de Direito Tributário em Homenagem ao Professor Roque Antonio Carrazza*. São Paulo: Malheiros, 2014.

TROIANELLI, Gabriel Lacerda; GUEIROS, Juliana. O ISS e Exportação e Importação de Serviços. In MARTINS, Ives Gandra da Silva; PEIXOTO, Marcelo Magalhães. (Orgs.). *ISS - LC 116/2003*. Curitiba e São Paulo: Juruá e APET, 2004.

VALE, Angelita de Almeida e SANTOS, Ailton. *ISS – Comentários e Jurisprudência*. 2ª ed. São Paulo: Instituto Brasileiro de Direito Tributário (IBDT) e Livraria Legislação Brasileira, 1988.

VILLAR, Mauro de Salles; HOUAISS, Antonio; FRANCO, Francisco Manoel de Mello. *Dicionário Houaiss da Língua Portuguesa*. Rio de Janeiro: Objetiva, 2001.